V&R

Umwelt und Gesellschaft

Herausgegeben von

Christof Mauch,
Helmuth Trischler und
Frank Uekötter

Band 9

Patrick Masius

Schlangenlinien

Eine Geschichte der Kreuzotter

Vandenhoeck & Ruprecht

GEFÖRDERT VOM

Bundesministerium
für Bildung
und Forschung

Gedruckt mit Unterstützung
des Bundesministeriums für Bildung und Forschung.
Die Verantwortung für den Inhalt dieser Veröffentlichung liegt beim Autor.

Mit 30 Abbildungen und 5 Tabellen

Bibliografische Information der Deutschen Nationalbibliothek

Die Deutsche Nationalbibliothek verzeichnet diese Publikation in
der Deutschen Nationalbibliografie; detaillierte bibliografische Daten
sind im Internet über http://dnb.d-nb.de abrufbar.

ISBN 978-3-525-31714-3
ISBN 978-3-647-31714-4 (E-Book)

Umschlagabbildung: Reichsgesundheitsamt (Hg.), Kreuzotter-Merkblatt.
Gefahren, Verhütung und Behandlung des Kreuzotter-Bisses. Berlin 1930.

Satz: textformart, Göttingen | www.text-form-art.de
Druck und Bindung: ⊕ Hubert & Co, Göttingen

Inhalt

1. Einleitung:
Einer Schlangengeschichte Beine machen

Die Geschichtsschreibung hat sich erst in jüngster Zeit den Tieren[1] zugewandt. Dabei zeigt sich, dass Tiere in der Geschichte der Moderne eine zentrale Rolle einnehmen. Ideengeschichtlich betrachtet fungiert die Kategorie »Tier« als »das Andere«, vor dessen Hintergrund der Mensch sich abhebt und als Wesen fassbar wird. Insbesondere der italienische Philosoph Giorgio Agamben hat diese These plausibel gemacht. Der Mensch ist demnach jenes vernünftige, mit Geist, Willen und Sprache ausgestattete Wesen, welches das »Tier« überwunden hat.[2] In diesem Sinne hat Jaques Derrida die Konstruktion »Tier« als eine der gewichtigsten Grenzziehungen der Moderne verstanden. Auch Horkheimer und Adorno hatten bereits in der Dialektik der Aufklärung festgestellt: »[D]ie Idee des Menschen in der europäischen Gesellschaft drückt sich in der Unterscheidung vom Tier aus«[3]. Für die Tiergeschichtsschreibung hat die Erkenntnis dieser Konstruktion eine entscheidende Konsequenz: »Humans do not just act on animals; they are also shaped by them«[4]. Erst die Interaktion mit Tieren hat zu einem Selbstverständnis des Menschen geführt.

Die spätestens mit Descartes in das moderne Bewusstsein eingezogene Vorstellung von einer grundlegenden Differenz zwischen Mensch und Tier (-automaten) ist eine idealtypische Denkfigur, die bis heute von Bedeutung ist.[5] Nichtsdestoweniger sind seit der Aufklärung andere gegenläufige Konstruktionen valent geworden. In der utilitaristischen Moralphilosophie eines Jeremy Bentham stand die Möglichkeit der Empfindung von Leid und Glück im Vordergrund. Deshalb gehören im Utilitarismus auch schmerzempfindsame Tiere

---

1 Auch wenn im Nachdenken über den Tierbegriff seit Derrida versucht wird, diesen zu dekonstruieren, so haben sich alternative Wortschöpfungen, wie Derridas Neologismus *animot*, noch nicht soweit im Sprachgebrauch verbreitet, als dass auf den Terminus »Tier« hier verzichtet werden könnte. Dennoch gilt es darauf aufmerksam zu machen, dass der Kollektivsingular »Tier« einen theoretisch und ethisch fragwürdigen Mensch-Tier-Dualismus reproduziert (siehe Chimaira Arbeitskreis, Eine Einführung in Gesellschaftliche Mensch-Tier-Verhältnisse und Human-Animal Studies, in: dies. (Hg.), Human-Animal Studies. Über die gesellschaftliche Natur von Mensch-Tier-Verhältnissen. Bielefeld 2011, 7–42; 8, 32).
2 Giorgio Agamben, Das Offene: Der Mensch und das Tier. Frankfurt 2003, 100.
3 Chimaira, Mensch, 8.
4 Dorothee Brantz, Introduction, in: dies. (Hg.), Beastly Natures. Animals, Humans, and the Study of History. Charlottesville u. a. 2010, 1–13; 11.
5 Chimaira, Mensch, 10.

in den Kanon der moralisch berücksichtigungswürdigen Entitäten. Indem Uti-
litaristen Eigenschaften wie Sprache und Vernunft im Gegensatz zu Kant ihre
zentrale Funktion im Hinblick auf Fragen der Moral absprechen, scheint auch
die cartesianische Demarkationslinie zwischen Mensch und Tier an Gültigkeit
zu verlieren.

Mit der Verbreitung der Darwin'schen Evolutionslehre seit Mitte des 19. Jahrhunderts wurde diese Leitdifferenz erneut in Frage gestellt. Demnach unterlag
der Mensch denselben Prozessen von Selektion und Mutation wie andere Lebewesen und weit bedeutsamer noch: er war mit ihnen phylogenetisch verwandt.
Dies bedeutete aber nicht automatisch die Aufgabe der menschlichen Sonder-
stellung. Philosophen wie Max Scheler und Helmuth Plessner nahmen das Darwin'sche Modell ernst und entwickelten Theorien, in denen sich der Mensch
immer noch prinzipiell vom Tier unterschied, wenn auch bei Scheler nur noch
graduell. Arnold Gehlen sah auch in Anbetracht der Evolutionstheorie den
Menschen nach wie vor als einzigartiges Wesen, nämlich als Mängelwesen an.
Aufgrund biologisch unzureichender Ausstattung im Überlebenskampf hätten
sich Geist und Kultur quasi kompensatorisch entwickelt und so eine Art zweite
Natur geschaffen. Von einer endgültigen Aufgabe der Mensch-Tier-Dichotomie
konnte und kann bis heute also keine Rede sein.

Die riesige Heterogenität der unter der Kategorie Tier zusammengefassten
Lebewesen weist, wie Derrida treffend herausgearbeitet hat, sehr deutlich darauf
hin, dass der Ausschluss des Menschen aus diesem Konglomerat höchst willkür-
lich sei.[6] Haben Regenwurm und Orang-Utan tatsächlich mehr Gemeinsamkeiten als Menschenaffe und Mensch? So könnte die dazu passende rhetorische
Frage lauten, die der professionelle Biologe eindeutig verneinen würde.

Die philosophischen Überlegungen zur Mensch-Tier-Differenz ranken sich
zumeist um den Unterschied von Menschen und »höheren Tieren«, verlaufen
also sozusagen in Grenznähe. Säugetiere, die uns biologisch nahestehen, liegen
im Fokus der Betrachtungen.[7] Dies gilt auch für die Geschichtswissenschaft,
die sich im Zuge einer Animal-Studies-Bewegung auch für die Belange von Tieren als historische Akteure in den letzten Jahren verstärkt interessiert.[8] Dazu
bieten sich zunächst größere Säugetiere an, die als Nutztiere, Haustiere oder

6 Vgl. Bernd Hüppauf, Vom Frosch. Eine Kulturgeschichte zwischen Tierphilosophie
und Ökologie. Bielefeld 2011, 17.
7 Ausnahmsweise auch einmal Bienen- oder Ameisenvölker wegen ihren komplexen So-
zialstrukturen.
8 Brantz und Mauch erklären die historische Beschäftigung mit Tieren für zunehmend
gesellschaftsfähig. Dorothee Brantz, Christof Mauch, Einleitung: Das Tier in der Geschichte
und die Geschichte der Tiere, in: dies. (Hg.), Tierische Geschichte. Die Beziehung von Mensch
und Tier in der Kultur der Moderne. Paderborn u. a. 2010, 7–18; 10.

Jagdwild mit Menschen in relativ enger Beziehung stehen.[9] Einerseits betrachten Historiker die materielle Realität von Tieren als Rohmaterialien und Energiequellen, andererseits ihre repräsentativen Funktionen als Symbole und Ideen.[10] Zumindest auf der materiellen Ebene sind sie sich einig, dass Tiere auf alle mögliche Weise konstituierend für menschliche Gemeinschaften sind: nämlich als Arbeits- oder Beutetiere.[11] Ohne das Pferd wäre die europäische Geschichte beispielsweise völlig anders verlaufen.[12] Als Untersuchungsperspektive schlagen Pearson und Weismantel eine Erweiterung des sozialen Raums vor, in den die täglichen Interaktionen mit Tieren integriert werden.[13] Seit der Domestikation von Tieren ist eine rein »menschliche Gesellschaft« undenkbar geworden. An vielen Orten tauchen in ihr auch Tiere auf, wenngleich sie relativ machtlos sind.[14] Wie problematisch diese Beziehungen nach der Industrialisierung der Landwirtschaft geworden sind, zeigt die distanzierte Produktionsweise von Fleisch in Massentierhaltung, ohne dass der Verbraucher je mit dem lebenden Tier in Berührung kommt, geschweige denn die Schlachtung erlebt. Die Tiere sind hier ganz »nach den Prinzipien der menschlichen Ökonomie organisiert« und werden »als Hilfsmittel zur Erfüllung menschlicher Ziele behandelt«[15]. Im Gegensatz dazu umgeben sich die Menschen westlicher Stadtgesellschaften mit Schoßtieren oder knüpfen Beziehungen zu Zootieren, die sie verniedlichen und die ihnen Wärme und Geborgenheit spenden. Die Begegnung mit Tieren im Zoo der Neuzeit repräsentiert laut Berger die totale Trennung von Tieren und Menschen. Der Zoo erinnert an die vorkapitalistische Zeit, als Mensch und Tier noch in einem engen Erlebniszusammenhang miteinander standen. Interaktionen mit Wildtieren ergeben sich in der modernen Welt demnach nur relativ selten.[16] Auch in der historischen Betrachtung von Tieren nehmen Wildtiere eine marginale Position ein. Sie scheinen in einer eigenen Welt unabhängig und fern

9 Vgl. Heinz Meyer, 19./20. Jahrhundert, in: Peter Dinzelbacher (Hg.), Mensch und Tier in der Geschichte Europas. Stuttgart 2000, 404–568. Pascal Eitler, In tierischer Gesellschaft. Ein Literaturbericht zum Mensch-Tier-Verhältnis im 19. und 20. Jahrhundert, in: Neue Politische Literatur, 54, 2009, 207–224.

10 Susan Pearson, Mary Weismantel, Gibt es das Tier? Sozialtheoretische Reflexionen, in: Brantz, Mauch (Hg.), Tierische Geschichte, 379–399; 386. Eitler, Gesellschaft, 223.

11 Chris Philo, Chris Wilbert, Animal Spaces, Beastly Places: An Introduction, in: dies. (Hg.), Animal Spaces, Beastly Places. New Geographies of Human-Animal Relations. London/New York 2000, 1–34; 2. Brantz, Mauch, Tier.

12 Pearson, Weismantel, Tier, 390.

13 Ebd., 399.

14 Philo, Wilbert, Animal, 4, 17.

15 Meyer, Jahrhundert, 420.

16 John Berger, Das Leben der Bilder oder die Kunst des Sehens. Berlin 1990, 28. Man denke an den Igel im Garten oder das Wild im Wald, mit dem hauptsächlich Förster und Jäger in Kontakt kommen.

des Menschen zu existieren. Wenn überhaupt werden größere Beutegreifer wie Tiger, Wolf oder Alligator in ihrer Beziehung zum Menschen untersucht.[17]

Die Schlange spielt weder in den philosophischen Diskursen um das Menschsein eine Rolle, noch scheint sie in der Moderne von historischer Relevanz zu sein. Sie lebt heimlich und vor dem Menschen verborgen. Ein Aufeinandertreffen von Mensch und Schlange ist eine Seltenheit. Und trotzdem gibt es Bereiche der Interaktion. Zum einen findet die Schlange in den typischen Orten der Mensch-Tier-Beziehung in der Moderne Platz: nämlich in Schlangenfarmen, die der industriellen Herstellung medizinischer Produkte dienen sowie in den Wohnzimmern einer relativ geringen Anzahl von Liebhabern, die sie dem gewöhnlichen, mit Fell ausgestatteten Haustier vorziehen. In beiden Bereichen werden allerdings exotische Schlangen der heimischen Kreuzotter fast immer vorgezogen. So wird man Schwierigkeiten haben in einer deutschen Tierhandlung oder Schlangenfarm eine Kreuzotter zu finden. Zum anderen, und dies ist der historisch interessantere Beziehungsraum, findet eine Begegnung in Form von »Schlangenjagden« – ob mit Knüppel oder Fotokamera und in Form von »Schlangenschutzmaßnahmen« – statt.[18] Hinter den verschiedenen Formen der »Schlangenjagden« und des »Schlangenschutzes« stehen nämlich ganz bestimmte Wahrnehmungsmuster, die der Kreuzotter eine symbolische oder materielle Funktion innerhalb eines Wertesystems zuschreiben. Diese Wahrnehmungsmuster und Interaktionsräume können historisch rekonstruiert und kontextualisiert werden. Welche Rolle die Kreuzotter in der Geschichte gespielt hat, ist eine noch unbeantwortete Frage.

Ob sie dabei selbst als Akteur (oder Aktant) verstanden werden kann, ist eine Frage der Terminologie. Im Sinne der konventionellen Auffassung des Tieres können lediglich einige wenige höhere Tiere praktische Zwecke verfolgen und somit als handlungsfähig gelten.[19] Alle anderen Tiere, einschließlich der Schlangen, hätten demnach kein Akteurspotential. Aus der Perspektive der Akteur-Netzwerk-Theorie (ANT) Bruno Latours spielt das Kriterium der Intentionalität eine nachrangige Rolle. Anstatt dessen stehen die tatsächlichen

17 Siehe Ranjan Chakrabarti, Local People and the Global Tiger: An Environmental History of the Sundarbans, in: Global Environment 3, 2009, 72–95; Garry Marvin, Wolf. London 2012; Mark Barrow, Der Reiz des Alligators: Wechselnde Ansichten über einen charismatischen Fleischfresser, in: Brantz, Mauch (Hg.), Tierische Geschichte, 176–201.

18 Wirkliche Jagdkulturen, wie sie für die Fuchsjagd in England oder die Klapperschlangenjagd in den USA beschrieben wurden, gibt es hier allerdings nicht. Vgl. Garry Marvin, An Anthropological Examination of Hunting: Ethnography and Sensation, in: Randy Malamud (Hg.), A Cultural History of Animals in the Modern Age. Oxford/New York 2007, 49–66.

19 Angelika Krebs, Das teleologische Argument in der Naturethik, in: Konrad Ott, Martin Gorke (Hg.), Spektrum der Umweltethik. Marburg 2000, 67–80. Für Krebs ist die Unterscheidung von praktischen zu funktionalen Zwecken zentral für ethische Debatten zur moralischen Berücksichtigung anderer Lebewesen.

Beziehungen zwischen Menschen, anderen Lebewesen und Objekten im Vorder-grund. Als Beteiligte an solchen Beziehungen tragen sogar leblose Objekte wie Maschinen zur Konfiguration bestimmter gesellschaftlicher Verhältnisse bei. Die gesamte Tierwelt wird in dieser Sichtweise als potentieller Aktant mit in sozi-ale Prozesse einbezogen und erhält eine gewisse Macht.[20] Wie die neuere Tierge-schichtsschreibung zeigt, ist die Behandlung des Tieres als verfügbare Ressource allein wenig geeignet, um die komplexen Interaktionen zwischen Menschen und Tieren abzubilden.[21] In vielen Fällen, wie auch am Beispiel der Kreuzotter zu se-hen sein wird, haben Tiere durch das Aufbringen von Widerstand die absolute Handlungsmacht des Menschen in Frage gestellt. In der Konsequenz entsteht ein Denkgebäude, in dem Historiker soziale Interaktionen untersuchen können, die Tiere mit einbeziehen.[22] Eine anthropozentrische Geschichtsschreibung wird so tendenziell um die Komponente Tier ausgeweitet.[23] Für Hüppauf über-deckt eine Trennung von Mensch und Tier die »sozialen und kulturellen Prakti-ken, in denen Menschen nicht an, sondern mit Tieren handeln«.[24] Alle über ein Ausbeutungsverhältnis hinausgehenden Beziehungen würden im dichotomen Denken vernachlässigt.[25] Auch der Chimaira-Arbeitskreis fordert im Anschluss an Derrida, Latour und Haraway eine Dekonstruktion des Menschen als dem einzigen sozialen Wesen und eine Herauslösung des nichtmenschlichen Tiers aus »den Natur/Kultur-, Aktiv/Passiv- und Mensch/Tier-Dualismen«[26]. Ein Ausschluss von Tieren aus dem sozialen Raum sei bedingt durch gewalt-förmig-diskursive Praxen, die einem unberechtigten Speziesismus unterliegen. Damit werden Diskussionen, die in der Tier- und Umweltethik eine gewisse Tra-dition haben, auf einer ganz basalen Ebene wieder aufgenommen und dies hat auch ethisch-moralische Implikationen.[27]

Folgt man dieser Denkweise und versteht Tiere als integralen Bestandteil un-serer Gesellschaft, so kommen wieder die bekannten Tierbilder der urbanen Moderne in den Blick: das Zootier, das Haustier und das Nutztier. Welche For-

20 Andrea Belliger, David Krieger, Einführung in die Akteur-Netzwerk-Theorie, in: dies. (Hg.), Anthologie. Ein einführendes Handbuch zur Akteur-Netzwerk-Theorie. Bielefeld 2006, 13–50. Vgl. Philo, Wilbert, Animal, 16 f.
21 Brantz, Introduction.
22 Vgl. Pearson, Weismantel, Tier.
23 Vgl. auch Chimaira, Mensch, 18 ff.
24 Hüppauf, Frosch, 20.
25 Ebd., 24.
26 Chimaira, Mensch, 19.
27 Man denke zum Beispiel an Peter Singers Schriften zur moralischen Integration von schmerzempfindlichen Tieren, z. B. Peter Singer, Animal Liberation: a New Ethics for our Treatment of Animals. New York 1975. Eine Übersicht liefert Angelika Krebs, Naturethik im Überblick, in: dies. (Hg.), Naturethik. Grundtexte der gegenwärtigen tier- und ökoethischen Diskussion. Frankfurt 1997, 337–380. Konrad Ott, Umweltethik zur Einführung. Hamburg 2010.

men der Interaktion halten aber scheue Wildtiere bereit? Der Mensch kann sie
suchen oder er begegnet ihnen durch einen seltenen Zufall. In vielen Fällen findet eine tatsächliche Begegnung gar nicht statt, sondern einzig eine Spur oder
Losung verweisen auf deren Möglichkeit. Sie ereignet sich also lediglich in
einem imaginären Raum, ähnlich der Begegnung mit wilden Tieren vermittelt durch die Medien. Bei dem Kontakt mit Wildtieren reicht dieses imaginäre
Sehen schon, um Erlebnischarakter zu entfalten. Das tatsächliche *Sehen* eines
Wolfes im Wald bietet jedenfalls eine erzählenswerte Erfahrung und sei der Moment auch noch so flüchtig. Dabei können die jeweiligen Erlebnisse völlig unterschiedlichen Charakter erhalten – je nach Situation und Kontext. Das Sehen
kann einerseits Bewunderung oder Jagdglück auslösen, andererseits aber auch
Urängste vor einer gefährlichen unberechenbaren Natur. Sowohl für den Foto-
grafen als auch für den Jäger ist das Sehen essentielle Bedingung für ihren Erfolg. Dies gilt auch für Schlangen im Allgemeinen und die Kreuzotter im Speziellen. Gut getarnt lebt sie ein heimliches und stilles Leben. Die einzige Spur die
sie hinterlässt – ihr Natternhemd, das sie von Zeit zu Zeit abstreift – ist meistens ebenso schwer zu entdecken wie sie selbst. Allein das Sehen einer Kreuzotter in freier Wildbahn wird hierzulande als Erlebnis erinnert. Ob es sich tatsächlich um eine Kreuzotter als biologische Art handelt, ist weniger bedeutend,
als dass es sich um eine Schlange handelt, die möglicherweise giftig ist. Der Sen-
sationscharakter der Begegnung besteht nämlich hauptsächlich in der laten-
ten Gefährlichkeit. Jener verstärkt sich noch in der vielleicht intensivsten Interaktion zwischen Mensch und Wildtier, der *Berührung*.[28] Menschen haben das
Bedürfnis, Tiere nicht nur zu sehen, sondern auch zu berühren, wie Nigel Rothfels am Beispiel des Elefanten herausgearbeitet hat.[29] Walter Benjamins Interpretation der Berührung zwischen Mensch und Tier hebt die Angst des Menschen vor der Erkenntnis des Tierischen in ihm selbst hervor. Gleichzeitig kann
eine solche Berührung, wie Charles Bergman anhand des schlafenden Jaguars
berichtet, zu den wichtigsten Lebenserfahrungen werden.[30] In diesem Moment
wird das Tier in einer Unmittelbarkeit erlebt, die sprachlich nicht einzuholen ist.
Die Unhintergehbarkeit kultureller und sozialer Konstruktionen bei der Wahrnehmung von Tieren verliert ihre Gültigkeit. In dieser Hinsicht erklärt Hüpp-
pauf »den Frosch in der Hand« zum Ausgangspunkt seiner »Kulturgeschichte
des Frosches«. Dieser sei polymorph: »noch Natur und noch nicht Zeichen,
schon Repräsentation und noch immer Natur«.[31] Wie das Tier den Menschen
als konzeptueller Widerpart definiert, erlebt auch der Einzelne in der intimen

---

28 Nigel Rothfeld, Tiere berühren: Vierbeinige Darsteller und ihr Publikum, in: Brantz,
Mauch (Hg.), Tierische Geschichte, 19–38; 26.
29 Ebd., 20 ff.
30 Ebd., 37.
31 Hüppauf, Frosch, 42.

Begegnung mit dem Tier diesen Gegensatz oder seine Aufhebung und damit ein Stück Selbsterkenntnis.

Bereits die Suche nach dem wilden Tier wird in diesen Kontext einordbar. Ob Schlangenfänger in Südasien oder Bärenforscher in den Alpen: die Protagonisten erzählen *ex post* davon, dass es sich eigentlich um eine Suche nach dem eigenen Selbst handelte.[32] Bei Hüppauf hieße das, den Mensch im Frosch zu suchen.[33]

Für die Begegnung mit einer Schlange stellt der Akt des Berührens eine besondere Herausforderung dar. Da einige Arten mit Giftzähnen ausgestattet sind, kann sich die Schlange empfindlich zur Wehr setzen. Trotzdem fasziniert viele Menschen, nicht nur halbwüchsige Jungen, das Berühren heimischer Schlangen.[34] Bezeichnenderweise finden sich in der Geschichte der Kreuzotter viele Hinweise darauf, dass schlimme Bissunfälle erst durch das In-die-Hand-nehmen einer Schlange geschehen sind.[35]

Wie extraordinär auch immer das Anfassen von Wildtieren empfunden wurde, es bleibt stets eine Erfahrung, die innerhalb eines historischen Kontextes deutbar ist. Der Historiker bestreitet dann nicht die Wirklichkeit der Berührung eines *realen* Tieres, sondern interpretiert deren diskursive Repräsentation. Eine Unterscheidung von beidem ist wohl kaum möglich.[36] Die Formel, die Rothfels für den Umgang mit Zooelefanten in der Moderne gefunden hat, nämlich die Menschen möchten sie nicht nur sehen, sondern auch berühren, muss für Wildtiere noch um eine Position zurück erweitert werden: Die Menschen möchten sie nicht nur *suchen*, sondern auch *sehen* und schließlich *berühren*.

Umgekehrt berühren Tiere auch Menschen; und zwar im Imaginären. Das Beispiel unzähliger Kulturgeschichten der Schlange legt davon Zeugnis ab. Schlangen wie die Kreuzotter erscheinen dem Menschen als das fremde Andere, in dem sie sich selbst spiegeln können. Gleichzeitig projizieren sie menschliche Eigenschaften und Verhaltensweisen auf das vorgestellte Tier.

Eine Tiergeschichte zu schreiben, verlangt daher eine Auseinandersetzung über die Frage nach der Notwendigkeit und Form eines Anthropomorphismus.

---

32 Vgl. ebd., 29. Robert Twigger, Schlangenfieber. Die Suche nach dem längsten Python der Welt. Berlin 1999.

33 Hüppauf, Frosch.

34 Der selbsternannte Abenteurer und Tierfilmer Andreas Kieling fängt auf einer seiner Wanderungen durch Deutschland eine Kreuzotter in der Rhön mit bloßer Hand und präsentiert sie dann den Kameras. Ein spannender Moment für die Fernsehzuschauer der Dokumentation, der ausdrücklich nicht zur Nachahmung empfohlen wird (»Mitten im wilden Deutschland. Eine Reise entlang des ehemaligen Grenzstreifens« [2/5]).

35 Andreas Kieling, Durch Deutschland wandern. Auf der Suche nach wilden Tieren. National Geographic Deutschland 2013. Auf einer weiteren Wanderung wird Andreas Kieling von einer Kreuzotter, der er zu nahe gekommen war, gebissen und gerät in Lebensgefahr.

36 Rothfels, Tiere, 38.

Auf der einen Seite steht die idealtypische Ansicht, dass jede Form des Anthropomorphismus eine willkürliche Vermenschlichung tierlichen Wesens sei. Daher könne nur eine streng naturwissenschaftliche Perspektive auf Tiere ange-
messene Ergebnisse liefern. Auf der anderen Seite steht die Position, die jegliche
Wahrnehmung von Tieren, inklusive der naturwissenschaftlichen, als kulturell
definiert betrachtet. Das Tier könne nur im Kontext bildlicher, sprachlicher und
geistiger Repräsentationen betrachtet werden.[37] Diese beiden Perspektiven markieren eine größere Diskussion um das Wesen von Natur überhaupt.[38]

Auflösungsversuche zwischen diesen Extrempositionen münden in einem
moderierten bzw. reflektierten Anthropomorphismus. Eine völlige Zurückweisung des Anthropomorphismus hält Hüppauf im Hinblick auf tierliche Kul-
turgeschichtsschreibung für untragbar, weil eine solche dann »bedeutungs-
leer« werden müsste.[39] Philo und Wilbert argumentieren darüber hinaus, dass
die Zurückweisung des Anthropomorphismus auf einem vermeintlichen Ka-
tegorienfehler beruht. Tiere und Menschen gehörten zu verschiedenen Kate-
gorien, weshalb Übertragungsversuche das wahre Wesen der Tiere deshalb
verkennen. Sind Tiere und Menschen aber weniger verschieden als in der Tradition der Aufklärung angenommen, verliert auch der augenscheinliche Kate-
gorienfehler seine Schärfe. Anders ausgedrückt, mit der Auflösung der Mensch-
Tier-Dichotomie kann ein moderater Anthropomorphismus vielleicht doch
berechtigte Erkenntnisse liefern. In manchen Situationen so Philo und Wilbert könnten anthropomorphe Darstellungen von bestimmten Tieren deshalb
analog zu menschlichem Handeln durchaus Verwendung finden. Eine Übertragung menschlicher Intentionen auf andere Lebewesen, wie sie z. B. Latour
vornimmt, halten sie allerdings für überzogen.[40] In einer so stark kulturalisti-
schen Perspektive gehe jede Realität des Tieres verloren. Noch vorsichtiger for-
muliert Hüppauf die Möglichkeit eines reflektierten Anthropomorphismus.
Dieser müsse die Frage nach dem Wesen ausklammern und dürfe Tieren keine
menschlichen Eigenschaften zuschreiben[41], wie es ja bei der »hinterlistigen
Schlange« in der westlichen Kultur üblich ist.[42] Durch die Erfahrung von Leben und Tod, die alle Lebewesen teilen, werde eine empathische Einbeziehung

37 Hüppauf, Frosch, 26 f.
38 Vgl. Kate Soper, What is Nature? Culture, Politics and the Non-Human. Oxford u. a.
1995.
39 Hüppauf, Frosch, 27.
40 Philo, Wilbert, Animal, 19.
41 Hüppauf, Frosch, 28.
42 Meyer, Jahrhundert, 475. Bemerkenswerter Weise übernimmt Meyer diesen naiven
Anthropozentrismus unreflektiert und stellt ihn sogar – zusammen mit dem unverfängliche-
ren Attribut »gefährlich« – auf eine reale Basis. Diese Wertung ginge vom realen menschlichen Erleben des Tieres aus. Wie aber kommt man von einer »versteckten« zu einer »hinterlistigen« Schlange?

von Tieren in die Lebenswelt möglich. Vor diesem Hintergrund könne sich
der Mensch in das Tier »versetzen« und mit Heidegger gesprochen auch »mit-
gehen«[43]. Letztendlich bedürfte es also des Versuches einer empathischen Beziehung zwischen Mensch und Tier, um einen reflektierten Anthropomorphismus zu gewähren. Dass diese Beziehung nicht einseitig gestaltet sein muss,
zeigen viele an Tiere gebundene Metaphern (z. B.: »er ist ein Löwe« oder »sei
kein Frosch«), die dazu dienen, menschliche Attribute zu verbildlichen.[44] In
der christlichen Tradition war die Schlange klug und listig und deshalb gefährlich. Sie war dem naivem Menschen im Paradies gegenüber das Fremde, weil
Wissende.[45]

Eine solche Zuschreibung ist zweifellos etwas Kulturspezifisches, wie »Schlangenbilder« anderer Religionen und Kulturen belegen.[46] Bemerkenswerter ist,
dass auch innerhalb der abendländischen Kultur Schlangenbilder sozial und
historisch bedingt keine homogene Semantik besitzen.[47] Die Veränderung von
Wahrnehmungsmustern unterliegt nicht der Akkumulation von beobachtungs-
gestütztem Wissen. Die Idee besseres Sehen führe zu besserem Wissen und dies
wiederum zu treffenderen Bewertungen, ist in der Betrachtung der Geschichte
von Frosch oder Schlange nicht haltbar.[48] Eher scheint diese Kausalkette in die
entgegengesetzte Richtung zu verlaufen: in der Weise, dass dominante Bewer-
tungsschemata Wissenschaft leiten und damit ein bestimmtes Wissen verbreiten, das letztlich das Tier im Gesehenen definiert.[49]

Die Macht über gesellschaftliche Schlangenbilder obliegt deshalb entschei-
dungsfähigen Institutionen wie Kirche und Staat. Unterstand in Mittelalter
und Früher Neuzeit die Repräsentation von Schlangen einer kirchlichen Dok-
trin, übernahmen weltlicher Staat und Wissenschaft nach der Aufklärung diese
Deutungshoheit.[50] Gleichwohl verändern sich Wahrnehmungsmuster auch in-

---

43 Hüppauf, Frosch, 30.
44 Vgl. Meyer, Jahrhundert, 492. »Die Majestät des Löwen, die Grausamkeit des Tigers,
die Gefräßigkeit des Wolfs, die Weisheit des Elefanten, die Verschlagenheit des Fuchses,
die Treue des Hundes, die Falschheit der Katze, die Geilheit des Bocks, die Unflätigkeit des
Schweins […]«.
45 Vgl. Hüppauf, Frosch, 54.
46 Drake Stutesman, Snake. London 2005.
47 Das Spektrum der Akteure reicht vom frühneuzeitlichen Priester bis zum Terrarianer
des 21. Jahrhunderts.
48 Vgl. Hüppauf, Frosch, 52 f.
49 In eine ähnliche Richtung argumentieren auch Lipphardt und Patel (Veronika Lipphardt, Kiran Patel, Neuverzauberung im Gestus der Wissenschaftlichkeit. Wissenspraktiken
im 20. Jahrhundert am Beispiel menschlicher Diversität, in: Geschichte und Gesellschaft, 34,
2008, 425–454.) Vgl. auch Latour, für den hiermit einvernehmlich Wissenschaft lediglich die
Fortsetzung der Politik mit anderen Mitteln darstellt (Chimaira, Mensch, 28).
50 Vgl. Hüppauf, Frosch, 50. Die davon relativ unabhängigen Bereiche von Kunst und Mythos betreffen die Geschichte der Kreuzotter in der Moderne nur marginal.

nerhalb dieser historisch relativ stabilen Machtkonstellationen. Die Dynamik, die zu einem solchen Wandel Anlass gibt, geht – wie der Fall der Kreuzotter eindrücklich nachweist – nicht zuletzt vom Tier selbst aus. Vor diesem Hintergrund ist es wenig überraschend, dass die Geschichte der Kreuzotter in *Schlangenlinien* verläuft.

Ein großes Thema, in dessen Kontext viele Tiergeschichten der Moderne zu sehen sind, ist der Wandel von der bedrohlichen zur bedrohten Natur.[51] Stand der Mensch vor Aufklärung und Industrialisierung noch einer unberechenbaren »Natur« relativ ohnmächtig gegenüber, kontrollierte er »Natur« danach mit Hilfe von Wissenschaft und Technik. Das Kräfteverhältnis zwischen Natur und Kultur verschob sich im 19. und 20. Jahrhundert dramatisch.[52] Der Wissenschaftstheoretiker Otto Neurath brachte dies auf die schöne Formel: »Der Mensch wird immer unabhängiger vom Boden, auf dem er lebt. [...] Wenn früher ein Mensch und ein Sumpf zusammenkamen, verschwand der Mensch, jetzt der Sumpf.«[53] Mit der zunehmenden Unabhängigkeit von Natur wandelte sich deren Bild. Natur war nun nicht mehr eine Quelle der Gefahr, sondern im Gegenteil ein Quell für Harmonie, Gesundheit und Erholung.[54] Der ehemals gefürchtete Dschungel, der noch von Joseph Conrad als *Herz der Finsternis* und Ort des Wahnsinns vermittelt worden war, verwandelte sich im Zuge seiner Ausbeutung und Zerstörung in ein grünes Paradies und zu einem Inbegriff des Lebens. Es waren nicht nur Natur- und Umweltschutzbewegungen, die in Rationalisierung, Kapitalismus und Industrialisierung eine Gefahr für die Natur ausmachten. Vor dem Hintergrund einer zerstörerischen Zivilisation erschien Natur nicht mehr als Ort der Gefahr, sondern als etwas Bewahrenswertes, das geschützt werden müsse.[55]

Eine ebensolche Bewegung zeigt sich in der Interaktion mit Wildtieren.[56] Ehemals bis zur Ausrottung verfolgt, stehen Wolf, Bär und Luchs heute in Deutschland unter Naturschutz, und es werden besondere Anstrengungen un-

---

51 Siehe Franz-Josef Brüggemeier, Natur und kulturelle Deutungsmuster. Die Kulturwissenschaft menschlicher Umwelten, in: Friedrich Jaeger, Jörn Rüsen (Hg.), Handbuch der Kulturwissenschaften. Themen und Tendenzen. Stuttgart 2004, 65–78. Patrick Masius, Natur und Kultur als Quellen von Gefahr. Zum historischen Wandel der Sicherheitskultur, in: Christopher Daase u. a. (Hg.), Sicherheitskultur: Soziale und politische Praktiken der Gefahrenabwehr. Frankfurt 2012, 183–204. Friedemann Schmoll, Erinnerung an die Natur: Die Geschichte des Naturschutzes im deutschen Kaiserreich. Frankfurt 2004.
52 David Blackbourn, The Conquest of Nature. Water, Landscape and the Making of Modern Germany. London 2006. James Scott, Seeing like a State. How certain Schemes to improve the Human Condition have failed. New Haven/London 1998.
53 Neurath (um 1930) in: Schmoll, Erinnerung, 11.
54 Schmoll, Erinnerung, 12 ff.
55 Masius, Natur.
56 Schmoll, Erinnerung, 246 f.

ternommen, um ihren Lebensraum zu erhalten.[57] In den 1960er und 1970er Jahren hatte ein neues Umweltbewusstsein die politischen Agenden der westlichen Gesellschaften erreicht. In diesem Kontext spielte das Problem des weltweiten *Artensterbens* eine gewichtige Rolle. Durch die Aktivitäten der menschlichen Zivilisation verlieren viele Tier- und Pflanzenarten ihren Lebensraum und sterben unwiederbringlich aus, so das Attest. Die moderne Zivilisation ist für nichtmenschliche Lebewesen gefährlicher geworden als jemals zuvor.[58] Eine sich neu etablierende Teildisziplin der Philosophie, die Umweltethik, machte es sich vor diesem Hintergrund zur Aufgabe, einen »Eigenwert« von Tieren (und Pflanzen) zu begründen.[59] Es sollte dadurch gezeigt werden, dass Tiere nicht nur einen instrumentellen Wert für den Menschen und seine Bedürfnisbefriedigung besitzen, sondern um ihrer selbst willen von Wert sind. Die Anstrengungen der letzten Jahrzehnte in diese Richtung haben erste Früchte getragen, auch wenn sich biozentrische Ethiken nach wie vor nicht durchsetzen konnten.[60] Immerhin scheint unter den Philosophen ein weitgehender Konsens darüber zu bestehen, dass höhere Tiere in das moralische Universum einzubeziehen sind.[61] Diese geisteswissenschaftlichen Studien finden auch in der politischen Realität ihre Anwendung. Auf vielen Ebenen erließen die Verantwortlichen (verbesserte) Tierschutzgesetze.[62] International wurde eine Konvention zum Schutz der Biodiversität (Convention on Biodiversity) im Anschluss an den Erdgipfel in Rio de Janeiro (1992) verabschiedet, mit deren Unterzeichnung fast 200 Staaten erklärten, dem Rückgang der Arten entgegenzuwirken.[63] Bis heute ist die Problematik von hoher Aktualität.[64] In Deutschland dienen Rote Listen, Naturschutzgesetze und Programme wie die Nationale Biodiversitätsstrategie dazu, seltene

---

57 Vgl. Wilfried Ott, Die besiegte Wildnis. Wie Bär, Wolf, Luchs und Steinadler verschwanden. Leinfelden-Echterdingen 2004. In Frankreich gibt es dagegen eine Vielzahl von Arbeiten zur Geschichte des Wolfes.

58 Randy Malamud (Hg.), A Cultural History of Animals in the Modern Age. Oxford/ New York 2007.

59 Vgl. Andrew Light, Holmes Rolston III, Environmental Ethics: An Anthology. Oxford u. a. 2002.

60 In einem moralischen Biozentrismus besitzen alle Lebewesen, ob Tier oder Pflanze, einen Eigenwert. Dies wird zum Beispiel mit der Verfolgung bestimmter Ziele begründet (teleologisches Argument) (Krebs, Argument).

61 Dies wird nicht nur aus utilitaristischer Perspektive vertreten, sondern zum Beispiel auch von Diskursethikern (Ott, Umweltethik). Gleichwohl ist die Definition solcher höheren Tiere nach wie vor unklar. Siehe dazu Karen Gloy, Grundlagen der Gegenwartsphilosophie. Stuttgart 2006.

62 Vgl. Meyer, Jahrhundert, 521, 564.

63 In der Präambel der Convention of Biodiversity wird auch ein »Eigenwert« als Begründung für die Erhaltung der Biodiversität angeführt.

64 Die von der UN ausgerufene Dekade der Biodiversität (2011–2020) belegt dies.

Arten zu schützen und damit die Artenvielfalt zu erhalten.[65] Hierzu gehört auch
die Unterschutzstellung von ehemals gefürchteten Arten wie dem Wolf oder der
Kreuzotter.

Beide waren lange Zeit als gefährliche Schädlinge[66] behandelt worden. Um-
fangreiche historische Untersuchungen zur Wahrnehmung und Bekämpfung
von schädlichen Tieren entstanden im deutschsprachigen Raum erst seit der
zweiten Hälfte des 20. Jahrhunderts.[67] In jüngerer Zeit hat dieses Forschungs-
feld erhöhtes Interesse gefunden, was in der großen Anzahl themenspezifischer
Studien zur Geltung kommt.[68] In der Frühen Neuzeit wurden Amphibien und
Reptilien, neben verschiedensten Säugetieren und Vögeln, zum Ensemble der als
schädlich betrachteten Tiere gezählt. Darüber hinaus gehörten dazu zahlreiche
Insekten und Niedere Tiere.[69] Die Schlangen ordneten die Autoren des 17. und
18. Jahrhunderts der Kategorie des Ungeziefers zu.[70] So behandelte die Hausvä-
terliteratur verschiedene Mittel um »allerley Ungeziefer / als Maulwürffe / Ratten / Mäuse / Wieseln / Schlangen / Ameisen / Raupen und dergleichen / so aller
Haußwirthe abgesagte Feinde seyn / künftlich zuvertreiben / und zu tödten«.[71]

---

65 Vor diesem Hintergrund erklärt Eitler, dass »›Wildtiere‹ wie Wölfe oder Biber in vielen Teilen der Welt mittlerweile fast vollkommen auf das Wohlwollen oder die Unterstützung
von Menschen angewiesen sind.« (Eitler, Gesellschaft, 207).

66 Unter Schädlingen werden ganz allgemein Organismen verstanden, »die sich auf den
Menschen, seine Lebensgrundlagen oder seine Lebensqualität negativ auswirken« (Jana
Sprenger, »Die Landplage des Raupenfraßes«. Wahrnehmung, Schaden und Bekämpfung
von Insekten in der Forst- und Agrarwirtschaft des preußischen Brandenburgs (1700–1850).
Quedlinburg 2011, 63). Der Begriff ist ein Neologismus, der Ende des 19. Jahrhunderts auf-
taucht (ebd., 1).

67 Ein erstes Standardwerk publizierte Kemper: Heinrich Kemper, Kurzgefasste Geschichte tierischer Schädlinge, der Schädlinge und der Schädlingsbekämpfung. Berlin 1968.

68 Einen Überblick über die aktuelle Literatur geben Sprenger, Wahrnehmung, 13 ff.; und
Steffi Windelen, Mäuse, Maden, Maulwürfe. Zur Thematisierung von Ungeziefer im 18. Jahrhundert. Göttingen 2010.

69 Sprenger, Wahrnehmung, 58. Die bei Krafft behandelten Arten umfassten: »Füchse,
Wölfe, Luchse, Dachse, tollwütige Hunde, Iltisse, Wiesel, Fischotter, Wasserratten, Biber, Igel,
Maulwürfe, Mäuse, Spitzmäuse, Ratten, Fledermäuse, Igel, Bussarde, Weihen, Adler, See-
adler, Habichte, Falken, Eulen, Dohlen, Krähen, Raben, Kraniche, Reiher, Gänse, Schwalben,
Sperlinge, Frösche, Kröten, Salamander, Eidechsen und Schlangen.«

70 Windelen, Thematisierung, 5. Einen etymologischen Zusammenhang zwischen dem
Lemma »Ungeziefer«, als dem »Ungezücht« und dem Otterngezücht stellte Johann Leonhard
Frisch (1666–1743) her. Herrmann, Bernd, Ein Beitrag zur Kenntnis von Schädlingsbekämpfungen und ihren Konzepten im 18. und frühen 19. Jahrhundert an Beispielen aus Brandenburg-Preußen, in: Katharina Engelken u. a. (Hg.), Beten, Impfen, Sammeln. Zur Viehs-
euchen- und Schädlingsbekämpfung in der Frühen Neuzeit. Göttingen 2007, 135–189; 139.

71 Johann Joachim Becher (1709) in: Jutta Nowosadtko, Milzbrand, Tollwut, Wölfe, Spatzen und Maikäfer. Die gesellschaftliche Verteilung von Zuständigkeiten bei der Bekämpfung
von Viehseuchen und schädlichen Tieren in der Frühen Neuzeit, in: Katharina Engelken u. a.,
Beten, Impfen, Sammeln, 79–98; 85. Siehe auch Coler (1680) in: Sprenger, Wahrnehmung, 60.

Der Hausvaterliterat Elieser (1737) kennzeichnete diese Gruppe von Tieren dadurch, dass sie schädlich und unnütz seien.[72]

Schlangen und darunter insbesondere die Ottern wurden wegen ihres gefährlichen Bisses als schädlich für Mensch und Vieh angesehen. Durch ihre Giftigkeit könnten sie tödliche Verletzungen hervorrufen.[73] Bechstein ordnete die Kreuzotter zusammen mit Wolf, Luchs und Borkenkäfer der höchsten Schadensklasse der Tierwelt zu.[74] Darüber hinaus wurden Schlangen aufgrund ihres Aussehens als unangenehm empfunden.[75]

Systematische Schädlingsbekämpfungsmaßnahmen wie sie gegen Raubvögel, große Beutegreifer und Forst- oder Ernteschädlinge bekannt sind, wurden gegen Schlangen in der Frühen Neuzeit nicht ergriffen. Möglicherweise ist dies ein Grund dafür, warum einige Forschungsliteratur zu den vorgenannten Tiergruppen vorliegt, zu Schlangen aber bislang noch nicht.[76] Eine systematische Verfolgung der Kreuzotter in Deutschland lässt sich schließlich für die erste Hälfte des 19. Jahrhunderts nachweisen. Die einzige Studie, die eine geschichtliche Perspektive auf die Kreuzotter bis dato eingenommen hat, ist die Dissertation von Georg Klingelhoefer zur Kreuzotter in Ostthüringen von 1941.[77] Darin werden historische Populationsentwicklungen aufgezeigt, Fangzahlen ausgewertet, Bissstatistiken zusammengestellt sowie biogeographische Fragen diskutiert. Der Autor hat dazu neben der verfügbaren Sekundärliteratur auch alle in den regionalen Archiven verfügbaren Dokumente verwendet.

Trotz der geringen Berücksichtigung der Kreuzotter in der historisch orientierten Forschungsliteratur lassen sich aus den historischen Arbeiten zur Schädlingsproblematik einige allgemeine Erkenntnisse ziehen, die auch für die Geschichte der Kreuzotter von Relevanz sind. Zunächst ist die Schädlingsbekämpfung im 18. Jahrhundert im Kontext des Sicherheitsversprechens durch

---

72 Windelen, Thematisierung, 22 f.

73 Leopoldt (1750) in: Windelen, Thematisierung, 36. Allerdings wird neben Schlangen auch der Biss von Mäusen und Kröten für giftig gehalten.

74 Bechstein (1792) in: Ott, Wildnis, 26.

75 Windelen, Thematisierung, 152.

76 Zu großen Raubtieren siehe Ott, Wildnis, zu Vögeln siehe Johannes Klose, Aspekte der Wertschätzung von Vögeln in Brandenburg: Zur Bedeutung von Artenvielfalt vom 16. bis zum 20. Jahrhundert. Göttingen 2005. Bernd Herrmann, William Woods, Neither biblical plague nor pristine myth: A lesson from Central European Sparrows. Geographical Review, 100 (2), 2010, 176–187.

Zu Insekten siehe Sprenger, Wahrnehmung. Sarah Jansen, »Schädlinge« – Geschichte eines wissenschaftlichen und politischen Konstrukts 1840–1920. Frankfurt 2003. Lukas Straumann, Nützliche Schädlinge. Angewandte Entomologie, chemische Industrie und Landwirtschaftspolitik in der Schweiz 1874–1952. Zürich 2005.

77 Georg Klingelhöfer, Die Kreuzotter in Ostthüringen, ihre Verbreitung, Häufigkeit und Bedeutung. Borna-Leipzig 1941.

die politische Obrigkeit einzuordnen.[78] Der gute aufgeklärte Herrscher stand in der Verantwortung der Untertanenfürsorge, darüber hinaus aber auch, die Naturdinge beherrschbar zu machen.[79] Dieser Anspruch verstärkte sich ab 1800 kontinuierlich.[80] Deshalb könnte die prämierte Verfolgung der Kreuzotter Mitte des 19. Jahrhunderts in den Zusammenhang eines zunehmenden Bedürfnisses zur Befriedung der Natur eingeordnet werden.[81]

Zweitens zeigt die Betrachtung anderer als Schädlinge eingestufter Wirbeltiere, vom Wiesel bis zum Wolf und vom Sperling bis zum Reiher, dass Anreizsysteme zur Bekämpfung von Tieren bereits im 18. Jahrhundert in verschiedener Ausprägung routinemäßig zur Anwendung kamen. Der Sperling wurde beispielsweise nach dem Steuerprinzip bekämpft. Unter drohender Strafe waren die Einwohner in Preußen dazu verpflichtet, eine bestimmte Anzahl von Sperlingsköpfen pro Jahr abzuliefern. Auch für den Hamster war ein solches System in den Löß-Gebieten zwischen Magdeburg und Halberstadt in Funktion. Üblich war eine Abgabe je nach Verhältnissen und Bodenbesitz von 10 bis 30 Fällen pro Jahr. Die meisten übrigen Tiere wurden durch die Ausgabe von Prämien mit positiven Anreizen verfolgt, d. h. die Obrigkeit bezahlte eine festgelegte Kopfprämie für die Ablieferung eines Schädlings. Die Prämien reichten von einem Groschen für eine Krähe bis zu vier Talern für einen adulten Wolf.[82] In dieses System sollte im 19. Jahrhundert auch die Kreuzotter einbezogen werden.

Was die Bekämpfungsmethoden anging, erinnerten die Möglichkeiten bei der Kreuzotterverfolgung stark an die eingeschränkten Möglichkeiten der Insektenbekämpfung bis zur Einführung flächentauglicher chemischer Mittel. Das manuelle Aufspüren, Töten und Einsammeln war nahezu die einzig durchführbare Methode.[83] Noch im 20. Jahrhundert zeugte die Kreuzotterverfolgung neben dem Sammeln von Kartoffelkäfern davon, dass technischer Fortschritt und Naturkontrolle (noch) nicht alle Lebensbereiche erfasst hatten.

Drittens sind in der historischen Betrachtung von Schädlingen auch erste Überlegungen dazu angestellt worden, wie es zum »Kategoriewechsel« vom

---

78 Torsten Meyer, Natur, Technik und Wirtschaftswachstum im 18. Jahrhundert. Risikoperzeptionen und Sicherheitsversprechen. Münster 1999. Ders., Von der begrenzten zur unbegrenzten Ausrottung. ›Schädlinge‹ als ›natürlichen Risiko‹ im 18. Jahrhundert, in: Günter Bayerl, Torsten Meyer, (Hg.), Die Veränderungen der Kulturlandschaft. Nutzungen – Planungen – Sichtweisen. Münster 2003, 61–73.
79 Meyer, Natur.
80 Masius, Natur.
81 Herrmann, Kenntnis, 174. Unzutreffend ist in diesem Kontext allerdings Herrmanns These, dass das Interesse an der Verfolgung von Amphibien und Reptilien im Untersuchungszeitraum erlahmt. In seinem Artikel findet sich auch kein Hinweis auf eine Begründung dafür (ebd., 182).
82 Herrmann, Kenntnis, 170 ff. Nowosadtko, Zuständigkeiten, 89, 94.
83 Nowosadtko, Zuständigkeiten, 89.

Schädling zum geschützten Tier bei einzelnen Arten wie dem Hamster oder dem Kranich gekommen ist. Die Annahme ist, dass nachlassender ökonomischer Druck, Wissenszuwachs und emotionale Aspekte (»Beliebtheitsbilder«) dabei eine entscheidende Rolle spielen.[84] Darüber hinaus werden in Bezug auf den Hamster landwirtschaftliche Überproduktivität, Bestandsrückgänge, erhöhte Umweltsensibilität und gesellschaftlicher Umbruch durch die Wiedervereinigung Deutschlands genannt.[85] Diese verschiedenen Aspekte werden im Hinblick auf die Kreuzotter im Hauptteil diskutiert. Die Vielfalt der Argumente deutet auf die Schwierigkeit hin, diesen Wertewandel genau zu bestimmen. Neben pragmatisch-technischen Aspekten gehören jedenfalls auch Fragen nach Wertvorstellungen zu erklärungsmächtigen Faktoren.[86]

In dieser Arbeit geht es darum herauszustellen, wie die Kreuzotter im Laufe der Geschichte wahrgenommen wurde, die Diskrepanzen zwischen den unterschiedlichen Wahrnehmungen und Bewertungen zu erklären und ebenso welche Rolle sie in dieser Geschichte selbst spielte. Dass die Kreuzotter früher als gefährlich angesehen und verfolgt wurde, heute aber unter Naturschutz steht und als gefährdete Art wertgeschätzt wird, ist keine neue Erkenntnis. Wie es aber zu diesem Wandel kam ist nicht nur für die Geschichte der Kreuzotter von Belang, sondern für die Betrachtung von gesellschaftlichem Wandel im Allgemeinen.

Die Quellen, anhand derer eine solche Geschichte ausgearbeitet werden kann, sind breitgefächert. Sie umfassen wissenschaftliche Artikel, Bücher und Expertengutachten, Verwaltungsakten, die sich hauptsächlich mit der Bekämpfung der Kreuzotter beschäftigen sowie Zeitungsartikel und Chroniken. Hinzu kommen unveröffentlichte Berichte von Naturschutzorganisationen. Schwer greifbar sind Stimmen der betroffenen Bevölkerung, die durch die vorhandenen Quellen nur unzureichend und zumeist indirekt erfasst werden können.

Geographisch wird die nachfolgende Geschichte der Kreuzotter durch das Territorium Deutschlands begrenzt, wobei bestimmte Regionen aufgrund der guten Quellenlage schwerpunktmäßig behandelt werden.[87] Die Erzählweise orientiert sich eher an einem Interaktions-Verhältnis zwischen Mensch und Tier, in dessen Perspektive die Kreuzotter nicht allein passives Opfer ihrer eige-

---

84 Bernd Herrmann, Empirische Zugänge zu historischen Biodiversitätsverdrängungen und Biodiversitätslenkungen: Die Beispiele Melioration und Schädlingsbekämpfung, in: Thomas Knopf (Hg.), Umweltverhalten in Geschichte und Gegenwart. Tübingen 2008, 174–194; 189.

85 Herrmann, Kenntnis, 140.

86 Christian Rohr, Zum Umgang mit Tierplagen im Alpenraum in der Frühen Neuzeit, in: Katharina Engelken u. a. (Hg.), Beten, Impfen, Sammeln, 99–133; 101.

87 Insbesondere für Bayern und Teile der ehemaligen Deutschen Demokratischen Republik (DDR) würde es sich anbieten gesonderte Studien anzulegen, da hier noch nicht alle Archivquellen gesichtet sind.

nen Geschichte ist. Ihre Rolle selbst drückt sich in Optionen wie Verstecken, Fliehen oder Beißen aus. Gleichwohl unterliegen die Zuschreibungen kulturellen Ansprüchen bestimmter historischer Situationen und deswegen steht eine menschliche Perspektive auf die Kreuzotter im Vordergrund.

Dass es überhaupt möglich ist, heute eine Geschichte der Kreuzotter zu schreiben, liegt auch daran, dass unsere Gesellschaft in den letzten zweihundert Jahren Ressourcen aufwendete, um sich mit dieser Schlange zu beschäftigen. Deshalb sind die Ermöglichung der modernen Wissenschaft und diese Wissenschaft selbst Hauptvoraussetzung und gleichzeitig wichtiger Untersuchungsgegenstand dieser Geschichte.

2. Das Wesen der Kreuzotter

In der ersten Hälfte des 18. Jahrhunderts gehörte es zum Allgemeinwissen in Deutschland, dass die Giftschlange ihre Opfer mit einem »rasenden Geiste« verzaubert. Ihr Gift sei keine »sichtbare Materie«, sondern eine Art Dämon der durch erzürnten Biss in den Körper des Menschen gelange. Wenn die Schlange nicht im Zorn bisse, würde sie niemanden vergiften. Durch Furcht und Schrecken trage der Gebissene dann selbst dazu maßgeblich bei, dass sich die Raserei im ganzen Körper ausbreite. Sie dienten, so die Vorstellung, dem Geist des Giftes als Behälter. Breitete sich der Schrecken im ganzen Körper aus, war der Gebissene verloren, falls nicht bald Hilfe käme. Beim Biss der Otter käme alle Hilfe vermutlich zu spät. Dieses von »Natur aus feindliche Ungeziefer [...] verstünde[n]wenig Schertz«.[1] Als Gegenmittel empfahl der Zedler, das große Universallexikon des 18. Jahrhunderts, unter anderem von einer gebratenen Otter so viel wie möglich zu verspeisen. Dass es Unterschiede zwischen Ottern und Schlangen gab, war bekannt: Die Ottern wären gefährlicher, kürzer, hätten Drüsen an den spitzen Fängen und bleifarbene Bauchschuppen; außerdem sei die Otter weniger schnell und weniger furchtsam als die Schlangen und gebäre lebende Junge. Auch wenn der Nutzen dieser Merkmale für die praktische Unterscheidung begrenzt war, zeigt sich doch ein Verständnis, dass in Richtung der modernen zoologischen Systematik weist.

Carl von Linné, dem eine erste umfassende Systematik der Arten zu verdanken ist, ordnete durch diese das Chaos in der Tierwelt. Dieser Schritt kann mit Max Webers bekanntem Diktum von der Entzauberung der Welt in Bezug gesetzt werden. Es vollzieht sich hier nämlich genau der Wandel von einer mit Geistern beseelten Welt hin zu einer, die im Lichte denkenden Erkennens und der Rationalität moderner Wissenschaft jeden Zauber verloren zu haben scheint.[2] Aber auch Linnés Differenzierung von drei verschiedenen Otternarten, die später alle als eine biologische Art angesprochen wurden, war nicht das Ende der Wissensentwicklung über die Giftschlangen im nördlichen

---

1 Johann Zedler (Hg.), Grosses vollständiges Universal-Lexicon aller Wissenschafften und Künste, Bd. 34. Leipzig 1742, Sp. 1778–1880.

2 Max Weber, Wissenschaft als Beruf 1917/1919. Politik als Beruf 1919. Studienausgabe. Tübingen 1994. Wolfgang Schluchter, Die Entzauberung der Welt. Sechs Studien zu Max Weber. Tübingen 2009.

Europa.[3] Was wir heute über die Giftschlangen in Deutschland wissen ist das Produkt einer langen Geschichte, die am passendsten unter dem Titel »Immer wieder Aufklärung« firmieren könnte. Manches davon ist schon seit drei Jahrhunderten bekannt, manches seit einem oder zweien und manches erst seit kurzem. So unvollständig dieses Wissen sein mag, so sicher erscheint es uns aktuell. In Deutschland gibt es von einer Ausnahme abgesehen nur eine einzige Giftschlange; nämlich diejenige, die im Zedler unter »Otter« abgehandelt wurde und in Linnés Systematik in dreifacher Gestalt erschienen war, die Kreuzotter (*Vipera berus*).

Sie wird durchschnittlich 60 bis 80 cm lang und ist durch ein dunkles Zickzackband gekennzeichnet, das über den Rücken verläuft. Die Färbung ist extrem variabel auch kommen regelmäßig schwarze Exemplare vor, bei denen die charakteristische Rückenzeichnung dann nicht mehr zu erkennen ist. Ihre Gestalt ist plumper und kurzschwänziger als bei anderen einheimischen Schlangen – ausgenommen der Aspisviper – und sie besitzt einen deutlicher vom Körper abgesetzten Kopf. Im Oberkiefer stecken zwei 3 bis 4 cm lange Giftzähne (Solenoglypha), die von einem Kanal durchzogen sind. Die Weibchen übertreffen in der Gesamtlänge in der Regel die Männchen, so dass es sich bei den größten Exemplaren aus Deutschland von über 80 cm immer um Weibchen handelt.[4]

In der Ernährung ist die Kreuzotter hauptsächlich auf Kleinsäuger sowie Eidechsen und Frösche angewiesen. Letztere stellen insbesondere für die Jungottern eine wichtige Ernährungsgrundlage dar. Die Beute wird tödlich vergiftet, dann anhand ihrer Duftspur verfolgt und mit dem Kopf zuerst verschlungen. Sie selbst hat allerdings auch zahlreiche Fressfeinde. Neben Greifvögeln, Wildschweinen und Iltis, gehört auch der Igel dazu. Bleibt der Kreuzotter keine Zeit zu fliehen, setzt sie sich bei Bedrohung mit Zischen und Scheinangriffen zur Wehr, wobei der vordere Körperteil in Drohhaltung aufgerichtet wird.[5]

Ihr Gesamtverbreitungsgebiet ist immens. Von Frankreich und England im Westen reicht es bis an die ostasiatische Pazifikküste. Im Norden dringt keine andere Reptilienart näher an den Polarkreis vor. Sie bevorzugt ein feuchtkühles Klima und kommt in Deutschland vor allem in strukturreichen, halboffenen Lebensräumen wie Mooren, Heiden und offenen Waldbiotopen vor. Entscheidend ist, dass sowohl genügend Sonnenplätze als auch frostsichere Winterquartiere zur Verfügung stehen. In Deutschland fehlt die Art nur in Rheinland-Pfalz und dem Saarland. Im Norddeutschen Tiefland ist sie in

---

3 Vgl. Svetlana Kalyabina-Hauf u. a., Phylogeny and Systematics of Adders (*Vipera berus* complex), in: Ulrich Joger, Ralf Wollesen (Hg.), Verbreitung, Ökologie und Schutz der Kreuzotter (Vipera berus [Linnaeus, 1758]), Mertensiella, 15, 2004, 7–16; 8.
    4 Hans Schiemenz u. a., Kreuzotter – Vipera berus (Linnaeus, 1758), in: Rainer Günther (Hg.), Die Amphibien und Reptilien Deutschlands. Jena u. a. 1996, 710–728; 711, 714.
    5 Ebd., 727.

Heide- und Moorgebieten verbreitet. In den Mittelgebirgslagen bevorzugt sie die (nadel)waldreichen, montan geprägten Gebiete. Durch bestimmte Formen der Waldbewirtschaftung entstand hier eine Vielzahl von Lichtungen und Schneisen, die der Kreuzotter einen geeigneten Lebensraum boten. Sie besiedelt hier Waldlichtungen oder Wegränder, an denen alte Baumstümpfe als Sonnenplatz dienen. Eine statistische Auswertung von 1227 Kreuzotterbeobachtungen in den östlichen Bundesländern ergab, dass über 50 Prozent der Meldungen den Habitattyp »Lichte Nadelwälder« betreffen. Im Voralpenland lebt die Kreuzotter an Moor- und Feuchtwiesenkomplexen und im Alpenraum kommt sie regelmäßig bis 1800 m Höhe vor. In Deutschland liegen die Bestanddichten, je nach Habitat, bei ein bis vier Exemplaren pro Hektar.[6]

Die Idee, dass die Kreuzotter eine »kulturflüchtende« Art (Hemerophobe) sei, die auf Kulturflächen und im Siedlungsbereich nicht existieren könne, wird mittlerweile nicht mehr so rigide vertreten, wie in den 1970er und 80er Jahren.[7] Die intensiven Untersuchungen seit Ende der 1980er Jahre zeigten, dass die Kreuzotter auch in Siedlungsbereiche und Gärten vordringt.[8] Rudolf Malkmus unterstreicht den Aspekt, dass die Kreuzotter nicht hemerophob sei, mit dem Hinweis auf den Fund von sechs Jungtieren in einem Vorratsraum bei Frammersbach.[9] Auch die Idee, dass die Kreuzottern ständige Störungen durch Spaziergänger nicht verkraften,[10] kann in ihrer Allgemeinheit nicht aufrecht erhalten werden; inzwischen ist bekannt, dass sie anthropogene Standorte entlang von frequentierten Wanderwegen langfristig ohne Probleme nutzt.[11] Studien aus waldreichen Gegenden zeigen darüber hinaus, wie die Kreuzotter stark von bestimmten anthropogenen Strukturen profitiert. Hierzu zählen insbesondere

6 Ebd., 718–722.
7 Rudolf Schreiber u. a. (Hg.), Rettet die Wildtiere. Wolfegg 1980, 148. Ulrich Joger, Status und Schutzproblematik der Kreuzotter, Vipera berus berus (L.) unter Berücksichtigung der Situation in Hessen, in: Natur & Landschaft, 60 (9), 1985, 356–359; 358.
8 Peter Heimes, Frank Nowotne, Zur Verbreitung der Reptilien im hessischen Spessart unter besonderer Berücksichtigung der Kreuzotter (Vipera berus), in: Hessische Faunistische Briefe 12 (4), 1992, 49–60; 57. Manfred Lehnert, Klemens Fritz, Verbreitung und Status der Kreuzotter (Vipera berus) im nördlichen Schwarzwald, in: Jahresberichte der Gesellschaft für Naturkunde Württemberg, 144, 1989, 273–290.
9 Rudolf Malkmus, Die Verbreitung der Kreuzotter (Vipera berus L.) im Spessart, in: Abhandlungen des Naturwissenschaftlichen Verein Würzburg, 37/38, 1996/1997, 91–113; 106.
10 Joger, Status, 358.
11 Ralf Wollesen, Michel Schwarze, Vergleichende Betrachtungen zweier linearer Kreuzotter-Habitate (Vipera berus [Linnaeus, 1758]) in der norddeutschen Tiefebene, in: Ulrich Joger, Ralf Wollesen (Hg.), Verbreitung, Ökologie und Schutz der Kreuzotter (Vipera berus [Linnaeus, 1758]), Mertensiella, 15, 2004, 164–174. An diesen Wanderwegen wird der Beobachter zu einem gewohnten »Umweltelement« für die Kreuzotter (ebd., 165). Auch Lenz wusste bereits im 19. Jahrhundert, dass die Kreuzotter »zuweilen […] selbst auf häufig befahrenen Wegen im Sonnenschein« liegt (Harald O. Lenz, Schlangenkunde. Gotha 1832, 164).

Formen der Waldwirtschaft wie z. B. die Kahlschlagswirtschaft. In den jungen Fichtenkulturen finden die Ottern für einige Jahre ausgezeichnete Lebensbedingungen.[12] Auch wenn die Kreuzotter also häufig in wenig besiedelten Gegenden, in Heiden, Mooren und Bergwäldern zu finden ist, kann sie nicht als reiner »Kulturflüchter« betrachtet werden.[13]

Als Tagesversteck nutzt die Kreuzotter Kleinsäugerbauten, hohle Baumstümpfe oder Erdspalten. Für die Überwinterung sucht sie ähnliche Verstecke auf, die allerdings frostfrei sein müssen. Hier sammelt sich oft an geeigneten Quartieren eine beträchtliche Anzahl von Kreuzottern zur Winterruhe. Nach dem Verlassen der Winterquartiere sonnen die Tiere ausgiebig und häuten sich. Die Paarung findet an warmen Tagen im Frühjahr statt und dauert zwischen zehn Minuten und drei Stunden. Häufig paaren sich dieselben Tiere mehrmals und auch mit anderen Partnern. Die Paarung findet an bestimmten Plätzen statt, die die Ottern immer wieder hierzu aufsuchen. Durch die langjährige Nutzung der gleichen Plätze wird das Zusammenfinden der Kreuzottern im Frühjahr erleichtert. Während die Männchen nach der Paarungszeit Ende Mai die Paarungsplätze verlassen, verbleiben die meisten trächtigen Weibchen in der Nähe und gebären im Sommer hier vier bis zwanzig lebende Jungtiere. Bei gutem Nahrungsangebot pflanzen sich die Weibchen in jedem Jahr fort, bei Nahrungsmangel nur in jedem dritten oder vierten, oder sie bleiben ganz ohne Nachwuchs. Die Ottern erreichen ein Höchstalter von zehn bis fünfzehn Jahren.[14]

Wie gefährlich die Kreuzotter für den Menschen ist, ist keine Frage die allein naturwissenschaftlich beantwortet werden kann. Für die jüngste Zeit zeigt sich, dass die Gefahr, an einem Kreuzotterbiss zu sterben, statistisch gesehen sehr gering ist. Bissunfälle kommen immer wieder vor, nehmen aber nur selten einen tödlichen Ausgang. In den letzten fünfzig Jahren sind zwei letale Bissunfälle in Deutschland registriert, der letzte im Jahr 2004, als eine ältere Frau in ihrem Garten auf Rügen tödlich gebissen wurde.[15]

Begegnungen mit dem Menschen sind relativ selten, weil die Kreuzotter durch ihre gute Tarnung und ihr ruhiges Wesen wenig auffällt. Durch die versteckte Lebensweise der Art wird sie häufig von der Bevölkerung völlig übersehen. So berichtete der Berliner Zoologe Johannes Moser um 1930 von einer Frau, die mit ihren drei Kindern an einer Stelle im Glatzer Bergland barfuß Beeren sammelte, an der elf Kreuzottern lagen. Als Moser die Beerensamm-

---

12 Heimes, Nowotne, Verbreitung, 58. Lehnert, Fritz, Verbreitung. Klingelhoefer, Kreuzotter, 84 f.

13 Die These von der kulturflüchtenden Art war als Symbol für den aufstrebenden Naturschutz in den 1970er und Anfang der 1980er Jahre hilfreich.

14 Schiemenz u. a., Kreuzotter, 719–727.

15 Giftnotruf Erfurt: http://www.ggiz-erfurt.de/aktuelles/akt_press_04_juli_kreuzotter _ostsee. htm [Zugang am 16. März 2012].

Abb. 1 a bis c: Färbungsvarianten von Kreuzottern aus Deutschland: Männchen bei Steinhaus, Weibchen bei Michelsrombach, melanistisches Weibchen bei Ilfeld.

Abb. 2a und b: Schlingnatter und Kreuzotter im Vergleich.

lerin auf die Schlangengefahr aufmerksam machte, erklärte sie ihm, dass sie in 35 Jahren Beeren- und Pilzesammeln hier noch nie eine Schlange gesehen habe.[16] Ähnliches berichteten Fritz und Lehnert aus ihren Untersuchungen aus dem Schwarzwald.[17] Auch für Experten ist ein Nachweis der Art nicht leicht.[18]

---

16 BA Berlin-Lichterfelde, Reichsgesundheitsamt, Abt. IV, R 86/3681. Briefliches Gutachten von Prof. Moser an das Preußische Innenministerium am 19. Oktober 1930.

17 Manfred Lehnert, Klemens Fritz, Die Kreuzotter (Vipera berus L. 1758) im nördlichen Schwarzwald – Ergänzungsbeitrag, in: Jahresberichte der Gesellschaft für Naturkunde Württemberg, 148, 1993, 135–157.

18 Vgl. Harald Nicolay, Kartierung von Kreuzottervorkommen im Bereich des hessischen Burgwaldes im Regierungsbezirk Gießen. Untersuchung im Auftrag der Oberen Natur-

Worauf die Bezeichnung Kreuzotter zurückzuführen ist, kann nicht zweifelsfrei nachvollzogen werden. Möglicherweise ist die dunkle x-förmige Kopfzeichnung namensgebend.[19] Schlüssig wäre auch die markante Rückenzeichnung, weil diese über das »Kreuz« verläuft.[20]

Außer der Kreuzotter, die weit verbreitet ist, lebt in Deutschland eine zweite Giftschlange. Die nah verwandte Aspisviper (*Vipera aspis*) kommt im südlichen Europa (Frankreich, Schweiz, Italien) vor und dringt am Rhein bis nach Baden vor. Hier lebt eine Population seit über einem Jahrhundert bei Waldshut-Thiengen. Aufgrund der Ähnlichkeit mit der Kreuzotter erkannten Wissenschaftler erst 1837, dass es sich um zwei unterschiedliche Arten handelt.[21] Als das erste Standardwerk über Schlangen in Deutschland 1832 erschien, hielt der Autor deshalb die Vorkommen der Aspisviper bei Rom für ein Vorkommen der Kreuzotter.[22] Seit 1871 ist die Aspisviper in Deutschland offiziell nachgewiesen. Ein Apotheker Saul aus Thiengen hatte sie im südlichsten Baden entdeckt.[23] Dies ist bis heute das einzige nachgewiesene Vorkommen der Art in Deutschland. Am ehesten wäre die Aspisviper noch in Rheinlandpfalz oder dem Saarland zu erwarten, weil sich unweit der Grenze Vorkommen auf französischer Seite befinden.[24] Die Ähnlichkeit zur Kreuzotter ist so groß, dass eine sichere Unterscheidung der beiden Arten nur anhand der Kopfbeschilderung möglich ist. Dazu müssen die Tiere aber in die Hand genommen werden.[25] Deshalb verwundert es auch wenig, wenn die Kopfgeldprämien für 1500 Kreuzottern bei Metz Ende des 19. Jahrhunderts eigentlich nicht der Kreuzotter galten, sondern der Aspisviper.[26] Diese Verwechslung unterlief auch

schutzbehörde in Gießen 1999. Wolfgang Völkl, Die Kreuzotter im östlichen Landkreis Regensburg. Gutachten im Auftrag des Landschaftspflegeverbandes Regensburg e. V. 2010.

19 Vgl. Schiemenz u. a., Kreuzotter.

20 Erhard Frommhold, Die Kreuzotter. Wittenberg 1969, 5. Analog würde dies die Namensgebung bei der Kreuzkröte erklären, bei der ein gelber Strich über die Rückenmitte verläuft.

21 Franz Leydig, Über die einheimischen Schlangen. Zoologische und anatomische Bemerkungen. Frankfurt 1883, 26.

22 Lenz, Schlangenkunde.

23 Leydig, Schlangen, 29.

24 Ralf Bammerlin, Andreas Bitz, Weitere Amphibien- und Reptilienarten, in: Andreas Bitz u. a. (Hg.), Die Amphibien und Reptilien in Rheinland-Pfalz. Landau 1996, 451–460.

25 Wolfgang Völkl, Burkhard Thiesmeier, Die Kreuzotter. Ein Leben in festen Bahnen? Beiheft der Zeitschrift für Feldherpetologie, 5. Bielefeld 2002, 11 f. Mit hochauflösender Fototechnik könnte die Unterscheidung heute ebenso festgestellt werden.

26 Paul Müller, Arealveränderungen von Amphibien und Reptilien in der Bundesrepublik Deutschland, in: Herbert Sukopp, Werner Trautmann (Hg.), Veränderungen der Flora und Fauna in der Bundesrepublik Deutschland. Schriftenreihe für Vegetationskunde, 10. Bonn Bad-Godesberg 1976, 269–294. Vgl. auch J. Blum, Die Kreuzotter und ihre Verbreitung in Deutschland, in: Abhandlungen der Senckenbergschen Naturforschenden Gesellschaft, 15 (3), 1888, 123–280; 153.

dem naturverbundenen Schriftsteller Ernst Jünger. In seinem Kriegstagebuch hielt er am 18. April 1915 seine erste Kreuzotterbegegnung in den heißen Moselbergen bei Prény fest:

»Plötzlich sah ich eine dunkelbraune Schlange, die ich gleich als Kreuzotter erkannte. [...] Dies war die erste Kreuzotter, die ich wirklich als solche sah. (Hier gibts auch Vipern, wie mir zwei Bauern erzählten; sehr gefährliche Viecher) [...]«.[27]

Tatsächlich war es so eine »gefährliche« Viper gewesen, die Jünger gesehen hatte, da die Kreuzotter hier nicht vorkommt. Schon die Beschreibung des xerothermen Lebensraumes (»in den heißen Moselbergen«) deutet auf die Aspisviper hin. Da die Aspisviper in Deutschland nur in einem eng begrenzten Areal im äußersten Südwesten vorkommt, spielt die Verwechslungsgefahr mit der Kreuzotter in Deutschland keine Rolle. Im Gegensatz dazu steht die ungiftige Schlingnatter (*Coronella austriaca*), die für den ungeübten Betrachter der Kreuzotter sehr ähnlich sieht. Diese weit verbreitete Art erinnert in ihrer Zeichnung an die in der Öffentlichkeit sehr viel bekanntere Kreuzotter. Ein sicheres Unterscheidungsmerkmal ist die Pupille, die bei der Kreuzotter tagsüber senkrecht geschlitzt, bei der Schlingnatter aber rund ist.[28] Verwechslungen waren und sind keine Seltenheit. Sowohl für die staatlichen Kopfgeldprämien für Kreuzottern als auch für Kartierungsprojekte stellte dies immer wieder ein Problem dar.

Geht es in Deutschland um Giftschlangen, so handelt es sich also mit einer lokalen Ausnahme um die Kreuzotter. Ihre Geschichte wird eingerahmt von biblischen Motiven und naturwissenschaftlichen Erkenntnissen. Mit der Aufklärung scheint der Zauber, der die Schlange umgab, erloschen zu sein. Das übernatürliche Wesen der Schlange taucht allerdings an geeigneten Orten auch in der rationalen Moderne auf. So berichtete ein Autor Ende des 18. Jahrhunderts aus Schlesien von einer Schlangenart, den sogenannten Gelbbäuchen, die ihren Opfern auf »den Bäumen auflauert, den Thieren auf den Hals springt, sich darum schlingt und in die Kehle und starken Blutaderns beißt. Sie sollen auf diese Art den stärksten Ochsen umbringen können [...].«[29] Sogar ausgewiesene Naturwissenschaftler nehmen solche Anekdoten ernst. Beispielsweise bestätigte Franz Leydig 1883 die Beobachtung eines schlesischen Pastors Weigelius von Anfang des 18. Jahrhunderts, dass die Kreuzotter rot vor Zorn würde, mit einer Theorie über die Tätigkeit der Chromatophoren.[30] Er versuchte damit

---

27 Ernst Jünger, Kriegstagebuch 1914–1918. Stuttgart 2010, 21.

28 Völkl, Thiesmeier, Kreuzotter, 10.

29 Anonymus, Nachricht von den schlesischen Schlangen, in: Patriotische Gesellschaft in Schlesien, Bd. 5, 1777, 57–60.

30 Leydig, Schlangen, 22 f. Bei Chromatophoren handelt es sich um pigmentführende Zellen der Körperdecke, die den Farbwechsel bei bestimmten Tieren bewirken.

die fantastisch anmutende Beobachtung mit wissenschaftlichen Begriffen ein-
zufangen. Dieses Nebeneinander von Verzauberung und Aufklärung zeigt sich
erneut in den Schriften Ernst Jüngers. In seinem Reisetagebuch aus Myrdun
(Norwegen) steht zu lesen:

»Die Bergwälder dort drübern sind weit und fast Urwälder zu nennen, obwohl man
Bäume in ihnen fällt. Indessen erkennt man den Urwald eher am toten als am lebenden Holz; [...] Im Anstieg versäumten wir nicht, den Blaubeeren zuzusprechen und
ich beobachtete dabei, wie unsere Begleiterin jedesmal den Busch mit einer Hasel-
gerte klopfte, bevor sie ihn abbeerte. Das war gegen die Schlangen gemünzt und gefiel mir als eine Geste zauberischer Art. Es handelte sich indessen nicht um die Geste allein, denn bald darauf kündete der Zuruf:»Ormen, oh et styg dyr« eine große
Kreuzotter an. Das Tier erinnerte mich an die Schlangenkönigin, denn es war glän-
zend schwarz und mit einer Doppelreihe von sandgoldenen Flecken geschmückt. Es
schlug behende einen Kreis um uns und verschwand dann blitzend zwischen den grünen Moospolstern der Felsblöcke. Ich mußte angerufen werden, um es zu sehen, und
habe schon immer das Gefühl gehabt, daß sich die Kreuzotter meinen Blicken ent-
zieht. [...] Diesem hier mit seiner goldenen, die Schwarze Rückenzeichnung durch-
leuchtenden Grundfarbe gebührte jedoch bei weitem der Preis. Freilich schien Bir-
git anderer Meinung zu sein, denn sie monierte, daß ich dem Tiere nicht den Garaus
gemacht hätte – wenn im nächsten Jahr ein kleines Mädchen beim Beerenpflücken
von ihm gebissen würde, würde ich schuld daran sein. Das heißt, den Moralismus ein
wenig zu weit treiben.«[31]

Die Beschreibung oszilliert zwischen der Faszination des Schriftstellers für die
Schlangenkönigin und der rationalen Sorge der einheimischen Führerin, dass
Jünger die schwarze Kreuzotter nicht erschlagen habe. Genau in diesem Span-
nungsfeld befindet sich auch Jüngers fiktionale Verarbeitung der Kreuzotter.
Während er in »Auf den Marmorklippen« die Kreuzotter zu »roten Lanzen-
ottern« stilisiert, die die Protagonisten, angeführt von einer Schlangenkönigin
vor den vagabundierenden Freischärlern retten, schildert Jünger in »Gläserne
Bienen« den alltäglichen Kreuzotterfang gegen ausgesetzte Prämien.[32] Töten
oder bewundern, dass schien der Zwiespalt zu sein, in dem Jünger der Kreuzotter gegenüber stand. Jedenfalls gehörten Schlangen zeitlebens zu Jüngers be-
vorzugten Interessen.[33] Merkwürdig in der nachträglichen Betrachtung seiner

---

31 Ernst Jünger, Reisetagebücher. Sämtliche Werke, Bd. 6. Stuttgart 1998, 44 f. »Nachträg-
lich fiel mir auf, daß ich den kleinen Zuruf genau erfaßt hatte, obwohl seine Vokabeln mir
nicht bekannt waren. Es gibt neben der wörtlichen noch eine übergeordnete Deutlichkeit, die
man wie in den Träumen begreift.«
32 Ernst Jünger, Auf den Marmorklippen. Berlin 2010 [1939]. Ernst Jünger, Gläserne Bienen. Stuttgart 1990 [1957], 112 ff.
33 Ernst Jünger, Kriegstagebuch 1914–1918. Stuttgart 2010, 480 (Anmerkungen des
Herausgebers). Jünger sammelte Zeitungsausschnitte zum Thema Schlangen und besaß mehrere Schlangenbücher in seiner Bibliothek.

Schriften bleibt, dass es sich gerade bei der Episode, die in seinem Kriegstagebuch nüchtern von der Begegnung mit einer »dunkelbraunen Schlange, die ich gleich als Kreuzotter erkannte« berichtete, um gar keine Kreuzotter handelte. Die Schlangenkönigin von Myrdun dagegen war mit Sicherheit eine Kreuzotter. Vielleicht lag er mit seinen sublimierten Beschreibungen wie in Myrdun ein Stück näher an ihrem Wesen. Zumindest, dass er das Gefühl hatte, dass sich die Kreuzottern immer seinen Blicken entzögen, charakterisiert wohl eine ihrer Eigenarten treffend. Sie leben sehr versteckt und fallen durch ihre Tarnung und ihr ruhiges Wesen kaum auf. Auch modernste technische Instrumente erleichtern es kaum sie zu finden. Dies erschwert es einerseits, Wissen über die Kreuzotter zu sammeln, andererseits macht diese Verborgenheit einen Reiz aus, um überhaupt eine Geschichte zu erzählen.

Ohne einen solchen wäre die Kreuzotter wohl nicht zu der Schlangenart aufgestiegen, über die weltweit am meisten Literatur vorliegt. Dass dabei das Schriftgut in jüngerer Zeit explosionsartig zugenommen hat, ist kaum überraschend. Bemerkenswerter ist, dass ein Großteil der Autoren, ganz gleich aus welcher Periode der Moderne, den aufklärerischen Duktus und den Kampf gegen den Aberglauben teilt. Die Schlange als Inbegriff des Bösen wird verworfen, ebenso wie einzelne Fakten zu Lebensweise und Gefährlichkeit immer wieder revidiert werden. Exemplarisch folgt hier ein Auszug aus Frommholds Kreuzottermonografie von 1969:

»Seit uralten Zeiten verkannte man das Wesen der Schlangen. Man schrieb ihnen überirdische Kräfte zu und dichtete ihnen in zahllosen Fabeln und Märchen Dinge an, die vom Gesichtspunkt der Naturwissenschaft als unhaltbar zu bezeichnen sind. Die verworrenen, oft irrigen Ansichten vergangener Zeiten sind durch exakte Forschungen entkräftet worden.«[34]

Auch heutige Autoren gestehen, trotz einer langen Geschichte der Erforschung und einer Unzahl von Studien zu, dass das Leben der Kreuzotter für den Beobachter »überraschend und rätselhaft« erscheinen kann.[35] Dies gilt unter anderem für Biotopwahl und biogeographische Fragen. Sogar der Artstatus, gewissermaßen die Basis jeder biologischen Betrachtung, steht zur Diskussion.[36] Zauber und Faszination dieser Schlange sind offenkundig stete Begleiter aufgeklärter Wissenschaft. Die Persistenz die Kurt Hübner und Hans Blumenberg

---

34 Frommhold, Kreuzotter, 5.
35 Völkl, Thiesmeier, Kreuzotter, 8.
36 Siehe Kalyabina-Hauf u. a., Phylogeny. Neuere vergleichende genetische Studien im Komplex der europäischen Viperiden zeigen, dass beispielsweise die Kreuzottern aus dem Alpenraum in einem phylogentischen Artkonzept einen eigenen Status erhalten könnten (ebd., 14).

für das mythische Denken im Allgemeinen herausgearbeitet haben, bestätigt sich auch in der Betrachtung der Geschichte der Kreuzotter: der Logos bestimmt niemals allein die Wegrichtung aus der Vergangenheit in die Zukunft. Auch deshalb verläuft Geschichte nicht linear.[37]

---

37 Hans Blumenberg, Arbeit am Mythos. Frankfurt 2006 [1979]. Kurt Hübner, Die Wahrheit des Mythos. München 1985.

3. Die erste Entzauberung:
Identifikation und Gefährlichkeit (1800–1900)

Das Wissen über Schlangen war zu Beginn des 19. Jahrhunderts stark begrenzt. Zwar war die Grundlage einer systematischen Faunistik bereits im 18. Jahrhundert durch Linné, Laurenti und andere geschaffen worden, dennoch blieben viele Fragen unbeantwortet. Ob es in Deutschland überhaupt giftige Schlangen gäbe, war Thema naturkundlicher Untersuchungen. Es war relativ schnell klar, dass dem so sei, nicht aber wie viele giftige Arten existierten.

Die Kreuzotter (*Vipera berus*) wurde zunächst in drei giftige Arten aufgeteilt. In Anschluss an Linné differenzierten Zoologen des 18. Jahrhunderts zwischen der gemeinen Otter (*Coluber berus*), der Kreuzotter im engeren Sinne (*Coluber chersea*) und der schwarzen Otter (*Coluber prester*).[1] Dass es sich bei der Gemeinen Otter und Kreuzotter um ein und dieselbe Art handelte, deren Unterscheidung nur auf unterschiedlichen Altersstadien beruhte, war unter den deutschen Naturforschern bereits Anfang des 19. Jahrhunderts bekannt.[2]

Bis Zoologen auch die schwarze Otter, im Volksmund »Höllenotter« genannt, als Färbungsvariante der Kreuzotter anerkannten, vergingen einige Jahrzehnte. Harald Othmar Lenz, ein Schüler Johann Friedrich Blumenbachs, konnte in seiner »Schlangenkunde« von 1832 keine definitiven Angaben dazu machen, weil in seiner Umgebung in Westthüringen keine Schwärzlinge vorkamen. Er vermutete jedoch, dass es sich um eine kränkliche Variante der Kreuzotter handelte.[3] Auch der Lehrer und Priester Johannes Leunis erklärte in einem Aufsatz 1832, in der Hildesheimer Gegend kämen zwei Arten von Giftschlangen vor (*Coluber berus* und *Coluber prester*). Erst die Beobachtungen von Linck, die in seinem Buch »Die Schlangen Deutschlands« 1855 veröffentlicht wurden, zeigten, dass es sich um eine biologische Art handelte. Anhand von Exemplaren aus der Schwäbischen Alb, wo schwarze Kreuzottern relativ häufig sind, stellte der Naturforscher fest, dass »jedes Kopfschild, jede Schuppe, jeder Kiel dem »Kreuzotterkleid« aufs Genaueste glichen.[4] Darüber hinaus entdeckte er ungeborene normal gefärbte Kreuzottern im Bauch eines melanotischen[5] Weibchens. Er konstatierte deshalb, von nun an sei »wohl *Coluber prester seu chersea* aus der

---

1 Linné 1761, in: Schiemenz u. a., Kreuzotter, 710 f.
2 Johann Wolf, Abbildung und Beschreibung der Kreuzotter. Nürnberg 1815, 5.
3 Lenz, Schlangenkunde, 159 f.
4 H. E. Linck, Die Schlangen Deutschlands. Stuttgart 1855, 156.
5 Melanismus bezeichnet die dunkle Pigmentierung von Tieren.

Liste deutscher Schlangen verschwunden.«[6] Zumindest für die Fachwelt sollte
Linck damit recht behalten. In allen folgenden Publikationen zur Kreuzotter
wurden schwarze Ottern nur noch als Farbvarietät der Kreuzotter angesprochen.[7] Dabei griffen die Autoren nicht nur auf Lincks Erkenntnisse zurück,
sondern auch auf weitere Fallbeispiele. Bei seinen eigenen Beobachtungen in
Württemberg war die schwarze Variante so häufig, dass Koch sie sogar für die
Normalform hielt und normal gefärbte Kreuzottern für eine Abweichung.[8] Zudem stellte er fest, dass nicht nur Weibchen die schwarze Färbung annehmen –
wie Linck konstatiert hatte –, sondern auch die Männchen. Durch persönliche
Mitteilung eines Bekannten kam auch Lenz in seiner zweiten Ausgabe zu dem
Schluss, die schwarze Variante trete bei vielen Schlangenarten auf und sei kein
Zeichen von Krankheit oder Alter. 1852 war ein normal gefärbtes Weibchen aus
der Nähe von Greifswald beobachtet worden, das neben anderen normal gefärbten auch zwei ganz schwarze Junge gebar.[9] Der Bezirksarzt Hagen resü-
mierte treffend bei einem Vortrag über die Kreuzotter 1886: »Die Beobachtung
hat aber gelehrt, dass schwarze Abarten auch graue und braune Jungen gebären und umgekehrt, wie uns auch eine Beobachtung des Herrn Schlossermeis-
ters Seifferlein lehrt […], nach welcher eine braune Viper [Kreuzotter] schwarze
Junge gebar«.[10] Auf diese Beobachtungen gestützt, gab es seit Mitte des 19. Jahrhunderts kaum noch einen Grund für einen biologischen Artstatus der schwarz
gefärbten Ottern zu plädieren. Seitdem wurde sie zumeist als Variation *prester*
angesprochen.[11]

Auch die allgemeine Merkmalsbeschreibung der Art entwickelte sich im
19. Jahrhundert mit der zunehmenden Anzahl untersuchter Exemplare. Lenz
beschrieb hauptsächlich selbst gefangene Kreuzottern aus der Umgebung von
Schnepfenthal (Thüringen). Anatomie, Organe, Beschilderung, Geschlechts-
unterschiede, Größe und Färbung behandelte er mit wissenschaftlicher Genauigkeit.[12] Unter anderem widerlegte Lenz die noch von Wolf gehaltene Vorstellung, dass die Anzahl der Bauch- und Schwanzschilder (*Ventralia* und
Subcaudalia) sich mit zunehmender Größe erhöhe.[13] Als allgemeine Kennzei-

---

6 Linck, Schlangen, 158.
7 Friedrich Koch, Die Schlangen Deutschlands: Für landwirthschaftliche Fortbildungs-
und Abendschulen, Realanstalten, lateinische und Volksschulen. Stuttgart 1862. Harald Othmar Lenz, Schlangen und Schlangenfeinde. Der Schlangenkunde zweite sehr veränderte Auflage. Gotha 1870. Blum, Kreuzotter.
8 Koch, Schlangen, 12.
9 Lenz, Schlangen, 75.
10 X. Hagen, Die Kreuzotter, in: Abhandlungen der Naturhistorischen Gesellschaft zu
Nürnberg, 8, 1886, 51–64; 57.
11 Blum, Kreuzotter, 131.
12 Lenz, Schlangenkunde, 134–159.
13 Wolf, Kreuzotter, 6. Lenz, Schlangenkunde, 147.

chen – die auch heute anerkannt sind[14] – gab Lenz das große Augenbrauen-
schild (*Supraokulare*) und den Ring kleiner Schuppen um das Auge an sowie
das leichter erkennbare dunkle Zickzackband, das über den Rücken verläuft.[15]
»Keine andere Schlange Deutschlands trägt eine Zeichnung auf der Höhe des
Rückgrates«,[16] erklärte Linck, um die Wichtigkeit dieses Merkmales hervorzuheben. Auch Koch hielt es für ein »Hauptkennzeichen«, wobei er ausdrücklich auf ganz schwarz gefärbte Exemplare hinwies.[17] Damit zeigt sich schon eine
Problematik dieses Charakteristikums. Es gibt auch Kreuzottern ohne Zickzackband – meistens handelt es sich hierbei um Schwärzlinge.[18] Darüber hinaus
kann die Rückenzeichnung der Schlingnatter (*Coronella austriaca*), die eigentlich aus unzusammenhängenden Flecken besteht, unter Umständen (z. B. wenn
die Schlange in Bewegung ist) wie ein Zickzackband erscheinen. Umgekehrt
kommen auch Kreuzottern vor, deren Rückenzeichnung kein Zickzackband,
sondern eine für die Schlingnatter typische Fleckenzeichnung auf hellem Grund
aufweisen.

Eindeutige und trotzdem relativ gut sichtbare Unterscheidungsmerkmale zu
anderen Schlangenarten wurden in den folgenden Jahrzehnten gefunden. Die
Kreuzotter habe senkrecht geschlitzte Pupillen und gekielte Schuppen im Gegensatz zur Schlingnatter (oder Glattnatter) mit glatten Schuppen und run-
der Pupille (Abb. 2). Die Ringelnatter ist an den hellen Mondflecken hinter den
Schläfen zu erkennen, und auch sie hat runde Pupillen.[19]

Mit der zunehmenden Zahl wissenschaftlich beschriebener Kreuzottern
kristallisierten sich konstante und variable Merkmale deutlicher heraus. Blum
stellte fest, dass bezüglich der Anzahl der Schuppen lediglich die Schuppenreihen (*Dorsalia*) und das ungeteilte Analschild unveränderlich seien.[20] Die Variation in der Anzahl der Bauchschilder wurde nach Geschlechtern getrennt angegeben: für Männchen 135–145, für Weibchen 139–150.[21] Nach derzeitigem
Kenntnisstand liegt die Variationsbreite hierbei noch etwas höher (für Männchen: 135–152 und für Weibchen: 133–159), die unveränderlichen Merkmale
stimmen jedoch überein.[22]

---

14 Schiemenz u. a., Kreuzotter, 711.
15 Lenz, Schlangenkunde, 135.
16 Linck, Schlangen, 95.
17 Koch, Schlangen, 12.
18 Schiemenz u. a., Kreuzotter, 714.
19 Hagen, Kreuzotter, 57.
20 Blum, Kreuzotter, 130.
21 Lenz, Schlangen, 78 f.
22 Schiemenz u. a., Kreuzotter, 712. Nach heutigem Wissen gibt es in der Anzahl der Rü-
ckenschuppenreihen (normalerweise 21) sehr selten auch Abweichungen (19 oder 23 Rücken-
schuppenreihen).

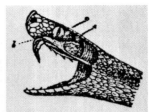

Fig. 85. Giftapparat der
Viper.
a Giftdrüse; *b* Ausführungsgang
der Giftdrüse in den Giftzahn.
(*c* Thränendrüse.) Nach Fatio.

Abb. 3: Kreuzotterdarstellungen in Fachpublikationen des 19. Jahrhunderts
(1) Kreuzotterweibchen (l. o.)
(Lenz 1832),
(2) Schwarze Kreuzotter (l. u.)
(Weber 1855),
(3) Vipernkopf (r. o.)
(Dürigen 1897).

Im Prinzip war die Artbeschreibung in Dürigens Standardwerk zu Amphibien und Reptilien in Deutschland im ausgehenden 19. Jahrhundert bereits auf einem Niveau angekommen, das mit dem heutigen vergleichbar ist. Die normative Einbettung der wissenschaftlich neutralen Beschreibung war jedoch noch von alttestamentarischen Motiven geprägt: mit den Adjektiven »boshaft«, »tückisch« und »jähzornig« versah Dürigen, der von der Richtigkeit ihrer Ausrottung überzeugt war, die gesamte Familie der Vipern.[23] Die Motivation, einen Beitrag zur Artenkenntnis der Kreuzotter zu leisten, ist im 19. Jahrhundert weitestgehend vor diesem Hintergrund zu verstehen.

23   Bruno Dürigen, Deutschlands Amphibien und Reptilien. Magdeburg 1897, 337.

3.1 »Den Feind kennen«:
Die Motive der Kreuzotterforschung zwischen
Theologie und Aufklärung

Am Anfang des 19. Jahrhunderts kam der Begriff »Biologie« als Wissenschaft allen Lebendigens auf.[24] Im Verlauf des Jahrhunderts bildete sie sich methodisch, theoretisch, inhaltlich und institutionell als eine Disziplin heraus.[25] Die dazugehörigen Forscher beschäftigten sich erstens mit Fragen nach der Funktionsweise von Lebewesen anhand von physiologischen Untersuchungen, zweitens mit der Entwicklung organischer Strukturen, und drittens mit den zeitübergreifenden Prozessen, die eine Transformation von Lebewesen bedingen. Letzteres Thema ist mit den großen theoretischen Errungenschaften des 19. Jahrhunderts allen voran die Evolutionslehre und Forscherpersönlichkeiten wie Alfred R. Wallace, Charles Darwin und Ernst Haeckel eng verknüpft. An den Universitäten entstanden Lehrstühle für Naturgeschichte, die sich später in die Spezialisierungen Mineralogie, Botanik und Zoologie untergliedern sollten. Ende des 19. Jahrhunderts gab es etwa an der Ludwig-Maximilians-Universität in München vier Professoren, die sich allein der Zoologie und Paläontologie widmeten.[26]

Im 19. Jahrhundert waren es vor allem die naturkundlichen Gesellschaften sowie einzelne Gelehrte – zumeist Akademiker und Lehrer – die sich um eine Erweiterung der Kenntnisse um die Kreuzotter bemühten. Die großen Fragen, entlang derer sich die Biologie entwickelte, tangierte diese Forschung nicht. Sie lässt sich eher einer *sammelnden* Wissenschaft zuordnen, die im Gegensatz zu experimentellen Verfahren Kenntnisse allein zusammenträgt und ordnet.[27] »Die sammelnde Wissenschaft des Humanismus suchte die über die Welt verstreuten Hinweise Gottes aufzuspüren, miteinander zu verbinden und damit für die Menschheit fruchtbar zu machen.«[28] In diesem Sinne war auch Linnés taxonomisches Werk im 18. Jahrhundert noch primär religiös motiviert gewesen. »Er sah in der Erhellung des göttlichen Schöpfungsplanes seine Lebensaufgabe«, auch wenn in seiner Zeit an den Universitäten eine »sukzessive Emanzipie-

24 Wolf Lepenies, Das Ende der Naturgeschichte: Wandel kultureller Selbstverständlichkeiten in den Wissenschaften des 18. und 19. Jahrhunderts. Frankfurt 1978, 29.
25 Ilse Jahn (Hg.), Geschichte der Biologie. Theorien, Methoden, Institutionen, Kurzbiographien. Hamburg 2004, 274 ff. William Coleman, Biology in the Nineteenth Century: Problems of Form, Function and Transformation. Cambridge 1977.
26 Coleman, Biology, 7.
27 Justin Stagl, Sammelnde Wissenschaft, in: Lars Kreye u. a. (Hg.), Natur als Grenzerfahrung. Göttingen 2009. Sie nimmt »ihre Objekte so entgegen, wie sie sie in der Außenwelt vorfindet« (ebd., 139).
28 Ebd., 135.

rung der Naturwissenschaften von Theologie und Philosophie« einsetzte.[29] Vor diesem Hintergrund ist es relativ leicht einsichtig, dass die Motivation hinter der Schlangenforschung in Deutschland in der kurzen Phrase, »den Feind kennen«, auf den Punkt gebracht werden kann. Denn sie stellte eben im Werk Gottes diesen Feind dar. Dies änderte sich innerhalb des Jahrhunderts nicht, wobei theologische Begründungen der Feindschaft zwischen Mensch und Schlange zunehmend an Gewicht verloren, bis sie ab den 1870er Jahren ganz aus wissenschaftlichen Texten verschwanden.

Die rein weltliche Form findet sich bereits im Vorwort bei Wolf im Jahr 1815. Er schrieb:

»Jetzt, da diese Schlange sich immer weiter und auch außerhalb des Waldes zu verbreiten scheint, und mehrere durch ihren Biß entstandene Unglücksfälle sich ereigneten; da ferner eine allgemein verbreitete, genaue Kenntniß dieser Schlange in Hinsicht auf ihre Gestalt, Farbe und Eigenschaften das zweckmäßigste Mittel ist, sich vor Schaden zu hüten [...].«[30]

Damit die Menschen vor Bissunfällen besser geschützt seien, sollten sie über Aussehen und Lebensweise der Kreuzotter informiert werden, so die Idee. Wolfs Text war im Vergleich zu den großen Arbeiten zu den Schlangen Deutschlands vor 1880 auffallend kühl gehalten. Frei von explizit christlichen Referenzen lieferte er eine Begründung im Rahmen einer aufgeklärt-wissenschaftlichen Tradition.

Das einflussreichste Werk des Jahrhunderts[31], die immer wieder zitierte »Schlangenkunde« (1832) von Lenz beginnt dagegen poetisch mit einem selbst geschriebenen Gedicht, das der Otter den Kampf ansagt und sie zum Tode verurteilt. Der Autor war neben seinem naturkundlichen Interesse auch studierter Philologe.

»Zisch' nur, du giftiges Otterngezücht,
Droh' nur und fauche; wir fürchten dich nicht.
Hast nun Jahrtausende lustig gehaust,
Menschen gemordet und Mäuse geschmaust,

---

29 Jahn, Geschichte, 235.
30 Wolf, Kreuzotter, 4.
31 Dies lag nicht zuletzt auch daran, dass der Autor sich durch die Veröffentlichung der »Gemeinnützigen Naturgeschichte« (1834–39) allgemeiner Bekanntheit erfreute. Der Schwerpunkt der Schlangenkunde lag zudem auf der Kreuzotter (200 von insgesamt 550 Seiten). Es gab keine Arbeit zu Schlangen in Deutschland im 19. Jahrhundert, die nicht von diesem Klassiker beeinflusst war und sich auf ihn bezog. Durch die Veröffentlichung von Brehms Tierleben (1864–1869) wurde die Lenz'sche Arbeit dann einem riesigen Publikum zugänglich. Brehms Tierleben war in »fast allen gutbürgerlichen Bücherschränken« bis in das 20. Jahrhundert hinein zu finden (Meyer, 19./20. Jahrhundert, 508). Der Kreuzotterartikel darin bestand zu einem Großteil aus Zitaten aus Lenz »Schlangenkunde«. Eine zweite Auflage der »Schlangenkunde« erschien 1872.

Tod und Verderben bezeichnen die Spur,
Die du gewandelt in Gottes Natur:
Aber der Menschheit unsägliches Leid
Hat dich der ew'gen Verfolgung geweiht.
Siehst du den rüstigen Jäger dort ziehn?
Denkst wohl, er soll vor dir zittern und fliehn?
Hörst du der klirrenden Waffen Getön?
Siehst, wie sie blitzen, so feurig und schön?
Nah ist dein Ende! Zur Rache entflammt
Hat dich das Schicksal zum Tode verdammt.«[32]

Unterstützend steht darunter ein Vers aus dem Matthäus-Evangelium: »Ihr Schlangen, ihr Otterngezücht, wie wollt ihr der höllischen Verdammnis entrinnen?« (Matth. 23, 33). Damit ist der weltanschauliche Bogen aufgespannt, den Lenz im Folgenden anhand von drei Hauptmotiven noch weiter ausführte: (1) die verfluchte Schlange, (2) das Leben als Kampf und (3) Gott als Schöpfer der Natur. Für Lenz war die Schlange ein »mit dem Fluche des Herren belastetes Geschöpf«. Als Beleg zitierte er die Urpassage aus der Genesis, »darum ›sprach Gott der Herr zu der Schlange: Weil du solches gethan hast, seist du verflucht vor allem Vieh, und vor allen Thieren auf dem Felde‹ (1 Mose 3, 14)«. Die empirischen Eigenschaften, die Lenz der Giftschlange zuwies, bezeugen weltimmanent die biblische Wahrheit. Demnach sind es stille, hinterhältige und heimtückische Tiere. Wenn sie einmal ein »wildes Gezisch« von sich geben, assoziierte Lenz dies mit »blinder Bosheit«. Der Mensch habe entsprechend eine »allgemeine Abscheu« vor allen Schlangen.[33]

Den Nutzen in der Existenz der Schlangen sah Lenz in der Herausforderung für den Menschen. Ohne Hindernisse, ohne Not und Gefahr würde der Mensch zurück auf die Stufe der Tiere sinken. Deswegen habe Gott die Schlangen geschaffen, damit der Mensch sie bekämpfen könne. Nur im Kampf liegt für Lenz die Möglichkeit menschlichen Seins. In weiterer Perspektive ist die gesamte Natur – nach dem Willen des Schöpfers – von einem »allgemeinen Kampf« durchdrungen. Wenn er in diesem Zusammenhang von »ewigem Wechsel, ewigem Entstehen und Vergehen« schrieb, kommt unter anderem die griechische Naturauffassung (*physis*) des gelehrten Philologen zum Vorschein.

Damit hat Lenz die Voraussetzungen für seine Forderung geschaffen, die Schlangen zu bekämpfen. »Jedermann« solle »dieselben, wo und wie er nur

---

32 Lenz, Schlangenkunde.
33 Ebd., 1 ff., 190. Auch in anderen Religionen, wie dem Buddhismus, wird die Viper als ein gefährliches Wesen angesehen: »Ihr müsst die Bande der irdischen Leidenschaften durchbrechen und sie bekämpfen, wie ihr es mit einer Viper machen würdet« (Gesellschaft zur Förderung des Buddhismus (GFB), Die Lehre Buddhas. Tokyo 1996, 13).

kann, unbarmherzig niedermachen«. »Selbst die nicht giftigen Schlangen« sollen »keine Gnade finden«, da sie dem Menschen das Leben verbittern. Die Rhetorik des Heldenkampfes, derer sich Lenz bedient, gilt allerdings eher für die Giftschlangen. Diese sind es, die »Waffen tragen, von denen Wohl und Wehe, Leben und Tod abhängt«. Von den Ottern schrieb er, »sie scheinen ihre furchtbaren Waffen, sie scheinen den Schrecken, den sie verbreiten, wohl zu kennen«. Zum Otternfang gehöre eine »Rüstung« (Lederstiefel und Handschuhe), und einen Bissversuch, bei dem eine Schlange Lenz linke Hand verletzte, bezeichnete er als »Streifschuss«. Die martialische Sprache setzte sich fort, wenn Lenz erklärte, dass der gefährliche Fang *lebender* Schlangen nur von dem Naturforscher durchgeführt werden sollte, weil dieser im Ernstfall in seinem Berufe gestorben sei, wie ein »Soldat von einer Kugel getroffen«.[34]

Hier stilisierte Lenz den Naturforscher und Wissenschaftler zum eigentlichen Helden im Kampf gegen die Schlangen. Sie seien es nämlich, die ihre natürliche Abscheu überwinden, um Kenntnisse über diesen Todfeind der Menschheit zu ermitteln. Sie seien es, die Licht ins Dunkel bringen und darüber aufklären, welche »Waffen« dieser Feind trägt, wie er sich verhält und wie man gegen ihn kämpft. Das konkrete Totschlagen von Ottern war in seinen Augen so ungefährlich, dass – nach gewisser Anleitung – einem »allgemeinen Vernichtungskrieg« gegen das »verworfene Geschlecht« nichts im Wege stünde, ja dieser sogar Menschenpflicht sei. »Das Bewußtsein, auf solche Weise Gutes zu thun, und mögliches Unglück zu verhüten, ist der herrlichste Lohn«, versprach Lenz.

Um die Ausrottung der Schlangen zu erreichen, schlug er drei politische Maßnahmen vor. Erstens biologische Schädlingsbekämpfung durch das Schonen von natürlichen Fressfeinden, wie Igel, Dachs, Iltis, Bussard u. a., zweitens die Vernichtung von Versteckplätzen, wie Heidesträuchern und Büschen (am besten durch Feuer). Drittens die Aussetzung von Prämien für das Erlegen von Schlangen. Nach seinem Vorschlag wären drei Groschen für eine Otter und ein Groschen für jede ungiftige Schlange ein ausreichender Anreiz.[35]

Zusammenfassend zeigt sich, wie Lenz aufklärerisch naturwissenschaftliche Ziele verfolgte ohne religiöse Referenzen zu diskreditieren. Er arbeitete eine Sicht auf Schlangen aus, die von einem von christlichen und antiken Werten durchzogenem Weltbild geprägt war. Der Sündenfall und die Verdammung der Schlange wurden zur Grundlage einer durch homerische Epen beeinflussten Welt des Kampfes und Heldenmutes.[36] Philosophisch bleibt in seinem Sys-

---

34 Lenz, Schlangenkunde, 1–10.
35 Ebd., 2–4.
36 Lenz' (1798–1870) biographischer Hintergrund ist in diesem Zusammenhang aufschlussreich. Nach seinem Studium der Philologie und der Naturwissenschaften an den Universitäten Göttingen und Leipzig absolvierte Harald Othmar Lenz das Oberlehrerexamen in Berlin 1820. Noch im gleichen Jahr promovierte er mit einer Arbeit über den Homerischen

tem offen, wie es nach erfolgter Vernichtung über den Menschenfeind weiter gehen soll; ansonsten ist es aber in sich weitgehend schlüssig. Ein textexterner Grund für Lenz' starke Haltung gegen Schlangen mag auch sozial bedingt sein. Er wollte nicht als seltsamer Schlangenfreund oder heimlicher Hexer (immerhin hielt er Schlangen zu Hause) gesehen werden, sondern als ernsthafter Wissenschaftler; nicht Zauberer wollte er sein, sondern bürgerlicher Aufklärer. Lenz' Ziel, die Naturwissenschaften für jedermann verständlich zu machen, drückte sich in der Veröffentlichung zahlreicher Bücher aus. Neben der Schlangenkunde und dem ersten praktischen Pilzführer (»Die nützlichen und schädlichen Pilze«) avancierte insbesondere seine mehrbändige »Gemeinnützige Naturgeschichte« Mitte des 19. Jahrhunderts zum Haus- und Familienbuch.[37] Seine Motive zur Verbreitung der Naturwissenschaften waren philantropischen Ursprungs. So sollte sein kleines Pilzwerk zur Linderung der Hungerkrise in Thüringen (1828/29) beitragen. Darüber hinaus mag der Fall eines in seinem Haus tödlich gebissenen Gesellen, namens Hörselmann, seine schlangenfeindliche Haltung noch weiter verstärkt haben. Es passierte an einem Sonntag Abend, dem 27. Juni 1830, als Hörselmann, ein mit ungiftigen Schlangen vertrauter Gaukler und Schausteller, sich als Kunststück eine von Lenzens in Gefangenschaft gehaltenen Kreuzottern in den Mund steckte.[38] Die ergriffene Kreuzotter biss ihn in die Zunge und innerhalb einer knappen Stunde starb der Mann. Lenz beschrieb den Vorfall ausführlich auf mehreren Seiten bis in Detail:

Hymnus auf Dionysos. Fortan arbeitete er als Lehrer, den Großteil seines Lebens an der Landeserziehungsanstalt in Schnepfenthal, die sein Großvater mütterlicherseits, Christian Gotthilf Salzmann, gegründet hatte. Hier wandte er sich beinahe ausschließlich naturkundlichen Studien zu. Er hielt »allerlei Getier«, unternahm Versuche mit Singvögeln und Schlangen. Letztere wurden durch die Memoiren des slowakischen Dichters Jan Kollar (1793–1852) einem weiteren Publikum bekannt. Zu seinen großen Verdiensten wird die Förderung der Naturwissenschaften im Schulunterricht, aber auch seine wissenschaftliche Arbeit gerechnet. Insbesondere wichtige Erkenntnisse zur Biologie der Schlangen sowie die Erstbeschreibung des giftigen Satanspilzes (Boletus satanas, Lenz 1831) werden dem Thüringer Professor zugeschrieben (Wolfgang Pfauch, Der Pädagoge und Naturforscher Harald Othmar Lenz, ein Leben für die Naturwissenschaften, in: Veröffentlichungen des Naturkundemuseums Erfurt, 1992, 4–10). Mit führenden Naturwissenschaftlern seiner Zeit, u.a. Friedrich Gauß (1777–1855), stand Lenz in Kontakt, schaffte es im geschichtlichen Rückblick aber nicht, in den ersten Rang der thüringischen Naturforscher aufgenommen zu werden (vgl. Rüdiger Stolz, Naturforscher in Mitteldeutschland. Bd. 1. Thüringen. Jena 2002).
37 Pfauch, Pädagoge. Die Gemeinnützige Naturgeschichte besteht aus folgenden Bänden: Bd.1: Säugetiere, Bd. 2: Vögel, Bd. 3: Amphibien, Fische, Weichtiere, Kerbtiere, Pflanzentiere, Bd. 4: Pflanzenreich und Mineralreich. Diese Bände erschienen zuerst zwischen 1835 und 1839 wurden aber bis zum Ende des 19. Jahrhunderts in zahlreichen Neuauflagen gedruckt. Ab der 2. Auflage wurde Bd.4 in zwei separate Bände aufgeteilt (Bd. 4: Pflanzenreich, Bd. 5: Mineralreich) (Pfauch, Pädagoge, 4f.). Vgl. Allgemeine Deutsche Biographie.
38 Inwieweit es sich bei dieser Charakterisierung von Hörselmann durch Lenz als Gaukler um eine fiktionale Stilisierung handelt, ist nicht genau einzuschätzen.

»Ich hatte zwar damals noch keine sehr großen Begriffe von der Gefahr des Ottern-
bisses, erschrak aber doch über seine Verwegenheit und rief ihm heftig zu, sie zu-
rückzuwerfen. Er achtete aber gar nicht darauf [...]. Er murmelte eine aus Wörtern
und Unwörtern zusammengesetzte Zauberformel, wodurch er sie wahrscheinlich
zu beschwören gedachte, steckte dann schnell ihren Kopf und Hals in seinen Mund
und that, als ob er an ihr kaute. Wir standen erstaunt und stumm. Bald zog er die
Schlange wieder heraus und warf sie in die Kiste zurück. Die Otter war taub gewesen
und hatte nicht auf die Stimme des Zauberers, des Beschwörers, gehört (Psalm 58,5).
Er spuckte dreimal Blut und sagte, indem sein Gesicht sich schnell röthete und seine
Augen denen eines Rasenden glichen: Du infame Bestie, dir sah ich's an, daß du nichts
Gutes um Schilde führtest.«[39]

Zwar trug Hörselmann offenbar selbst die Verantwortung für die waghalsige
Tat, aber dennoch war es Lenz, der diese Giftschlangen hielt. Dafür musste es
einen sehr guten Grund geben, und welcher Grund konnte besser sein als der
Kampf gegen das »Otterngezücht« durch die Wissenschaft.

Die von Hörselmann kurz vor seinem Tod erzählten Geschichten über verschiedene Abenteuer mit Kreuzottern gehörten für den Wissenschaftler Lenz jedoch
alle ins Reich der Fantasie.

»Er erzählte, wie er 12 Fuß lange Kreuzottern bei Georgenthal verfolgt, wie er seine
Vaterstadt von einer am Burgberge hausenden allgemein gefürchteten Otter befreit,
wie er am Abtsberge auf hohen Befehl Otterkönige gejagt, wie er seine zahmen Ottern in Reinhardsbrunn den hohen und höchsten Herrschaften die Hände hätte lek-
ken lassen usw.«[40]

Eine Aufklärung von solchen Schauergeschichten lag ebenso in Lenz' Sinne wie
die eigentliche Ausrottung der Kreuzotter.

Weniger aggressiv und teilweise auch direkt gegen Lenz argumentierend war
die Arbeit des Ulmers H. E. Linck aus dem Jahr 1855.[41] Die moralische Einschätzung des stilistisch ausgesprochen verschnörkelten Textes vermischte noch

---

39 Lenz, Schlangenkunde, 196 f. Lenz ist in der Beschreibung sehr darauf bedacht, Hörselmann in ein möglichst negatives Licht zu rücken (»Lügner«, »Sträfling« etc.) und sein geis-
tesgegenwärtiges Handeln möglichst positiv, aber gegenüber diesem Aufschneider als ohnmächtig darzustellen. Dies zeigt sich insbesondere auch nach dem Biss, als Lenz versucht,
Hörselmann mit Baumöl zu behandeln, obwohl er vermutet es mit einem Betrüger zu tun zu
haben, der sich auf seine Kosten versorgen lassen will, jener sich aber kaum zu einer Behandlung überreden lässt. »An Ausschneiden des Bisses war nicht zu denken, weil er sich durchaus weigerte, den Mund zu öffnen; [...] Mit vieler Mühe brachte ich ihn dahin, ein Paar Trop-
fen [Baumöl] auf die Lippen zu nehmen« (ebd., 197).
40 Lenz, Schlangenkunde, 194.
41 Linck, Schlangen.

stärker aufklärerische mit theologischen Motiven. Als »Herr der Schöpfung« habe der Mensch zwar das Recht sich gegen Bedrohung zu wehren und Giftschlangen zu töten, nicht jedoch das Recht sich als »Tyrann der Schöpfung« zu verhalten und ohne Not zu töten. Der mit Vernunft ausgestattete Mensch dürfe nicht wie ein Raubtier handeln, sondern solle mithilfe seines Verstandes zwischen Freund und Feind unterscheiden. Andernfalls stelle er sich auf eine Stufe mit den Tieren oder sogar noch niedriger, weil er bewusst sündige. Bei Lenz war es noch das Leben ohne Streben und Kampf, das denselben moralischen Verfall bedingte. Bei Linck wurde – obgleich auch seine Ausführungen von Kriegsrhetorik nicht frei blieben – die Bedeutung der prüfenden Vernunft und die Überwindung magischen Denkens betont. In seinen eigenen Worten hieß es: »Wer vermag's, den Unsegen zu ermessen, der in Aberglauben und Grausamkeit, beides Kinder der Unkunde am Umfange der athmenden Schöpfung, an Kopf und Herzen ganzer Reihen von Generationen wuchert, wer zählt die Opfer der Rohheit und des Wahns?« Durch »Ammenmährchen« und »Gespensterfurcht« würde sich der mutige Mann mit einer erschlagenen Blindschleiche brüsten.

Um gegen den »Aberglauben« und Grausamkeit vorzugehen, traf Linck die grundlegende Unterscheidung zwischen ungefährlichen und gefährlichen Schlangen. Zwar sei »von Urbeginn der Welt [...] Fehde eingesetzt zwischen des Weibes Samen und dem Samen der Schlange«; dies gelte aber nur der giftigen »die den Adamsenkel in die Ferse stechen wird«.[42] Nur ein Drittel aller Schlangen gefährde den Menschen, die übrigen seien harmlos und unschädlich. Letztere zu verfolgen, würde den Menschen entehren und daneben sogar nützliche Geschöpfe das Leben kosten. Deshalb wandte er sich gegen Lenz Aufruf zum Vernichtungskrieg gegen alle Schlangen.

Wenn aber ein Forscher von ausgebreiteten Kenntnissen, wie H.O. Lenz, den Vernichtungskrieg selbst gegen die unschädlichen Schlangen predigt, weil – über den schönen Grund – auch die den Unkundigen in Verlegenheit und Schrecken versetzen; wenn er so das unschuldige Thier für die Denkfaulheit des Herrn der Schöpfung blutig büssen lassen will, so ist wohlgethan, ihn zunächst an Mephisto's Wort zu erinnern: dass, den unschuldig Begegnenden zu zerschmettern, Tyrannenart ist, sich in Verlegenheiten Luft zu machen. Und welche Folgen für die Erziehung der Jugend erwartet Lenz, der Lehrer am Erziehungsinstitute zu Schnepfenthal, von seinem Grundsatze?[43]

Mit dem Hinweis auf die Erziehung der Jugend klingt ein pädagogisches Argument an, das in kantischer Tradition steht und bei Linck an verschiedenen

---

42 Linck, Schlangen, 1 f., 13 f.
43 Ebd., 65.

Stellen auftaucht. Die Grausamkeit gegenüber Tieren wirke sich auch auf den menschlichen Umgang miteinander aus, indem eine moralische Verrohung stattfände. Gerecht sei nur – nach menschlichem und göttlichem Gesetz – die Tötung, der in Deutschland einzigen Giftschlange, der Kreuzotter. Nach göttlichem Gesetz, weil auf ihr der mosaische Fluch des Schöpfers laste, nach menschlichem, weil sie »meuchlerisch, schleichend in's mildfrische Leben hereingreift«. Warum aber nur auf ihr der mosaische Fluch laste, führte Linck nicht aus; er schien selbst auch nicht ganz davon überzeugt zu sein. Als stumme Verführerin sei sie ungeeignet, weil sie eher abstoßend als lockend wirke. Der Biss selbst erfolge nur in Notwehr, nicht in heimtückischer Berechnung, da die Schlange keine Vernunft besäße, ja, sie sei ein »überaus dummes« Tier. Die geistigen Fähigkeiten kenne er nur aus der Schöpfungsgeschichte und dort sei es »der Böse selbst« gewesen, »dem es nun eben gefiel sich in's Gewand einer Jiboya oder Aboma einzumummen«. Die Unterscheidung zwischen teuflischer und weltlicher Schlange deutet sich hier an, wurde von Linck aber nicht konsequent durchgehalten.[44]

An dieser Stelle gelangt die Darstellung wieder in Lenz'sche Fahrwasser, wenn sie die Auseinandersetzung zwischen Mensch und Schlange als Kampf in der Natur betrachtet. Dabei wird mitunter sogar die Giftschlange zum ritterlichen Kämpfer stilisiert:

»Uebrigens hat die Kreuzotter, wenn sie Gefahr nahe weiss oder nahe meint, in der That etwas Edles in ihrer Stellung, in den schön geschwungenen Halbringen des kräftigen Leibes. Wenn sie, den giftbewaffneten Kopf mit dem trotzigen Auge und einem Teil des Vorderliebes emporgekehrt, die Sohle des Körpers hart am Boden, des Angriffes wartet, gemahnt uns des ritterlichen Kämpen, der, den Fuss seitwärts vorgesetzt, die Linke in die Seite gestemmt, die Schwertspitze vor sich am Boden, blitzenden Auges der nahenden Gefahr entgegentrotzt.«[45]

Linck schien sich in der Beurteilung aber nicht ganz schlüssig zu sein; denn bei der Beschreibung der Giftzähne fiel die Charakteristik weniger edel aus: Gekrümmt »wie ein Malayendolch […] die giftgetränkte Mordwaffe der Kreuzotter«.[46] Einerseits stilisierte er die Kreuzotter als schleichende Meuchelmörderin, andererseits als ritterlichen Kämpfer. Eindeutiger fiel sein Plädoyer aus, dass die harmlosen Schlangen nicht getötet werden sollten und es dazu notwendig sei, sie zu erkennen. Die aufklärerische Note und der Appell an die menschliche Vernunft dominieren seine Ausführungen, während theologische Motive

---

44 Ebd., 93 ff.
45 Ebd., 101.
46 Ebd., 110.

lediglich Eckpunkte der Argumentation markieren (z. B. der Mensch als »Herr der Schöpfung«). Eröffnete bei Lenz die Überwindung des magischen Denkens einen allgemeinen Vernichtungskampf, bedeutete bei Linck diese Überwindung die Möglichkeit, ungiftige Schlangen zu schonen.

Koch, ein Lehrer aus Württemberg, folgte in der Begründung seiner Arbeit, »Die Schlangen Deutschlands« (1862), Lincks Ideen weitgehend, obwohl er auch das Buch von Lenz kannte.[47] Er übernahm das Motiv des verantwortungsvollen »Herrn der Schöpfung«, der als vernunftbegabtes Wesen andere Geschöpfe nicht ohne Grund töten sollte. Die Vernunft sei dem Menschen dazu gegeben, das Nützliche von dem Schädlichen zu unterscheiden und entsprechend zu handeln. Vor diesem Hintergrund verstand er sich genau wie Linck als aufgeklärter Überwinder des Magieglaubens. Da sich seine Arbeit an Schulen und unter anderem auch an landwirtschaftliche Fortbildungsschulen wandte, befasste er sich konkreter mit der Nützlichkeit der harmlosen Schlangen. Auf der anderen Seite betonte er – was auch schon Linck erklärt hatte –, dass Menschenleben gerettet werden könnten, weil viele Menschen giftige Schlangen für harmlos hielten. Dafür führte er verschiedene Beispiele von Opfern an, die schwarze Kreuzottern für ungefährliche Ringelnattern gehalten hatten. Für den Aufbau dieser Argumentation erschien es ihm nötig, auf die große Gefährlichkeit der Kreuzotter hinzuweisen. Laut Koch kann der Biss dieser »sehr giftigen Art […] in einer Viertelstunde töten«. Diese Angabe beruhte auf einer übertriebenen Schilderung des Falles Hörselmann.[48] Tatsächlich dauerte es ungefähr fünfzig Minuten bis der Gebissene dem Gift erlegen war.[49] Insgesamt schätzte Koch die Mortalitätsrate im Vergleich mit Lenz recht moderat auf sechs Prozent.[50]

Die Gliederung in schädliche und harmlose Schlangen übernahm auch Lenz in der 2. Ausgabe seiner Schlangenkunde. Bemerkenswerter Weise erhielten jedoch nach wie vor alle Schlangen das Prädikat »schädlich«, nur die Blindschleiche sah er als »nützlich« an. Ringelnatter und Schlingnatter seien zwar ungiftig aber trotzdem schädlich, weil sie nützliche Tiere fräßen. Der in der ersten Ausgabe titulierte »allgemeine Vernichtungskrieg« wurde nun spezifiziert auf die Verfolgung der »schädlichen Schlangen«. Obgleich der fortschreitenden Entzauberung der Welt folgend religiös-mythologische Passagen aus dem Buch verschwunden waren, blieb sein Hauptargument für die Erforschung von Schlan-

---

47 Koch, Schlangen.
48 Ebd., 11 ff.
49 Lenz, Schlangenkunde, 199: »Er […] fing an zu röcheln und verschied. Es waren fünfzig Minuten seit dem Bisse verflossen.«
50 Koch, Schlangen, 18.

gen nicht, die nützlichen zu erhalten oder Unwissende vor den gefährlichen zu schützen, sondern »daß man seine Feinde kennen muß«.[51]

Diesem Duktus entsprach auch der Badenser Arzt Eduard Weber in seiner Abhandlung über Schlangen von 1855; wenngleich bei ihm nur die giftigen Schlangen als »recht grimmige Feinde« betrachtet wurden.[52] Weber folgend sei die »genaue Kenntnis unserer Schlangen [...] in praktischer Hinsicht höchst wichtig, ja [...], dringend nöthig, um Gefahren für unsere Gesundheit, unter Umständen selbst für unser Leben vermeiden zu können«.[53] Der Fluch des Schöpfers würde die Wahrnehmung der Schlange noch stark beeinflussen. Durch die Ausweisung von harmlosen und gefährlichen Schlangen zeigte er aber implizit, dass sein Interesse und seine Motivation primär medizinisch gelagert waren. Das Argument die giftigen von den ungiftigen Schlangen unterscheiden zu können und Verwechslungen vorzubeugen setzte sich in der Wissenschaft durch.[54] Speziell die Erweiterung des Wissens um die Kreuzotter sollte dazu dienen »Unglücksfälle in Zukunft zu verhüten«.[55]

Während vor diesem Hintergrund die führenden wissenschaftlichen Autoren zu Schlangen in Deutschland einhellig der Meinung waren die Kreuzotter sei gefährlich, war dies auf der Ebene der politischen Entscheidungsträger umstritten. Es gab durchaus Stimmen – besonders von Förstern –, die die Kreuzotter für wenig gefährlich und sogar nützlich hielten. Welche Auffassung sich letztendlich in der Praxis von Politik und Verwaltung durchsetzte, wird im folgenden Abschnitt gezeigt.

3.2 Expertenwissen und Naturkontrolle

Mitte des 19. Jahrhunderts wurde die Kreuzotter, ähnlich wie andere Forstschädlinge, durch Prämienzahlung in vielen deutschen Territorien bekämpft; für jede getötete Schlange bekam der Einlieferer eine bestimmte Summe von der Verwaltung ausgezahlt. Biologische oder chemische Schädlingsbekämpfung spielten zu dieser Zeit kaum eine Rolle und das Sammeln/Töten in Handarbeit galt als effektivste Methode.[56]

Im Jahr 1837 beauftragte das Herzogtum Sachen-Altenburg drei Forstämter, eine Prämie in Höhe von zwölf alten Groschen für die Tötung von Kreuzottern auszusetzen. Man folgte dem Beispiel anderer Regierungen, namentlich Gotha

---

51 Lenz, Schlangen, 2 f.
52 Weber, Baden, 48.
53 Ebd., 47.
54 Vgl. Leydig, Schlangen, 2.
55 Blum, Kreuzotter, 124.
56 Sprenger, Wahrnehmung.

und Sachsen-Meiningen, um die »große Gefahr, in welche besonders Unkundige durch die Kreuzotter versetzt werden« zu bekämpfen.[57] Der Aufruf wurde ein voller Erfolg. Innerhalb kurzer Zeit wurden im Forstamtsbezirk Klosterlausnitz 196 Kreuzottern abgegeben. Die Kasse konnte die entstehenden Ausgaben nicht mehr decken. Nach Rücksprache mit den Landesstellen von Gotha und Meiningen wurde die Prämie im Januar 1838 auf vier Groschen herabgesetzt. In Gotha wurden ebenfalls nur vier Groschen pro Otter gezahlt, in Sachsen-Meiningen 36 Kreuzer. Das Forstamt Klosterlausnitz stellte 1839 die gesamte Vernichtungsaktion in Frage.[58] In den Wäldern seien die Kreuzottern nicht ohne Nutzen, da sie Mäuse und schädliche Waldinsekten dezimierten.[59] Es seien außerdem nur zwei Bissunfälle vorgekommen, die beide glimpflich verlaufen waren. Letztlich würde jedes »einigermaßen ähnliche Tier getötet und hergebracht«[60] und dadurch das natürliche Gleichgewicht gestört. Die herzogliche Regierung reagierte, indem sie bei der ansässigen Naturforschenden Gesellschaft der Osterlande bezüglich der Kreuzotterproblematik anfragte.

Die zuständige Institution beauftragte drei ihrer Mitglieder entsprechende Gutachten anzufertigen. Diese Mitglieder waren ein Dr. Richter, Arzt aus Roda, Pfarrer Christian Ludwig Brehm, ein anerkannter Ornithologe und der Vater von dem durch Brehms Tierleben bekannten Alfred Edmund Brehm und der bereits erwähnte Verfasser der Schlangenkunde und Lehrer in Schnepfenthal Harald Othmar Lenz. Alle drei wurden als »anerkannt tüchtige Naturforscher und als Bewohner von Gegenden, wo die Kreuzotter häufiger vorkommt«, ausgewählt.[61] Die Gutachten dieser Experten unterschieden sich in der Einschätzung der entscheidenden Fragen nach Gefährlichkeit und Nützlichkeit jedoch deutlich voneinander.

Brehm und Roda waren sich einig, dass die Kreuzotter »mehr Nutzen als Schaden bringt«. Diese Schlangen würden durch die Bekämpfung von Mäusen und Insekten in ihren verschiedenen Entwicklungsstadien eine wichtige Aufgabe im Naturhaushalt übernehmen. Roda stellte sogar in Aussicht, dass man den »traurigen Raupenfraß«, den das Land zu der Zeit zu beklagen hatte, vielleicht durch die Dezimierung der Kreuzottern verursacht hatte.

Was die Wirkung des Bisses betraf, war der praktizierende Arzt davon überzeugt, dass er »obgleich giftig, [...] doch keineswegs für den Menschen [...] so

---

57 Naturforschende Gesellschaft des Osterlandes (NFG Osterland), Ueber die Schädlichkeit der Kreuzotter, in: Mittheilungen aus dem Osterlande, 4, 1840, 40–64; 40. C. Wezel, Das Vorkommen der Kreuzotter Vipera berus im Herzogtum Sachsen-Altenburg, in: Mittheilungen aus dem Osterlande, 4, 1888, 81–87; 81.
58 Klingelhoefer, Kreuzotter, 7 ff.
59 NFG Osterland, Schädlichkeit, 41.
60 Klingelhoefer, Kreuzotter, 8.
61 NFG Osterland, Schädlichkeit, 53.

sehr gefährlich [sei]«. Er selbst hatte nur einen Biss behandelt, der außerdem ohne Folgen geblieben war. Seiner Meinung nach kamen Verwundungen nur selten vor, und die Einschätzung der Kreuzottern als schädliche Tiere beruhe auf falschen Traditionen, die durch Naturforschung bereinigt werden müssten. Denselben Traditionen stand Pfarrer Brehm weniger abgeneigt gegenüber. Er zitierte aus der Bibel »Du wirst ihr den Kopf zertreten, und sie wird Dich in die Ferse stechen«. Vor diesem Hintergrund, einer heraufbeschworenen Erzfeindschaft, würde jede Schlange sowieso »ohne Barmherzigkeit« getötet, auch ohne dass man dazu eine Belohnung aussetzte. »Man hat deswegen nicht nöthig, den gegen Schlangen tief eingewurzelten Haß durch Belohnungen zu schärfen.«[62] Stattdessen schlug der Pfarrer vor, diese Geldmittel eher für die Heilung der Gebissenen, die meistens aus den armen Bevölkerungsschichten stammen, einzusetzen.[63] Dass die Wirkung des Giftes »unter gewissen Umständen sehr verderblich werden kann«, erkannte Brehm in Rückgriff auf den von Lenz geschilderten tödlich verlaufenden Fall Hörselmann an. Normalerweise seien die Folgen aber lediglich eine Entzündung und Geschwulst. Außerdem beiße die Otter nur, wenn man auf sie träte oder sie verletze. Deshalb sei der »Otternbiß gewöhnlich weit weniger schädlich [...], als die Meisten glauben mögen«. Die Gesamtbilanz fiel also auch bei Brehm, ungeachtet der biblischen Referenzen, positiv aus. Da sie »kleine Mäuse und eine Menge schädlicher Insekten, ihre Puppen und Larven verzehrt«, sei sie »im Haushalte der Natur wohl mehr nützlich als schädlich«.

Die zusammenfassenden Ergebnisse, die die Naturforschende Gesellschaft der herzoglichen Kammer mitteilte, lauteten wider dieses Gutachten unter Punkt 1: »Die Kreuzotter ist ein sehr gefährliches Thier; ihr Biß hat stets sehr schlimme Folgen und verursacht oft den Tod« und unter Punkt 2: »Ihr Nutzen ist nicht erheblich, und gegen die Gefahren, womit sie den Menschen bedroht, kaum in Anschlag zu bringen«. Eine Ausrottung sei entsprechend wünschenswert und am besten durch Aussetzung einer Prämie zu erreichen.

Diese Einschätzungen basierten auf dem dritten Gutachten, dem Lenz eine Ausgabe seiner »Schlangenkunde« beigefügt hatte. In seinem Gutachten hatte er geäußert, dass der Biss für »Menschen und Vieh oft tödliche Folgen hat [...]«. Selten würde ein von der Otter Gebissener wieder völlig gesund werden. Für das Gleichgewicht der Natur sei ihre Existenz »ganz gleichgültig«. In einem Jahr reichten einer erwachsenen Kreuzotter sechs Mäuse und vier Frösche oder Vögel. Insekten gehörten überhaupt nicht zu ihrer Nahrung.[64]

---

62 Ebd., 44 ff.
63 Die meisten Bissunfälle geschahen, wenn die Landbevölkerung barfuß in Wald und Feld tätig war. Deshalb waren die armen Bevölkerungsschichten überdurchschnittlich häufig von Kreuzotterbissen betroffen, wie Brehm richtig konstatiert.
64 NFG Osterland, Schädlichkeit, 47 ff. Mit den Einschätzungen zur Nahrung der Kreuzotter lag Lenz nach heutigem Kenntnisstand richtig.

Der Vorstand der Naturforschenden Gesellschaft schloss sich Lenz Einschätzungen in Rückgriff auf Auszüge aus der »Schlangenkunde« durchweg an. Im Hinblick auf die Gefährlichkeit des Otterbisses würden die 46 in der Schlangenkunde angeführten Fälle, von denen 14 tödlich ausgingen, ein deutliches Bild liefern.[65] »Dieser ganze Abschnitt ist höchst lesenswerth und kann auch den Ungläubigsten von der Gefährlichkeit der Kreuzotter überzeugen«, hieß es in dem Bericht an die Regierung. Auch in Bezug auf die Nahrungsaufnahme der Kreuzotter referierte der Vorstand der Naturforschenden Gesellschaft aus der Schlangenkunde und pflichtete Lenz durchweg bei.[66]

Durch die Veröffentlichung der »Schlangenkunde« war Lenz zur Autorität auf diesem Gebiet geworden, wie sich auch an der Rezeption seines Gutachtens für die Naturforschende Gesellschaft zeigte. Bereits 20 Jahre nach seiner Veröffentlichung wurde sein Buch als »klassisches Werk, voll von interessantesten und wichtigsten Beobachtungen« charakterisiert.[67] Das Urteil des Experten wurde zusätzlich von Professor Johannes Leunis (1802–1873), einem Freund von Lenz aus Hildesheim, unterstützt, so dass beim Vorstand der NFG Osterland alle Zweifel ausgeräumt waren.[68] Wahrscheinlich war bei ihm in Anbetracht der stark gegenläufigen Gutachten ein viertes inoffizielles Gutachten angefragt worden. Jedenfalls liegt ein Schreiben von Leunis bei der NFG Osterland vor, das auf die oben gestellten Fragen eingeht. Als Mäusevertilgerin sei die Kreuzotter sicherlich von Nutzen. Dieser könne jedoch gegen den Schaden »gar nicht in Betracht kommen«.[69] Ein Menschenleben – er führte den Fall Hörselmann von Lenz wieder an – müsse mehr wert sein als die Vernichtung von hunderttausenden Mäusen. Deshalb lobte er die Bemühungen zur Ausrottung der Kreuzotter vonseiten der Sächsisch-Altenburgischen Regierung. Er selbst bezahle »aus eigener Tasche zum Wohle der Menschen für jede lebende Kreuzotter 6–12 Mgr. Und für jede todte 3 Mgr. und gebe etwa jährlich 3–5 Thlr. für Ottern aus«.[70] Leunis war Professor der Naturgeschichte am Gymnasium Josephinum zu Hildesheim und eine absolute Autorität auf dem Gebiet.[71] Er hatte ein mehrbändiges Handbuch zur Naturgeschichte zusammengestellt, das insbesondere für die Benutzung in Schulen gedacht war. Auch hierin betrachtete

---

65 Näheres hierzu in Abschnitt 3.3.
66 NFG Osterland, Schädlichkeit, 55 f. Brief des Vorstandes der NFG Osterland an die Landesregierung.
67 Weber, Baden, 48.
68 Lenz erwähnte Leunis in seiner Schlangenkunde. Unter anderem habe dieser ihm zwei schwarze Ottern zugesandt (Lenz, Schlangenkunde, 160 f.). In Leunis Schreiben an die NFG Osterlande sprach er von »meinem Freund Lenz« (NFG Osterlande, Schädlichkeit, 62).
69 NFG Osterland, Schädlichkeit, 62. Gutachten Leunis.
70 Ebd., 64.
71 Vgl. Allgemeine Deutsche Biographie.

er die Kreuzotter als ausdrücklich schädlich und der Hinweis, »ihr Biß kann in einer Stunde einen Menschen tödten«, geht offenbar auch wieder auf den Fall Hörselmann zurück.[72] In der dritten Auflage von 1883 findet sich dieser Satz unverändert.

Der von Lenz geschilderte Fall Hörselmann hatte nicht nur Lenz in seiner Einschätzung über die Gefährlichkeit der Kreuzotter beeinflusst. Verbreitet durch eine mehrseitige Schilderung in seiner Schlangenkunde und in verschiedenen Zeitungen, gab es kaum einen Autor im 19. Jahrhundert, der sich zur Gefährlichkeit der Otter äußerte und diesen Fall nicht anführte. Für Naturforscher wie Koch oder Leunis, die Hunderte von Kreuzottern zu wissenschaftlichen Zwecken töteten, war die große Gefährlichkeit ein willkommenes Attribut, weil sie im Zuge ihrer Forschungen dem Wohle der Menschheit einen Dienst erwiesen.[73]

Die Regierung folgte den Empfehlungen der NFG Osterlande und stellte damit ihr Urteil über das der Forstbeamten. Die Ausführungen der NFG Osterlande führten dadurch nicht nur zu einer Aufrechterhaltung des Prämiensystems, sondern sogar zu ihrer Ausweitung auf Nachbarterritorien. Auf Anregung der Sächsisch-Altenburgischen Regierung führte auch die Fürstlich-Reußische Landesadministration 1840 eine Belohnung von 4 Groschen pro Kreuzotter ein.[74] Die NFG Osterlande hatte dies vorgeschlagen, um dem Handel mit Kreuzottern vorzubeugen und so keine Prämien für Ottern aus anderen Regionen zahlen zu müssen.[75]

Auf diese Weise sorgten Länder, in denen es Prämien gab, für die Übertragung des Prämiensystems auf Nachbarterritorien. Sachsen-Meiningen wandte sich beispielsweise 1848 an die kurfürstlich hessische Regierung mit der Anfrage, ob nicht auch dort eine Prämie auf die Tötung von Kreuzottern ausgesetzt würde. Andernfalls wäre kein dauerhafter Erfolg der Bekämpfung im eigenen Land möglich.[76] Das Kreisamt Schmalkalden – der einzige Kreis, der an Sachsen-Meiningen grenzte – äußerte sich aber ablehnend, da während der letzten 10 Jahre überhaupt kein Fall bekannt geworden sei, dass ein Mensch von einer Otter in lebensgefährlicher Weise gebissen worden wäre.[77]

Daraufhin beschloss das Forstkollegium in Kassel Anfang Oktober keine Prämien auszusetzen. Lediglich sollten die Arbeiter, die zum Absammeln

---

72 Johannes Leunis, Synopsis der drei Naturreiche: Handbuch für höhere Lehranstalten. Hannover 1844, 143. Dieses Werk bildete die Grundlage für Brohmers »Fauna von Deutschland«, die bis heute einen wichtigen Baustein des Biologiestudiums bildet.
73 Masius, Natur.
74 Klingelhoefer, Kreuzotter, 9.
75 NFG Osterland, Schädlichkeit, 59.
76 HStA Marburg, Rep. 100, Nr. 10691, Brief vom 17. August 1848.
77 Ebd., Brief vom 22. September 1848.

schädlicher Waldinsekten eingesetzt werden, auch auf die Wichtigkeit der Tötung von Kreuzottern hingewiesen werden.[78]

Die skeptische Haltung der Förster gegenüber Kreuzotterprämien wurde in diesem Fall nicht – wie in Sachsen-Altenburg – durch Expertengutachten entkräftet, sondern politisch. 1850 wandte sich die Sächsisch-Meiningsche Regierung erneut an das Kurfürstentum Hessen. Dieses Mal jedoch nicht mehr auf Provinzebene, sondern direkt an das Außenministerium: »Auf dem Walde wird über Vermehrung der Kreuzottern geklagt und es ist erst kürzlich wieder ein Fall vorgekommen, daß ein Einwohner […] von einem solchen Thiere gebissen wurde und daran lebenslänglich erkrankte«.[79] Nach Rücksprache mit dem Bezirksdirektor von Schmalkalden wurde ab 1851 ein Betrag von 25 Talern im Jahr für die Bekämpfung von Kreuzottern ausgesetzt.[80] In gewissem Grade stellten die so veranlassten »gemeinsamen Maßregeln« zur Bekämpfung der Kreuzotter ein Symbol für politische Diplomatie dar; das Außenministerium hatte als Ressort zur Hauptaufgabe die Beziehungen zu den Nachbarn zu regeln und nicht für innere Sicherheit zu sorgen. Ob die Sächsisch-Meiningsche Regierung zuvor kalkuliert hatte, das Außenministerium anzuschreiben, oder ob dies ein Zufall war, der in der Verwaltungsreform im Kurfürstentum Hessen begründet lag, ist nicht klar zu entscheiden.[81] Jedenfalls wurde der Zweck erreicht und in Schmalkalden wurde, ohne dass die Verantwortlichen dort einen Bedarf für die Bekämpfung der Kreuzotter gesehen hatten, ein Kopfgeld eingeführt.

In den Mitteldeutschen Territorien überdauerten die Prämiensysteme bis 1930, allerdings mit Unterbrechungen. In Sachsen-Altenburg gab es beispielsweise 4 Fangperioden: 1) 1837–1842, 2) 1890, 3) 1895–1922 und 4) 1925–1930.[82] Die Einführung von Prämien ging zumeist auf Initiativen einzelner Akteure wie Pfarrer oder Ärzte zurück, die die politischen Entscheidungsträger auf eine Vermehrung der Kreuzotter aufmerksam machten. Vor dem Hintergrund des *status quo* der wissenschaftlichen Auffassung über die Kreuzotter genügte häufig ein solcher Hinweis. Die Verbreitung dieser Auffassung durch Lehrbücher und Schulunterricht war durch Autoren wie Leunis, Lenz und Schmeil[83] gewährleistet.

78 Ebd., Protokoll vom 9. Oktober 1848.
79 HStA Marburg, Rep. 9 a, Nr. 1742, Brief vom 28. Juni 1850. Wie man wissen kann, dass der Mann, der *kürzlich* gebissen wurde, *lebenslänglich* krank sein wird, ist unklar.
80 Ebd., Brief vom 22. November und 13. Dezember 1850.
81 Die Provinzen waren am 31. Oktober 1848 aufgelöst worden.
82 Klingelhoefer, Kreuzotter, 9 ff.
83 Schmeils naturwissenschaftliche Lehrbücher prägten bis weit in das 20. Jahrhundert hinein den Biologieunterricht: »Ein Otterbiß hat für den Menschen entweder heftige Erkrankung, oder jahrelanges Siechtum, ja sogar den Tod im Gefolge« (Otto Schmeil, Leitfaden der Zoologie. Ein Hilfsbuch für den Unterricht in der Tier- und Menschenkunde an höheren Lehranstalten. Leipzig 1909 [1899], 165).

Abb. 4: Kreuzotterdarstellung in »Brehms Thierleben«
(1869).

Einen nicht unbedeutenden Beitrag zu der Popularisierung der Kreuzotter als
Naturgefahr wird auch Brehms Thierleben (1869) geleistet haben. Entgegen der
Ansichten seines Vaters stützte sich Alfred Eduard Brehm (1829–1884) hauptsächlich auf Lenz' Schlangenkunde und forderte die »rücksichtsloseste, un-
nachsichtigste Verfolgung«. Mehr als die Hälfte des Artikels zur Kreuzotter
in Brehms Tierleben besteht aus Zitaten aus Lenz' Schlangenkunde. Entsprechend erschien sie in der dortigen Darstellung als »lebensgefährliches Otterngezücht« und als Inbegriff der Bosheit. Brehm selbst schrieb: »Fünfzig Fälle aber
sind in den letzten Jahren verzeichnet worden, daß Menschen an den Folgen
des Bisses einer Kreuzotter starben [...]«. Das weit verbreitete Werk schloss mit
dem Aufruf: »Jeder Lehrer sollte seine Schüler über die Kreuzotter belehren,

jeder sie unterrichten, wie sie, ohne sich zu gefährden, ein derartiges Thier vernichten [...]«.[84]

Wenn es einmal zur Einstellung von Prämierungen kam, war das häufig den Initiativen der Forstverwaltungen geschuldet. Sie wiesen beispielsweise darauf hin, dass eine Vermehrung der Schlangen nicht zu bemerken sei, oder wie 1890, das Wegfangen die Kreuzottergefahr vermindert habe.[85] Insbesondere das Argument, die Kreuzotter sei nützlich, weil sie schädliche Mäuse fresse, war von Bedeutung. So gab eine Mäuseplage im Jahr 1842 Anlass dazu, die Kreuzotterprämien in Sachsen-Altenburg wieder aufzuheben. Eigentlich als kurzfristige Pause gedacht, dauerte es bis 1890 bevor eine erneute Initiative zur Wiedereinführung des Prämiensystems führte. Ein vorausgegangener Versuch im Jahr 1863 scheiterte an den Forstämtern, die eine umfassende Begründung lieferten, weshalb Kreuzotterprämien nicht sinnvoll wären:

»1. Daß man eine Vermehrung der Kreuzotter nicht bemerken könne;
2. Daß bei der Gelegenheit des Aufsuchens derselben den jungen Kulturen viel Schaden zugefügt würde;
3. Daß bei Aufsuchung und Tötung der Kreuzotter mehr Menschen gebissen worden wären, als vor- und nachdem, wo die Tötung untersagt gewesen wäre;
4. Daß erfahrungsgemäß, auch nach ärztlichen Aussagen, der Biß der Kreuzotter nicht tödlich sei;
5. Daß die Kreuzotter vielen Nutzen bezüglich der Vertilgung von Mäusen und dergleichen Ungeziefer brächte;
6. Daß bei einer abermaligen Tötung und Auslösung der Kreuzotter die Tötung nützlicher Schlangen unvermeidlich sei.«[86]

Die Förster hatten zum einen wirtschaftliche Interessen, für eine Schonung der Kreuzotter einzutreten, wie den Schutz der jungen Forstkulturen, zum anderen praktische: Die Verteilung von Prämien erforderte bürokratischen Aufwand und kostete somit Arbeitszeit. Abgesehen davon gaben sie inhaltliche Gründe an, die der Auseinandersetzung mit Expertenwissen – wie oben gezeigt – aber nicht stand hielten.

Die großen Werke zur Herpetofauna Ende des 19. Jahrhunderts sahen in der Kreuzotter eine ernst zu nehmende »Kalamität«: »Es werden alljährlich innerhalb Deutschlands viele Menschen verwundet und die Opfer an Krankheit, Siechtum und Tod sind zahlreicher, als man gewöhnlich anzunehmen pflegt. Von einem ›Aufbauschen‹ kann hier nicht die Rede sein«, schrieb Blum in seiner

---

84 Alfred Brehm, Illustrirtes Thierleben: Eine allgemeine Kunde des Thierreichs, Bd. 3. Hildburghausen 1869, 299 ff. In vielen Auflagen fortgeführt, blieb der Kreuzotterartikel über Jahrzehnte unverändert bestehen.
85 Klingelhoefer, Kreuzotter, 11.
86 Ebd., 10.

Kreuzottermonografie.[87] Dürigen beschrieb die Ottern als »jähzornige, boshafte, tückische, giftige Schlangen«[88], für die der Mensch einen begründeten Hass hege.[89]

Ungeachtet dessen zeugten die Arbeiten von Blum und Dürigen von wissenschaftlichem Fortschritt. Auch wenn die Haltung gegenüber der Kreuzotter im 19. Jahrhundert vom Anspruch der Naturkontrolle getragen wurde, hatte ein erheblicher Zuwachs von Wissen stattgefunden. Dies galt insbesondere im Hinblick auf Verbreitung, Behandlungsmöglichkeiten und Bissstatistiken. Nicht zuletzt die Studien von Ärzten spielten hierbei eine wichtige Rolle.

3.3 Geographische Verbreitung, Bissstatistik und Behandlungsmethoden

Als Wolf 1815 die Kenntnisse der Naturhistorischen Gesellschaft in Nürnberg zur Kreuzotter veröffentlichte, waren die Angaben zur Verbreitung in einem Satz gesagt: »Diese Otter lebt in Schweden, Preußen, in der Schweiz und an mehreren Orten in Deutschland, in der Gegend von Nürnberg im Lorenzer Walde zwischen den Örtern Altenfurth, Fischbach und Birnthon und außerhalb des Waldes in der Gegend der Abdeckerei unter Moos, dürrem Grase, Heidel- und Preußel- oder Steinbeeren, Erlenbüschen und in Maulwurfshölen«. Die Wirkung des Schlangenbisses schilderte Wolf anhand von fünf »wirklichen Geschichten« aus der Umgebung, die sich in den letzten 10 Jahren zugetragen hatten. Einer der Fälle verlief tödlich, die anderen vier Patienten genasen nach einigen Tagen. Der tödlich gebissene Georg Paul Durst war 39 Jahre alt, als er im Jahr 1815 auf einer Reise nach Nürnberg war. Er hob eine auf dem Weg liegende Kreuzotter auf und wurde daraufhin zweimal in die Finger gebissen. Die Bisswunden saugte Durst aus, worauf auch sein Mund anfing anzuschwellen. Eineinhalb Stunden später war Durst, der unter Bluthochdruck und Parodontose litt, tot.[90]

In Lenz »Schlangenkunde« von 1832 waren die Angaben zum Lebensraum wesentlich ausführlicher. In seiner Region in Thüringen lebe sie an fast allen mit Gebüsch oder Heide bestandenen sonnigen Berghängen. Dabei bevorzuge sie süd- und ostexponierte Hänge. Neben Höhenlagen komme sie andernorts auch in sumpfigen Lebensräumen vor, wenn es in denselben genügend »hohe Kräuter, Büsche und alte Baumstümpfe« gebe. Im Allgemeinen seien drei Bedingun-

87 Blum, Kreuzotter, 144.
88 Dürigen, Amphibien, 337.
89 Ebd., 261.
90 Wolf, Kreuzotter, 6–11.

gen für ihren Lebensraum notwendig. Es müssten geeignete »Schlupfwinkel« in Form von Nagerbauten und genügend Mäuse als Nahrungsmittel vorhanden sein. Außerdem bedürfe sie geeigneter Sonnenplätze, weshalb sie im geschlossenen Hochwald nicht vorkomme. Dagegen habe sie eine Vorliebe für junge Nadelholzschonungen, die alle diese Aspekte erfüllen. Hier wüchsen auch häufig Erdbeeren, Heidelbeeren, sowie Brombeer- und Himbeerbüsche. Daher kämen auch beim Beerensammeln häufig Unglücksfälle vor, so Lenz.[91] Auf Äckern komme sie nicht, auf Wiesen nur bei angrenzendem Gebüsch vor. Ihren »eigentlichen Wohnsitz« sah Lenz in der »Höhle, in welche sie sich bei kühlem Wetter zurückzieht.«[92]

Über die Verbreitung der Kreuzotter machte Lenz nur recht unsystematische Angaben. Genaue Kenntnisse aus seiner direkten Umgebung gab er in vergleichbarer Weise wie Wolf an: »So z. B. bewohnt sie den Herrmannstein, Wachkopf, die Laubgebüsche zwischen Friedrichsroda und Reinhardsbrunn, den Abtsberg, die Heiden bei den Kallenbacher Teichen, den Querberg, wodurch das Lustschloss Reinhardsbrunn, in dessen Gartenmauern sie auch schon öfters gehaust hat, rings von ihr umzingelt wird«.[93] Je weiter sich die Angaben von Thüringen entfernen, desto ungenauer und verstreuter wurden sie. Er habe sie am Rhein auf dem Taunusgebirge[94], in Böhmen und an der Weichsel bei Thorn und Marienwerder, in Polen bei Chodez und Kowal angetroffen. Durch Gewährsleute konnte Lenz auch Angaben aus anderen Gegenden Deutschlands machen, die er nicht selbst besucht hatte. Aus Dänemark hatte er Exemplare erhalten, außerdem sei die Kreuzotter in Schweden und Russland häufig. Im Rückgriff auf andere Autoren gab er auch für Italien (bei Rom), die Schweiz (selten), Frankreich (selten oder gar nicht) und Ungarn (nicht selten) Vorkommen an. Die Unterscheidung mit anderen Vipernarten war in Bezug auf die internationale Verbreitung allerdings noch ein Problem (bei Rom kam die Kreuzotter nicht vor, wohl aber die Aspisviper).

Lenz Sammlung von etwa 50 Bissunfällen und deren Folgen umfasste die einschlägigen Veröffentlichungen Anfang des 19. Jahrhunderts – darunter auch Wolf – und briefliche Mitteilungen von Gewährsleuten, zumeist Ärzten oder

91 Daher warnte auch schon Vergil Ecl. 3, 92: »Qui legitis flores, et humi nascentia fraga, Frigidus, o pueri, fugite hinc, latet anguis in herba«.
92 Lenz, Schlangenkunde, 163 ff. Der Begriff »Wohnsitz« und die Vorstellung eines heimeligen Rückzugsortes bei Kälte beinhalten eine Anthropomorphisierung, die der Beschreibung der Lebensweise aber eher förderlich als schädlich ist.
93 Ebd., 167.
94 Der Fundort auf dem Taunus ist insofern bemerkenswert, als es von dort bis heute keinen Hinweis auf ein Vorkommen der Kreuzotter gibt. Heutige Autoren sind sich einig, dass das Gebiet aus klimatischen Gründen für die Kreuzotter ungeeignet ist. Möglicherweise hat Lenz dort ausgesetzte Tiere gefunden, vielleicht auch Aspisvipern (*Vipera aspis*), die zu der Zeit noch nicht von der Kreuzotter unterschieden wurden.

Pfarrern. Acht Fälle gab Lenz nach mündlichen Berichten aus seiner Nähe oder
eigener Erfahrung wieder. Der Fall Hörselmann, den er selbst miterlebt hatte,
war der einzige, der tödlich ausging.[95] Der statistische Wert aller gesammelten Fälle war begrenzt. Autoren, die darauf zurückgriffen, waren sich nicht einmal in der Anzahl der Gesamtfälle, geschweige denn der Zahl der tödlichen einig. Die NFG Osterlande erklärte in ihrer Stellungnahme, es würden bei Lenz
46 Fälle angeführt, von denen 14 einen tödlichen Ausgang hatten;[96] laut Dr. Anton Banzer sammelte Lenz »circa 60 Verletzungen, darunter waren 15 Bisse mit
tödlichem Ausgang«.[97] Eduard Weber dagegen referierte acht tödliche Fälle bei
insgesamt 41 Bissen.[98] Diese Diskrepanzen waren unter anderem der fehlenden
Übersichtlichkeit in Lenz Sammlung von Bissunfällen geschuldet; außerdem
hatte er in der Schlangenkunde nicht genau festgelegt, ab wann von einem Fall
zu sprechen sei und ob Pauschalaussagen wie »[d]agegen habe ich 8 andere Fälle
erlebt, wo der Biß den Fuß am Knöchel oder darüber traf und wo schon Aus-
waschen mit Wasser und Sand half«, auch als acht Einzelfälle zu werten sind.
Wenn man tatsächlich alle in diesem Abschnitt erwähnten Fälle zusammen-
rechnen würde, käme man auf 61 Fälle, von denen 14 tödlich ausgingen. Die
Todesfälle waren mitunter zeitlich und räumlich extrem heterogen verteilt. So
erhielt Lenz von dem Arzt Curdt aus Friedrichroda Mitteilung über zwei Landarbeiter, die er 1798 bei Kiew behandelt hatte. Trotz Amputation wären beide
gestorben. Aus seiner Praxis in Deutschland berichtete er dagegen nur von drei
Fällen, die ohne Folgen geblieben waren. Auch Oberförster Grothe ging weit in
die Vergangenheit zurück, nämlich ein halbes Jahrhundert, um von dem Tod
nach Schlangenbiss bei einem Fünfjährigen zu erzählen. Acht der aufgeführten
Todesfälle stammten aus Berichten der Ärzte Schottin und Wagner. Da die beiden Ärzte die Mehrzahl der Fälle nicht aus erster Hand kannten, sind diese nicht
verbürgt. Für anonyme Aussagen wie »Ein zwölfjähriger Knabe desselben Dor-
fes starb sehr schnell nach einem in den Fuß erhaltenen Otternbisse« von Wagner fehlt jegliches Zeugnis.[99]

Die Qualität der Berichte war insgesamt so unterschiedlich, dass sie kaum
miteinander vergleichbar sind. Beispielsweise zitierte Lenz eine ungeprüfte
Meldung über den Tod eines französischen Soldaten im Jahr 1813 aus einer

95 Lenz, Schlangenkunde, 167 u. 191 ff.
96 Osterlande, Schädlichkeit, 55. Brief des Vorstandes der NFG Osterland an die Landesregierung. Wenn man wie die NFG Osterlande von 14 Todesfällen ausgeht, so muss die Gesamtzahl der Fälle mindestens bei 56 liegen.
97 Anton Banzer, Die Kreuzotter. Ihre Lebensweise, ihr Biss und ihreVerbreitung mit besonderer Berücksichtigung ihres Vorkommens in Bayern. München 1891, 18.
98 Weber, Baden, 77 f.
99 Lenz, Schlangenkunde, 191 ff.

Illustrierten.[100] Die relativ gut verbürgten Todesfälle von Lenz und Wolf, also die Fälle Hörselmann und Durst, geschahen beide in Verantwortung der Gebissenen und unter besonderen Umständen. Jeweils war das Schlangengift durch den Mund in die Blutbahn gelangt und hatte in relativ kurzer Zeit zum Tod geführt.

Andererseits gab es tödlich verlaufende Bissunfälle, die nur lokal überliefert worden sind und keinen Eingang in die Literatur des 19. Jahrhunderts fanden. Der Fall von der elfjährigen Anna Katharina Clas, die in Kaltennordheim 1842 an einem Kreuzotterbiss starb, wird nur im Ort durch einen Gedenkstein an der Unfallstelle erinnert. An diesen »Otterstein« gingen Generationen von Lehrern mit ihren Schülern, um sie über die Schlangengefahr aufzuklären und zur Vorsicht zu gemahnen.[101]

Sowohl das Wissen um die Verbreitung der Kreuzotter als auch um Bissstatistiken erreichte Ende des 19. Jahrhunderts eine neue Stufe. Franz Leydig fasste 1883 den Kenntnisstand über das Vorkommen in den einzelnen Regionen Deutschlands aus verstreuten Regionalpublikationen und Korrespondenzen zusammen. Als übergeordnete Regel hatte er erkannt, dass sie an feuchtkühles Klima gebunden ist und unter den Reptilien am weitesten nach Norden vordringt.[102] Als Lebensraum nannte er besonders die Moore und Gebirge in den verschiedenen Gegenden Deutschlands. In den wärmeren Regionen, in denen Weinbau betrieben wird, fehle sie; so in der Mainebene und am ganzen Mittelrhein. Verschiedene fragwürdige Einzelfunde diskutierte Leydig (z. B. an der Mosel), um mit dem impliziten Plädoyer für weitere Forschung zu schließen, »dass die Verbreitung der Kreuzotter durch Deutschland hin noch nicht im Einzelnen in dem Grade festgestellt ist, als es nach der Bedeutung des Thieres für den Arzt und eigentlich Jedermann, zu sein verdiente«.[103] J. Notthaft nahm diese Anregung auf und führte 1885/86 eine landesweite Befragung nach Vorkommen der Kreuzotter durch.[104] J. Blum übernahm 1886 Notthafts Arbeit und veröffentlichte die Ergebnisse in den Abhandlungen der Senckenberg Naturforschenden Gesellschaft 1888.[105] Aus den unzähligen Informationen

100 Ebd., 226. Neue Lausitzische Magazin, Bd. 9, Heft 3. Vor dem Hintergrund der Geschichte von Falschmeldungen in den Medien (siehe Kap. 4.2) sind solche Meldungen ohne tiefere Recherche nicht glaubwürdig – hinzu kommt in diesem Fall noch der politische Hintergrund.
101 Kirchenbuch Kaltennordheim. Carola und Klaus Schmidt, Heimat- und Geschichtsverein Kaltennordheim (schriftl. Mittl.).
102 Leydig, Schlangen, 24.
103 Ebd., 25.
104 Hagen, Kreuzotter. Erste Ergebnisse veröffentlichte Notthaft vor seinem Tod in einem kurzen Artikel: J. Notthaft, Die Verbreitung der Kreuzotter in Deutschland, in: Kosmos. Zeitschrift für die gesamte Entwicklungslehre, 2, 1886, 219–221.
105 Zu den näheren Umständen siehe Blum, Kreuzotter, Vorwort.

Abb. 5.: Die Verbreitung der Kreuzotter in Deutschland (1888).

entstand nun zum ersten Mal ein Gesamtbild von der Situation der Kreuzotter in Deutschland. Alle Fundorte wurden mitsamt Gewährsmann und zu-
sätzlichen Bemerkungen (z. B. Bissunfälle) tabellarisch zusammengestellt. Gra-
phisch verarbeitet stand nun die erste farbige Verbreitungskarte der Kreuzotter
in Deutschland zur Verfügung (Abb. 5).[106]

In der Interpretation der Karte bestätigte Blum grundsätzlich Leydigs Beobachtung. Lücken waren vor allem in klimatisch begünstigten Bereichen zu
finden. In Bezug auf Bissunfälle registrierte Blum in den letzten zehn Jahren
17 Todesfälle in Deutschland. 14 Personen, die an den Folgen von Kreuzotterbissen nach Mitteilung eines Schlangenhändlers aus Sachsen gestorben sein
sollen, blieben unberücksichtigt, ebenso acht weitere Fälle, die auf Zeitungsmeldungen oder zweifelhaften Mitteilungen beruhten. Die Gesamtzahl der Bissunfälle war Blum nicht bekannt; seine Schätzung lag bei 600 pro Jahr.[107] Damit
käme man auf eine Mortalitätsrate von 2,8 Prozent.

Zwei medizinische Dissertationen aus den 1890er Jahren vertieften die
von Blum gewonnenen Erkenntnisse. Anton Banzer veröffentlichte 1891 »Die
Kreuzotter, ihre Lebensweise, ihr Biss und ihre Verbreitung mit besonderer Berücksichtigung ihres Vorkommens in Bayern« in München. Er hatte sich damit bei Bollinger an der Ludwig-Maximilian-Universität promoviert. In Bezug
auf die Bisswirkung kam er zu dem Schluss, »der Ausgang in [sic!] Tod beim
Menschen ist nicht sehr häufig«.[108] Nur durch das Zusammentreffen ungünstiger Umstände (Hitze, schwache Konstitution des Gebissenen, Giftmenge, Biss-
stelle) könne der Biss zum Tod führen. Für Bayern ermittelte er 12 Todesfälle in
den letzten 90 Jahren. Bedenkt man, dass Banzer allein für Bayern jährlich 10
bis 15 Bissverletzungen angab, also 900 bis 1350 Unfälle auf das Jahrhundert
(1800–1890) gerechnet, so erschienen die 2,8 Prozent Mortalitätsrate von Blum
noch recht hoch gegriffen. Für Bayern läge das Verhältnis bei 0,8–1,3 Prozent.[109]

Ähnliche Resultate erzielte Albert Wilhelm Müller in seiner Dissertation zur
»Statistik der Verletzungen durch Schlangenbiss in Pommern, nebst einem An-
hange über die Verbreitung der Kreuzotter in Pommern«. Er sammelte ärztliche
Berichte von 179 Kreuzotterbissen in Pommern und wertete diese aus. Neben
der Kasuistik von Lenz diente ihm eine Kasuistik aus der Schweiz als Vergleich.
Bollingers Ausführungen würden auf den Fällen von Lenz beruhen, weshalb

---

106 Blum, Kreuzotter, 158–272 u. Anhang. Im Original sind die Kreuzottervorkommen
mit rot eingefärbten Flächen markiert.

107 Ebd., 274f. Blum gab keine Kriterien dafür an, wie er zweifelhafte von zweifelsfreien
Meldungen unterschied und wie seine Schätzung zustande kam.

108 Banzer, Kreuzotter, 17f. Während bei Lenz die Mortalitätsrate bei 25 % und bei seinem
Doktorvater Bollinger bei etwa 10 % liege, kämen die etwa 2,8 % bei Blum den Erkenntnissen
heutiger Forschung am nächsten.

109 Ebd., 15ff. u. 41.

sie nicht extra berücksichtigt wurden. Mit fünf Todesfällen auf 179 Bisse, entsprach seine Mortalitätsrate mit 2,8 Prozent derjenigen von Blum zufälligerweise genau. Deshalb folgte er Banzer – nun allerdings mit einer guten Begründung, dass diese Zahl im Vergleich zu anderen (insbesondere zu Lenz) der Wirklichkeit am ehesten entspräche. Sie sei sogar für Pommern noch zu hoch gegriffen, weil »von allen Seiten berichtet wurde, dass nur die schwersten Fälle im allgemeinen in ärztliche Behandlung kämen, bei denen Volksmittel und das sonst schier unfehlbare Besprechen erfolglos geblieben waren«. Da die Unfälle fast ausschließlich die armen Bevölkerungsschichten betrafen, war der mit Kosten verbundene Gang zum Arzt nur die letzte Möglichkeit.[110] Mit diesen Ergebnissen war die unübersichtliche Quasistatistik, die Lenz mit seiner Fallsammlung geliefert hatte, überholt. Allerdings erreichten diese Dissertationen kaum das zoologische Fachpublikum, geschweige denn die Öffentlichkeit.[111] Wenn überhaupt wurden sie unter Medizinern zur Kenntnis genommen. Aus diesem Grund sind die sorgfältigen Erhebungen bezüglich der Verbreitung in Bayern respektive in Pommern auch kaum gewürdigt worden.[112] Beide lieferten fokussierte Ergebnisse auf regionaler Ebene, die Blums Erhebungen an Genauigkeit übertrafen. Banzer stellte eine neue Verbreitungskarte für Bayern zusammen (Abb. 6), die die deutschlandweite Übersicht Blums bestätigte und erweiterte. Mit Blums Erhebungsschema arbeitend, waren die Ergebnisse von Müller besonders gut mit dem Standardwerk vergleichbar. Bei Blum fanden sich insgesamt 52 belegte Fundorte der Kreuzotter in Pommern; nach Müllers Ergebnissen kamen 62 neue Fundorte hinzu, darunter drei Kreise (Regenwalde, Saatzig, Belgard), die bei Blum überhaupt keine Nachweise erbracht hatten.[113]

Wie gesagt fanden diese neuen Erkenntnisse in der zoologischen Fachwelt keine Aufnahme. Das große Standardwerk Dürigens »Deutschlands Amphibien und Reptilien« (1897) konzentrierte sich auf die Verbreitung und Lebensweise der einheimischen Lurche und Kriechtiere ohne die medizinischen Dissertatio-

---

110 Albert Wilhelm Müller, Statistik der Verletzungen durch Schlangenbiss in Pommern nebst einem Anhange über die Verbreitung der Kreuzotter in Pommern. Greifswald 1895, 62 ff.

111 Dies lag zum einen daran, dass es sich um relativ schwer zugängliche Dissertationen handelte, zum anderen, dass sie an medizinischen Fakultäten angefertigt worden waren, von denen aus offenbar keine Kontakte zu schlangeninteressierten Zoologen bestanden.

112 Erst in jüngerer Zeit und mit den verbesserten überregionalen Recherchemöglichkeiten durch das Internet hat auch Banzers Arbeit Eingang in den fachwissenschaftlichen Kreuzotterdiskurs gefunden. Siehe Hans-Jürgen Gruber u. a., Verbreitung und Bestandssituation der Kreuzotter (Vipera berus berus [Linnaeus, 1758]) in Bayern, in: Ulrich Joger, Ralf Wollesen (Hg.), Verbreitung, Ökologie und Schutz der Kreuzotter (Vipera berus [Linnaeus, 1758]), Mertensiella, 15, 2004, 117–124.

113 Müller, Verletzung, 89–102.

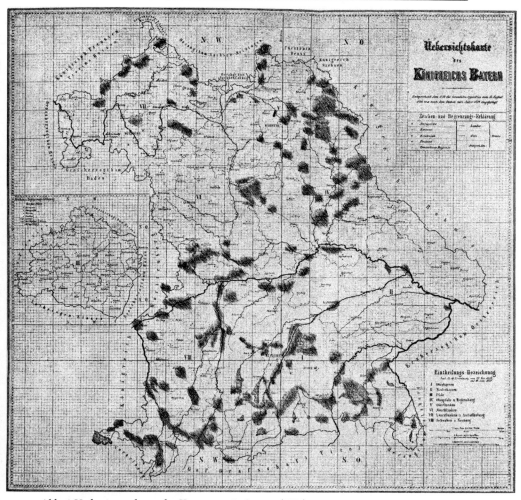

Abb. 6: Verbreitungskarte der Kreuzotter in Bayern (1891).

nen zu berücksichtigen. Basis der Arbeit war ein Fragebogen, der von über einhundert Naturforschern, meistens Zoologen, aber auch Apothekern, Forstleuten
und anderen, ausgefüllt worden war. Im ausführlichen Kapitel zur Verbreitung
der Kreuzotter wurde weder auf Banzer noch auf Müller eingegangen, wohl aber
Blums Fundorte mit einbezogen.

Über Deutschland hinaus war mittlerweile klar geworden, dass die Kreuzotter das größte Verbreitungsgebiet aller »Landschlangen« besitzt. Von der pyre-
näischen Halbinsel im Westen bis zur ostasiatischen Insel Sachalin umfasst(e) es

fast ganz Europa und einen großen Teil Asiens.[114] Blum hatte die Daten hauptsächlich aus der Synopsis der Viperiden von Alexander Strauch aus dem Jahr
1869 zusammengestellt.[115] Daraus ergab sich unter anderem, dass die Kreuzotter von allen Schlangen nicht nur am weitesten nach Norden vordringt, sondern auch am höchsten ins Gebirge hinaufsteigt.[116] Diese Erkenntnisse wurden
fortan, beispielsweise von Banzer und eben Dürigen, verwendet.

Die Mittel zur Behandlung des Kreuzotternbisses entwickelten sich innerhalb des Jahrhunderts kaum weiter. Wolf gab 1815 an, man solle die Wunde aus-
drücken, abbinden und das verwundete Glied (zumeist den Fuß oder das Bein)
in kühle Erde stecken. Als sicherstes Mittel nannte er das Aufschneiden mit
einem scharfen Messer, außerdem das Ausbrennen der Wunde mit Schießpulver
oder einem glühenden Schwamm. In Rückgriff auf die Erfahrungen eines eng-
lischen Kreuzotternfängers, William Oliver, empfahl er zudem die Verwendung
von Baumöl, mit dem die Wunde und das betroffene Glied eingerieben werden
sollten.[117] Die Mediziner Ende des Jahrhunderts hatten grundsätzlich keine anderen Mittel, als das Gift möglichst aus der Wunde zu entfernen und zu zerstö-
ren. Dazu wurde Ausbrennen, Aufschneiden oder Ausätzen, mit Einschränkungen sogar Amputation geraten. Das Eingraben des gebissenen Gliedes in
feuchte Gartenerde habe zwar eine therapeutische Wirkung, in der Hauptsa-
che aber eine schmerzlindernde.[118] Verschiedene chemische Stoffe wie die Behandlung mit Chlorkalk (von Lenz empfohlen) und Kaliumhyperpermanganat
dienten der Zerstörung des Giftes im Bereich der Wunde. Auch wurde eine Ver-
zögerung der Ausbreitung des Giftes durch Kompression, Druckverband oder
Ligatur empfohlen. War das Gift einmal in den Blutkreislauf gelangt, waren die
Behandlungsmöglichkeiten jedoch stark begrenzt. Die Autoren rieten in Anlehnung an Brehm zur inneren Anwendung von Alkohol.[119]

Neben verschiedensten Volksmitteln, wie das Waschen der Wunde mit Urin,
oder das Auflegen von Kreuzottereingeweiden, gingen die Mediziner auch auf
die (magischen) Praktiken des »Stillens« oder »Besprechens« von Schlangenbissen ein. Banzer berichtete »lediglich der Curiosität halber« von der Existenz zahlreicher »sympathetischer Heilmethoden«, die auf dem Land verbreitet
seien. In der Oberpfalz wurde beispielsweise nach folgendem Rezept verfahren: »gegen Schlangenbiss soll man mit Vortheil in Thau stehen und nach eini-

114 Dürigen, Amphibien, IV f. u. 342 ff..

115 Alexander Strauch, Synopsis der Viperiden, nebst Bemerkungen über die geographische Verbreitung dieser Giftschlangenfamilie. Mémoires de l'Akadémie impériale des Sciences de St.-Pétersbourg, VII (16), 1869.

116 Blum, Kreuzotter, 138.

117 Wolf, Kreuzotter, 12.

118 Banzer, Kreuzotter, 30 f.

119 Müller, Verletzung, 77 ff.

ger Zeit 7 Schritte rückwärts thun!«[120] Müller widmete sich diesen Methoden ausführlicher und sammelte neun Stillverse aus den verschiedenen Gegenden von Pommern. Fast in jedem Dorf sei eine alte kluge Frau, an die die Leute sich wenden würden. Ein sympathetisches Mittel aus der Stargarder Gegend funktionierte wie folgt:

»Aus einer grünen Grasstelle stich eine kleine Wräse (Rasen) heraus und bestreiche damit die Wunde im Namen Gottes etc., setze sie dann wieder an ihrer alten Stelle ein und tritt sie mit den Füssen fest. Wenn das Gras wieder wächst, vergeht auch die Wunde wieder.«

Die Sprüche zum Besprechen der Wunde wiesen interessanter Weise alle christliche Bezüge auf. Zum Beispiel: »Maria sagt / Was die Schlang stach / Was die Natter biss / Maria schwur / Dass der Schlangenbiss ausfuhr«.

Die Mediziner setzten sich mit ihren rationellen Behandlungsmethoden von diesen Praktiken entschieden ab. Müller konstatierte allerdings wohlwollend, dass man damit wenigstens keinen Schaden anrichte.[121] Solange kein Antiserum existierte, waren die Mediziner selbst auf recht ineffektive Maßnahmen beschränkt. Dies sollte sich in Deutschland erst Ende der 1920er Jahre ändern.

120 Banzer, Kreuzotter, 33.
121 Müller, Verletzung, 75.

4. Die zweite Entzauberung:
Staatliche Kontrolle und Ausrottungspolitik
(1900–1930)

Zu Beginn des 20. Jahrhunderts ergriff der gut organisierte preußische Verwaltungsapparat Maßnahmen zur flächenmäßigen Bekämpfung der Kreuzotter. Der direkte Anlass für diese Initiative ist nicht mehr rekonstruierbar. Jedenfalls beschäftigten sich auch andere deutsche Staaten, z. B. das Königreich Württemberg um 1900 mit der Ausrottung der Kreuzotter.[1] Ein tödlich verlaufender Bissunfall, ob real oder fiktiv, der durch die Presselandschaft verbreitet worden, hatte möglicherweise die Politik zum Handeln bewegt. Auch die Einschätzungen in Dürigens Standardwerk dürften in diese Richtung gewirkt haben, wenn er von »begründetem Haß wider die Giftottern« schrieb und sie als jähzornig und boshaft charakterisierte.[2] Weitere allgemeine Gründe könnten in dem staatlichen Anspruch liegen, für die Sicherheit der Bürger zu sorgen, die durch die Kreuzotter gefährdet zu sein schien.[3] Dann würde die Kreuzotterpolitik als Teil der Risikokommunikation zwischen Staat und Bevölkerung zu sehen sein.

In jedem Fall ordnet sich die Ausrottungspolitik in den Bereich von Schädlingsbekämpfung und Naturkontrolle ein.[4] Wissenschaftler und Politiker waren fest einem Fortschrittsdenken verschrieben, zu dem es gehörte, die vermeintlich gefährliche Natur menschlichen Zwecken dingbar zu machen. Kultivierung und Eroberung der Natur durch die moderne Zivilisation mithilfe von Wissenschaft war spätestens seit Mitte des 19. Jahrhunderts ein festes Programm, zu dem die Utopie einer absoluten Herrschaft über die Natur gehörte.[5] Die meisten gebildeten Deutschen glaubten, dass der Mensch Natur *verbessern* könnte und dies auch tun sollte. In diesem Zeitgeist wurden mit den großen Mooren der Norddeutschen Tiefebene die letzten Wildnisse in Deutschland urbar gemacht

---

1 HStA Sigmaringen, Wü 161/32 T1, 43.
2 Dürigen, Amphibien, 261, 337.
3 Vgl. Christopher Daase, Wandel der Sicherheitskultur, in: Aus Politik und Zeitgeschichte 50, 2010, 9–16.
4 Vgl. Herrmann, Kenntnis.
5 Blackbourn, Conquest, 164 ff. Blackbourn argumentiert, dass es in Deutschland eine »peculiarly bombastic insistence in human mastery over nature« gegeben habe, weil Deutschland nicht länger als »the land of poets and thinkers – dreamy, metaphysical, impractical« gesehen werden wollte. Siehe auch Scott, State. Masius, Natur.

oder zur Torfgewinnung ausgebeutet.[6] Dass dabei ein wichtiger Lebensraum der Kreuzotter verloren gehen würde, war ein nicht intendierter Nebeneffekt. Die äußere Natur behandelte der Staat wie ein Tier, das er zähmt und kultiviert. Ihre schlechten Eigenschaften waren daher konsequent zu bekämpfen. Mit einem funktionierenden Verwaltungsapparat versuchte der Staat, Teile einer widerständigen Natur berechenbar und damit kontrollierbar zu machen.[7]

Nach dieser Logik behandelte er viele Tiere als gefährlich oder schädlich und setzte Ende des 19. Jahrhunderts für etliche Tierarten Kopfgeldprämien aus; unter anderem für Kormorane, Raubvögel (»Brieftaubenfeinde«), Eichhörnchen und Fischotter.[8] In den entsprechenden Verwaltungsakten findet sich neben kreuzotterrelevanten Maßnahmen oftmals die Bekämpfung von Sperlingen, Kaninchen, Maulwürfen, Feldmäusen und Ratten.[9]

Während mit der chemischen Schädlingsbekämpfung die Forst- und Agrarprobleme seit der Mitte des 19. Jahrhunderts vielerorts entschärft worden waren, blieb für die Kreuzotterbekämpfung nur die wenig fortschrittliche Methode, die einzelnen Tiere in Handarbeit zu fangen und zu töten. Aufgrund der versteckten Lebensweise der Vipern und der entsprechenden Schwierigkeit der Aufgabe wurden für die Bevölkerung zusätzliche Anreize in Form von Belohnungen gesetzt. So erhielt der Fänger für jedes abgelieferte Tier von offizieller Stelle einen bestimmten Betrag, in den ersten Jahren je nach Region zwischen 20 Pfennig und 1 Mark. Die einzige Alternative bestand in einer biologischen Schädlingsbekämpfung durch das Aussetzen eines Fressfeindes der Kreuzotter, dem Igel. Wohl weil Erfolge nicht feststellbar waren, spielten diese Versuche aber keine wichtige Rolle.[10]

---

6 Blackbourn, Conquest, 136 ff., 153.

7 Vgl. Scott, State.

8 HStA Marburg, Best. 169, Nr. 1434. Pro abgelieferten Raubvogel erhielt man in Hessen eine Mark, für ein Eichhörnchen 15 Pfennig und für einen Kormoran 50 Pfennig (1890er Jahre).

9 Die Kreuzotter wurde also nicht zu den Tieren gerechnet, die als biologische Schädlingsbekämpfer, insbesondere von Mäusen, geschont werden sollten, sondern war Teil der Gruppe der »kulturschädlichen Tiere«. Vgl. HStA Marburg, Best. 150, Nr. 1168. Brief vom Landwirtschaftsministerium an die Oberpräsidenten vom 18. Juli 1904.

10 Rudolph Zimmermann, Der deutschen Heimat Kriechtiere und Lurche. Stuttgart 1908, 40.

4.1 Die Organisation von Kopfgeldprämien

Seit 1902 bestand für die einzelnen preußischen Provinzen die Möglichkeit, finanzielle Unterstützung des Innenministeriums für Prämienaktionen gegen die Kreuzotter zu erhalten.[11] Das Verwaltungssystem war so träge, dass erst 1903 nach einem erneuten Erlass die ersten Anträge aus verschiedenen Landkreisen beim Innenministerium in Berlin eingingen. Ob dieser Zentralerlass durch eine Zeitungsente ausgelöst wurde, die im August 1902 von dem Todesfall einer gebissenen Beerensammlerin bei Schöneck berichtet, ist unsicher.[12] Die Oberpräsidenten gaben die Order jedenfalls an die Landräte weiter und diese ermittelten, ob lokaler Bedarf für eine Verfolgung der Kreuzotter bestand. Um Unterstützung aus dem Fond des Innenministeriums zu erhalten, musste der Nachweis erbracht werden, dass »die Kreuzotter durch eine massenhaftes Auftreten zu einer besonders großen Gefahr für Menschen und Thiere geworden war«[13].

Teilweise waren in den Landkreisen, zum Beispiel in Lüneburg, schon Prämierungsmaßnahmen auf eigene Rechnung eingeführt worden. Da kam das Angebot sehr gelegen. Der Landrat von Lüneburg ließ sich für 772 im Kreis eingelieferte Kreuzottern für das Jahr 1902 300 Mark rückerstatten.[14] Die Fangquote steigerte sich bis 1904 auf 1230 Kreuzottern, wofür der Landkreis 750 Mark Staatsunterstützung erhielt.[15] Da die Verbindung zwischen dem massenhaften Auftreten der Kreuzotter und dem Vorhandensein einer Gefahr als sicher angesehen wurde, genügte es, eine große Anzahl Kreuzottern im Kreis nachzuweisen. Noch besser aber war es, wenn eine *Vermehrung* bemerkt worden war. Der Oberpräsident der Provinz Hannover erklärte, dass »aus Anlaß des starken Auftretens der Kreuzotter im vergangenen Jahre [an ihn das Ersuchen gerichtet wurde], Maßnahmen zur Vertilgung dieses gefährlichen Reptils insbesondere die Gewährung von Prämien für getötete Kreuzottern in Anregung zu bringen«[16]. Klingelhoefer hatte in seiner Dissertation plausibel gemacht, wie eine erhöhte Individuenzahl von Kreuzottern mit den Durchschnittstempera-

11 HStA Hannover, 180 Lüneburg, Acc. 4/06, Nr. 412, Brief des Oberpräsidenten der Provinz Hannover an den Regierungspräsidenten in Lüneburg am 10. Mai 1903. Ebd., 180 Lüneburg, Acc. 3/011 Nr. 55, Telegramm des Ministers des Innern vom 24. Februar 1904.
12 Zimmermann, Heimat, 59.
13 HStA Hannover, 180 Lüneburg, Acc. 3/011 Nr. 55, Brief des Oberpräsidenten in Lüneburg an die Landräte am 22. Mai 1903.
14 Ebd., Brief des Landrates in Lüneburg an den Oberpräsidenten in Lüneburg am 13. Juni 1903.
15 Ebd., Brief des Innenministers an den Oberpräsidenten in Lüneburg am 24. Mai 1905.
16 HStA Hannover, 180 Lün. Acc. 4/06 Nr. 412.

turen in Zusammenhang steht. Zumindest in Thüringen waren 1902 und 1903 »gute Kreuzotterjahre«.[17]

Als Anfang 1902 im Forst Meehusen (Kreis Aurich) bei Arbeiten an einem Moorwall 80 Kreuzottern gefunden wurden, lag die Deutung einer »bedenklich[n] Vermehrung« nahe.[18] Verallgemeinert wurde diese Aussage an die zuständigen Minister in Berlin, das Innenministerium und das Landwirtschaftsministerium, zurückgegeben: »an einzelnen Stellen [seien] in letzter Zeit bis zu 80 Kreuzottern gefunden worden«.[19] Ein derartiger Fall gehörte, wenn in den moorreichen Biotopen Norddeutschlands ein Winterquartier ausgehoben wurde, zur Normalität.[20] Der ostfriesische Förster Brüning wies beispielsweise auf einen Moorwall hin, in dem man über die Jahre hunderte Kreuzottern gefunden hatte und der deshalb den bezeichnenden Namen »Otterwall« trug.[21] Aber in der Situation wurde er im Sinne der Zentralregierung ausgelegt: Bei einer »derartige[n] Vermehrung der Kreuzotter« drohe »zahlreichen Menschenleben Gefahr« erklärte der Regierungspräsident Aurich und unterstrich damit sein Anliegen, einen Staatszuschuss von zunächst 300 Mark für Prämien zu erhalten. Dies markierte den Anfang einer kostspieligen – mit den Jahren immer weiter wachsenden – Subventionierung für den Regierungsbezirk Aurich.

Aus Hessen berichtete ein evangelischer Pfarrer 1905 von einer starken Zunahme von Kreuzottern. Mit dem Hinweis darauf, dass ihr »Gift tötlich (sic!) wirkt«, forderte er, gegen diese »Plage« mittels Prämienzahlungen vorzugehen.[22] Auf eine Nachfrage des Landrates von Gelnhausen bestätigte die zuständige Oberförsterei in Bieber, die Kreuzottern würden »erheblich zahlreicher angetroffen werden als in früheren Jahren«.[23] Ein Todesfall sei aber bisher nicht vorgekommen. Aufgrund von Zuständigkeitsfragen bezüglich der Prämienzahlung in Staatsforsten verlief die Sache wieder im Sande.

Im gleichen Jahr wurde auf Anraten des königlichen Forstamtes in Obertal (Schwarzwald) eine Belohnung auf die »überaus giftigen Vipern« ausgesetzt. Dies sei im Interesse von Waldarbeitern und Beerensammlern, aber auch für den Tourismus von Bedeutung. Eine Prämie in Höhe von 50 Pfennig pro Tier

17 Klingelhöfer, Kreuzotter.

18 HStA Aurich, Rep. 16/1, 1392, Brief des Landrates in Aurich an den Regierungspräsidenten in Aurich am 3. April 1902.

19 Ebd., Brief des Regierungspräsidenten in Aurich an den Minister des Innern und den Landwirtschaftsminister in Berlin am 30. Juni 1902.

20 Otto Leege, Die Lurche und Kriechtiere Ostfrieslands, in: Naturforschende Gesellschaft in Emden (Hg.), Jahresberichte, 96, 1912, 42–100; 77.

21 C. Brünig, Die Kreuzotter in Ostfriesland, in: Ostfriesisches Schulblatt, 11, 1906, 82–84; 83.

22 HStA Marburg, Acta 180 Gelnhausen, Nr. 4685, Evangelisches Pfarramt Bieber an den Landrat in Gelnhausen am 30. April 1905.

23 Ebd., Oberförsterei Bieber an den Landrat in Gelnhausen am 6. und 9. Mai 1905.

Abb. 7: Kreuzottern aus dem Forstbezirk Obertal in der Sammlung des Naturkundemuseums Stuttgart.

wurde ausgesetzt. Bis zum Ersten Weltkrieg entwickelte sich so eine rege Fangtätigkeit von etwa 150 Ottern pro Jahr allein im Forstbezirk Obertal.[24] Einige davon werden heute in der Sammlung des Naturkundemuseums Stuttgart verwahrt.

Kreise, die eine Bekämpfung nicht für nötig hielten, wurden oft von anliegenden Verwaltungsbezirken unter Druck gesetzt. So beschwerte sich der Landrat aus Lüneburg über den Nachbarkreis Winsen, »aus dessen angrenzenden Bruchforsten« angeblich »ein großer Teil der [...] getöteten Kreuzottern« in Lüneburg stamme.[25] Die Passivität von Winsen in der Kreuzotterfrage führte demnach zu einer stetigen Zuwanderung von Giftschlangen in den Landkreis Lüneburg. Der Fall wurde bis an den preußischen Innenminister weitergemeldet.[26] Der Regierungspräsident in Hannover musste reagieren und forderte nach

---

24 HStA Sigmaringen, Wü 161/38 T1, 22, Verzeichnisse über gefangene Schlangen (Forstbezirk Obertal).

25 Lüneburg, Hann. 180 Lüneburg, Acc. 3/011 Nr.55, Brief des Landrates in Lüneburg an den Regierungspräsidenten in Lüneburg am 13. Juni 1903.

26 Ebd., siehe Brief am 22. Juni 1903.

einiger Zeit mit Hinweis auf die obige Situation den Landrat in Winsen höflich auf, endlich Prämien auf Kreuzottern auszusetzen.[27] Mit drei unterstützenden Gutachten von zwei Förstern und einem Pastor, antwortete der Landrat des Kreises Winsen ohne Umschweife, dass eine Aussetzung von Prämien nicht nötig sei.[28] Aber der Landrat in Lüneburg ließ nicht locker und erklärte 1905 erneut, er müsse so hohe Staatsbeihilfen in Anspruch nehmen, weil in Winsen immer noch keine Prämien ausgesetzt seien.[29] Wieder ging die Klage bis an den Innenminister, der anordnete, auch in den anderen Landkreisen Prämien auszusetzen.[30] Der Landrat in Winsen musste schließlich nachgeben und nahm für das Jahr 1906 100 Mark für Prämien in den Etat auf.[31] Auch andere Kreise, in denen gar keine Kreuzottern vorkamen, setzen nun Belohnungen aus (z. B. Bleckede).[32] Weil die Winsener Prämie mit 25 Pfennig pro Stück unterdurchschnittlich niedrig war – 50 Pfennig war der Standardsatz in den umliegenden Kreisen – kam es zu weiteren Diskussionen. Die Kreuzotter sei im Kreis Winsen keine Gefahr und nicht sehr häufig, erklärte der Kreisausschuss. Die Angabe von zwei leichten Bissunfällen in den letzten drei Jahren sollte dies bestätigen.[33] Dem Winsener Ausschuss schien nicht bewusst zu sein, welche Maßstäbe an die Gefährlichkeit angesetzt wurden. Mit zwei Bissunfällen in drei Jahren hätte sich der Kreis zu einer der kreuzottergefährlichsten Gegenden in ganz Preußen emporbringen können. Aus keiner Provinz wurde in der Verwaltungskorrespondenz zwischen 1900 und 1910 ein einziger Todesfall verzeichnet. Schon die Angabe von tatsächlichen Bissverletzungen gehört zu den Raritäten. Aus dem in Kolonisation begriffenen Marcardsmoor berichtete 1902 Moorvogt Helms von drei Bissunfällen innerhalb von 14 Tagen. Weder für das gebissene Kind, noch für die Kuh oder den Jagdhund des Gutsvorstehers hatten die Bisse ernsthafte Folgen.[34] Aus dem Landkreis Isenhagen wurde 1904 ein Bissunfall eines Arbei-

---

27 Ebd., Brief des Regierungspräsidenten in Lüneburg an den Landrat in Winsen am 18. April 1904.

28 Ebd., Brief des Landrates in Winsen an den Regierungspräsidenten in Lüneburg am 4. Juli 1904.

29 Ebd., Brief des Landrates in Lüneburg an den Regierungspräsidenten in Lüneburg am 15. März 1905.

30 Ebd., Brief des Innenministers in Berlin an den Regierungspräsidenten in Lüneburg am 28. Juli 1905.

31 Ebd., Brief des Landrates in Winsen an den Regierungspräsidenten in Lüneburg am 2. April 1906.

32 Ebd., Brief des Landrates in Bleckede an den Regierungspräsidenten in Lüneburg am 5. August 1905.

33 Ebd., Brief des Kreisausschusses in Winsen an den Regierungspräsidenten in Lüneburg am 31. Mai 1906.

34 HStA Aurich, Rep 16/1, Nr. 1392, Brief von Moorvogt Helms an Landrat in Wittmund am 17. Juli 1902 (dann weitergeleitet an den Regierungspräsident in Aurich).

ters beschrieben, der zu Arbeitsunfähigkeit geführt hätte.[35] Bemerkenswert ist
in jedem Fall, welch weite Diskrepanz zwischen dem angeblichen Vorhandensein einer *tödlichen Gefahr* und dem Mangel jeden Nachweises von solchen Un-
glücksfällen bestand.

4.2 Ausrottung als Notwendigkeit

Nicht einmal im Verlauf der anhaltenden Ausrottungskampagnen traten le-
bensgefährliche Verletzungen auf; und das, obwohl in Bezirken wie Aurich in
5 Jahren (1905–1910) rund 14.000 (!) Kreuzottern eingeliefert wurden.[36] »Unglücksfälle mit tödlichem Ausgang durch Schlangenbiss sind mir aus Ostfriesland nie bekannt geworden [...]«, schrieb 1912 der Zoologe Otto Leege (1862–
1951).[37] Trotz dieser Tatsache unterstützte er die »vollständige Ausrottung«[38]
der Kreuzotter durch Prämienzahlungen. Vor dem Hintergrund der aufstrebenden Naturschutzbewegung schloss er dieses »gefährliche Reptil« aus dem
Kanon der zu erhaltenden Natur vorsorglich aus. Die Frage schien sich zumindest latent zu stellen, da erste Arten wie zum Beispiel die harmlose Schlingnatter (*Coronella austriaca*) schon 1907 vom preußischen Landwirtschaftsminister
in den Staatsforsten unter Schutz gestellt wurden.[39] Jene war vom Laien kaum
von der Kreuzotter zu unterscheiden. Mit dem Bewusstsein, dass Wildtiere im
Zuge der Kultivierung der Umwelt seltener werden und aussterben könnten,
wurden sie teilweise als zu schonende »Naturdenkmäler« behandelt.[40] Ehemals
verfolgte Arten, wie die Raubvögel, »erfuhren im Stadium des Aussterbens eine
Nobilitierung. Als Relikt und Überbleibsel symbolisierten sie nicht mehr Gefahr und Konkurrenz, sondern Rarität und Zeugenschaft für vergangene historische Epochen.«[41] Vögel sollten nicht nur aus Nützlichkeitserwägungen he-

35 HStA Hannover, Hann. 180 Lüneburg, Acc. 3/011 Nr. 55, Brief des Vorsitzenden des
Kreisausschusses an das Regierungspräsidium in Lüneburg am 15. Dezember 1904.
36 Klaus Rettig, Prämien für getötete Kreuzottern, in: Unser Ostfriesland, 15, 1996, 60.
37 Leege, Lurche, 78.
38 Ebd., 79. Diese radikale Position wurde 1996 in der Zeitung »Unser Ostfriesland« unter dem Titel »Prämien für getötete Kreuzottern. Sogar Otto Leege war 1912 für eine ›vollständige Ausrottung‹« mit Befremden erinnert (Rettig, Prämien).
39 Ministerialverfügung vom 28. Februar 1907 in Wolf, Naturdenkmalpflege, S.32 f.:
»Soweit es sich um wirtschaftlich unschädliche oder bei der Seltenheit ihres Vorkommens
doch nicht merkbar schädliche Tiere handelt, wie z.B. Haselmaus, Igel, Wasseramsel, Pirol,
Spechte, Mandelkrähe, Kolkrabe, manche Eulenarten (Uhu), Schwarzstorch, Kranich, *Hasel-
natter*, Feuersalamander usw., wird ihr Fang und ihre Tötung, soweit es noch nicht geschehen
ist, zu verbieten sein« [Hervorhebung P.M.]; siehe auch Naturschutz, 9. Jg, Nr. 1, 30.
40 Schmoll, Erinnerung, 246.
41 Ebd., 247.

raus geschützt werden, sondern um ihrer selbst willen. Und selbst schädliche
Arten seien aus ethischen Gründen heraus zu schützen, erklärte Vogelschützer
Ernst Harterts (1859–1933) um die Jahrhundertwende.[42] Freilich hatte der Vo-
gelschutz auch eine besondere Tradition und Lobby.[43]

Für andere Tiergruppen stießen solche Ideen aber auf vehementen Widerstand. Zwar hatte der Naturschutz mit der Einrichtung der »Staatlichen Stelle
für Naturdenkmalpflege in Preußen« (1906) unter der Leitung von Hugo Conwentz (1855–1922) eine wichtige institutionelle Verankerung gefunden, der Artenschutz hatte aber keine Priorität. Vielmehr verfolgte die neue Institution
das Ziel einer »musealen Erhaltung zahlreicher Einzelobjekte (Naturdenk-
male) [...]«, die als Kristallisationspunkte nationalen Stolzes dienen sollten.[44]
Einzelne Arten konnten grundsätzlich als Naturdenkmal aufgenommen werden, jedoch nur in einem bestimmten räumlichen Kontext und nicht als Art an
sich.[45] Dies galt Relikten, die im Gegensatz zu einer früheren Periode selten geworden waren, wie die Beutelmeise im Weichselgebiet. Erst in der zweiten Dekade des 20. Jahrhunderts wurde der Naturdenkmalbegriff auf ganze Tierarten
und Artengruppen ausgedehnt. Dazu gehörten auch einige Arten, die ehemals
aufgrund ihrer Schädlichkeit für Land- oder Forstwirtschaft verfolgt und an
den Rand des Aussterbens gebracht worden waren.

Gegner einer solchen Politik, wie der Graf von Schwerin, hielten die materiellen Interessen des Menschen gegenüber der Frage einer möglichen Schutzwürdigkeit von schädlichen Tierarten wie Reiher, Kormoran und Saatkrähe für
vorrangig.[46] Um den scheinbaren Wahnwitz der Argumentation von Naturschützern darzustellen, erklärte er, dass in der Konsequenz auch noch der müh-
sam ausgerottete Wolf und als Gipfel die Kreuzotter und der Bandwurm als

---

42 Ebd., 292. Diese Diskussion um die Begründung von Artenschutz dauert bis heute an.
Auf der einen Seite wird mit menschlichem Nutzen argumentiert, auf der anderen Seite die
Anerkennung eines Eigenwertes für nichtmenschliche Arten gefordert. Zwischen diesen Po-
len gibt es unzählige Begründungsversuche für Artenschutz.

43 Ebd., 249 ff.

44 Ute Hasenöhrl, Zivilgesellschaft und Protest. Eine Geschichte der Naturschutz- und
Umweltbewegung in Bayern 1945–1980. Göttingen 2011, 44. »Der Begriff ›Naturdenkmal‹,
1814 von Alexander von Humboldt geprägt, bezeichnet eindrucksvolle erdgeschichtliche oder
pflanzliche Naturgebilde, die Geschichte und Charakter einer Landschaft verkörpern«. Anfang des 20. Jahrhunderts wurde der Begriff in Einziehung von »tierischen Naturbildern«
erweitert.

45 Schmoll, Erinnerung, 140 f. Zum Beispiel: »Der Eibenbestand in der Tucheler Heide,
die Mistel bei Segeberg [...], der Biber und andere schwindende Arten in Altwässern der Elbe,
das Möwenbruch bei Rossitten [...]« (Conwentz (1910) in: Schmoll, Erinnerung, 141).

46 Schmoll, Erinnerung, 140 f., 247 f. Der Artikel firmierte unter dem Titel »Übertreibungen und falsche Wege zum Schutze der Naturdenkmäler« und war 1906 in den Mitteilungen
der Deutschen Dendrologischen Gesellschaft erschienen.

Naturdenkmäler deklariert werden müssten.[47] Die Polemik des Grafen zeigte deutlich, auf welcher Stufe das Ansehen der Kreuzotter angesiedelt war. Wenn irgendein Tier zuletzt unter Schutz gestellt werden sollte, dann sie zusammen mit dem Bandwurm. Dies spiegelte sich auch in den Ansichten von zeitgenössischen Zoologen und Naturfreunden wider. Die Kreuzotter als Naturdenkmal zu bewahren, setzte Otto Leege mit aller Entschiedenheit einem »Verbrechen gegen die Mitwelt« gleich.[48] Sie war offenbar nicht nur weit davon entfernt einen Eigenwert als Lebewesen zugesprochen zu bekommen. Die Naturforscher Anfang des 20. Jahrhunderts sprachen ihr sogar jegliche Existenzberechtigung ab, da sie als Ressource keine Verwendung finden und durch ihren giftigen Biss schädlich wirken konnte. Abgesehen von ihrer Gefährlichkeit fehlte ihr im Vergleich zum Wolf zudem der Nimbus der Seltenheit.

Auch der Zoologe und Naturschützer Rudolf Zimmermann (1878–1943) äußerte sich 1908 dahingehend, die Kreuzotter »energisch« zu verfolgen, da »das Menschenleben, das sie möglicherweise vernichten kann« schwer wiege. Im Gegensatz zu Otto Leege war er aber davon überzeugt, eine »gänzliche Ausrottung« aufgrund ihrer vorsichtigen Lebensweise sei kaum möglich. Zimmermann bewertete die Gefährlichkeit dieser Giftschlange sehr differenziert. Er machte deutlich, dass der Biss der Kreuzotter tödlich sein kann, es aber in den seltensten Fällen wirklich ist. Ihr Gift »kann unter besonders ungünstigen Umständen den Tod herbeiführen oder die Ursache zu schweren Erkrankungen [...]« sein. Nach Recherchen in seinem Heimatland Sachsen hatte er es nicht vermocht, bezeugte Todesfälle durch Schlangenbiss zu finden, obwohl die Kreuzotterpopulationen hier sehr individuenstark waren. In der Amtshauptmannschaft Oelsnitz wurden beispielsweise in 16 Jahren über 37.000 Kreuzottern für knapp 8.000 Mark an die Behörden eingeliefert.[49] Vorsicht sei trotzdem geboten, vor allem beim Beeren sammeln und Blumen pflücken.[50] Außerdem sollte man an potentiell »ottergefährlichen« Orten nie barfuß gehen.[51]

Auch für andere Länder, wie zum Beispiel Württemberg, konnten keine Todesfälle nachgewiesen werden.[52] Gleichwohl akzeptierte Otto Buchner, Kustos des Naturkundemuseums in Stuttgart, der sich mit den Farbvarianten der Kreuzotter beschäftigte, die Dezimierung dieser Schlangen »im Interesse des Volkswohles«.[53]

---

47 Ebd., 248.
48 Leege, Lurche, 79.
49 Zimmermann, Heimat, 30 ff.
50 Der warnende Satz von Vergil klingt hier wieder an.
51 Zimmermann, Heimat, 61.
52 Prof. Hoffmann in: ebd., 58.
53 Otto Buchner, Über besonders merkwürdige Färbungsvarietäten der Kreuzotter, in: Verein für vaterländische Naturkunde in Württemberg (Hg.), Jahreshefte, 73, 1917, 10–22; 22.

Alle drei Experten waren sich also einig, dass die Kreuzotter kaum die tödliche Gefahr war, mit der ihre Verfolgung gerechtfertigt wurde. Teilweise mochte das Lenz'sche Erbe und die Ideen des 19. Jahrhunderts dafür verantwortlich sein, dass »die Vertilgung der Kreuzotter« trotzdem immer noch auf dem politischen Programm stand und gesellschaftlich Anerkennung fand.[54]

Auch der bekannte Journalist, Heidedichter und Naturliebhaber Hermann Löns (1866–1914) sah die Kreuzotter als schädliches Tier an. In seinen Schriften zum Naturschutz plädierte er dezidiert für eine Erhaltung der Feinde der Kreuzotter wie Schlangenadler, Schreiadler und Storch. Außerdem müsste in den Schulen darüber aufgeklärt werden, welche Schlangen unschädlich und welche schädlich seien. Ansonsten würden »glatte Natter und die Ringelnatter [...] über kurz oder lang bei uns ausgestorben sein«. Tatsächlich war die Kreuzotter in der Norddeutschen Tiefebene, in der Löns seine Wanderungen unternahm, die häufigste Schlangenart. Es entsprach dem Geist der Zeit, die Kreuzotter in Löns normativer Aufteilung der Reptilienwelt, im Gegensatz zu von Aussterben bedrohter Ringelnatter und »hübscher Zauneidechse«, auf der Seite der schädlichen und zu dezimierenden Arten einzuordnen.[55] Dies war für Löns so selbstverständlich, dass er es gar nicht für nötig hielt, gegen die Kreuzotter zu polemisieren. In der Miniaturerzählung »Die Otter« präsentierte er seine Bewertung der Giftschlange in narrativer Form. Mit Attributen wie »roten Mörderaugen« ausgestattet, zeigt sich das »Ungetüm« als tödlicher Feind von Mäusen, Fröschen und Singvögeln. Aber auch ein Hütejunge wird von ihr gebissen und schwer vergiftet. Letztendlich endet die Geschichte gut. Der Schlangenbiss wird kuriert und die Kreuzotter von einem Mäusebussard gefangen.[56] Der Greifvogel »biß ihr den Kopf entzwei«. Damit ist die Gefahr gebannt und die Nützlichkeit des Bussards im Ökosystem bewiesen. Löns Moral von der Geschicht' war letztendlich die Greifvögel zu schonen, die Kreuzotter jedenfalls nicht.

Ein weiterer wichtiger Faktor, der dieses Bild der Kreuzotter in der Öffentlichkeit aufrecht erhielt, war die Sensationsberichterstattung der Zeitungen. Zimmermanns Nachforschungen zu Berichten über Todesfälle in Tageszeitungen ergeben ein eindeutiges Bild. Sie seien »meistens vollständig erfunden oder durch die Phantasie der Reporter aufgebauscht und entstellt«. So war

---

54 Zimmermann, Heimat, 46. Zimmermann griff beispielsweise in vielen Punkten auf die Arbeit von Lenz zurück, übernahm aber nicht alles unkritisch: »So sehr ich Lenz nun als zuverlässigen Beobachter schätze, so wenig kann ich mich doch auch des Gefühles erwehren, als ob er seine Schilderungen mit einer großen Voreingenommenheit niedergeschrieben hat [...]«.
55 Hermann Löns, Land und Leute. Über Natur- und Heimatschutz [orig. Für Sippe und Sitte]. Dresden 2001 [1924], 17 ff.
56 Hermann Löns, Was da kreucht und fleugt. Ein Tierbuch. Berlin 1918, 86–91.

beispielsweise ein Artikel zum Tod einer Frau durch Schlangenbiss beim Blau-
beerensammeln im sächsischen Vogtland in der Reichensberger Zeitung (Böhmen) am 14. August 1902 veröffentlicht worden. Die Meldung stützte sich angeblich auf eine schlesische und eine ostpreußische Zeitung. Zimmermanns
Recherchen ergaben, dass »diese Nachricht völlig aus der Luft gegriffen« war.
Der lokalen Verwaltung war nichts von einem solchen Fall bekannt gewesen.[57]
Die Distanz zum eigentlichen Ort des Geschehens mag zum Entstehen solcher
Falschmeldungen beigetragen haben.[58] Indem man sich bei den Nachrichten auf
andere Zeitungen berief sollte Glaubwürdigkeit hergestellt werden. Wenn schon
solche eindeutigen Unglücksfälle erfunden wurden, kann es wenig überraschen,
dass Journalisten nicht lange zögerten, wenn es um Artikel zu »Kreuzotterplagen« ging. Die zuständigen Behörden wurden darin häufig direkt zum Handeln aufgefordert. Wissenschaftler stellten diese Meldungen meistens nicht in
Frage, so dass sie in Fachpublikationen Eingang fanden.[59]

So berichtete der »Beobachter« am 8. Juni 1912 über ein massenhaftes Auftreten der Kreuzottern im Federseegebiet (Württemberg). Schuld daran seien
Staat und Gemeinden, die keine Prämien ausgesetzt hätten, um diese »schlimme
Plage« zu bekämpfen. Mit dem Hinweis auf andere Staaten (hier auf den Nach-
bar Hohenzollern, das zu Preußen gehörte), in denen Kreuzottermaßnahmen
durchgeführt wurden, drängte man die Verwaltung zu einer Reaktion.[60] Der
zuständige Regierungsrat des württembergischen Oberamtes Riedlingen zog
auch umgehend Erkundigungen in den betroffenen Schultheißämtern am Fe-
derseeried ein. Die Antworten der Gemeindebehörden waren unmissverständ-
lich: Die »Beschwerde im »Beobachter« sei »unbegründet und eine Abhilfe nicht
notwendig«.[61] In einigen Schultheißämtern gab es gar keine Kreuzottern, in anderen nicht mehr als sonst auch. Das Forstamt Schussenried erklärte in seiner
Antwort: »Der anliegende Artikel im »Beobachter« übertreibt zweifellos« und
ein »Grund zu besonderen Maßregeln« liege nicht vor.[62] Damit war ein direkter
Handlungsbedarf aufseiten der Politik ausgeräumt, und es wurden keine speziellen Maßnahmen eingeleitet.

---

57 Zimmermann, Heimat, 59.
58 Patrick Masius, Risiko und Chance: Naturkatastrophen im Deutschen Kaiserreich
(1871–1918). Eine umweltgeschichtliche Betrachtung. Göttingen 2011, 142: Ähnliches war
während dem Jahrhunderthochwasser am Rhein im Winter 1882/83 festzustellen. Da berichtete die Kölnische Zeitung über einen Todesfall in Neuwied und die Neuwieder Zeitung über
das Ertrinken einer Familie bei Niehl (Köln). Beide Fälle waren frei erfunden.
59 Zimmermann, Heimat, 59.
60 HStA Sigmaringen, Wü 65/28 T 3, Nr. 1190.
61 Ebd., Brief des Stadtschultheißmann aus Buchau an das Oberamt Riedlingen vom
27. Juni 1912.
62 Ebd., Brief des Forstamtes Schussenried an das Oberamt Riedlingen am 2. Juli 1912.

Ähnliches passierte vor dem Hintergrund eines Zeitungsartikels aus dem Jahr 1914.[63] Die Meldung – vermutlich aus einer Zeitung außerhalb Hessens[64] – konstatierte eine Vermehrung der Kreuzotter im Spessart und insbesondere auf dem neuen Truppenübungsplatz bei Bad Orb, wo sie zur »Landplage« geworden sei. In abenteuerlich-romantischem Duktus wurde geschildert, wie die Jugend der umliegenden Ortschaften mit Knüppeln bewaffnet auf Otternfang auszöge, um sich Belohnungen zu verdienen. 506 Kreuzottern seien in einer Woche »vertilgt« worden. Wie die Stellungnahme der Gemeindeverwaltung in Bad Orb belegt, war der gesamte Bericht eine einzige Fabel. Weder war etwas von Kreuzottervorkommen auf dem Truppenübungsplatz bekannt, noch von Fangaktionen durch die Jugend. Noch nicht einmal Prämien waren hier für Kreuzottern ausgesetzt worden.[65]

Der Zoologieprofessor Moser aus Berlin erklärte dem Preußischen Innenminister in einem Gutachten von 1930:

»Die vielen Zeitungsnotizen – aus den letzten Jahren liegen mir 38 vor, von denen nicht eine einzige wahr ist! – sind also so gut wie immer erlogen. Als Beispiel, wie die Presse aus Sensationslüsternheit falsch berichtet: Durch die Presse ging in diesem Sommer eine Notiz, in Pleystein sei der städtische Friedhof wegen Kreuzotternplage amtlich geschlossen worden. Eine Rückfrage beim Bürgermeisteramt ergab, daß auf dem dortigen Friedhof im Laufe des Sommers *eine* Schlange erschlagen worden ist, die *vielleicht* eine Kreuzotter, vielleicht auch eine andere Schlange gewesen sei. Von einer Plage und von der angeblichen Schließung des Friedhofs habe das Bürgermeisteramt erst durch die Notizen auswärtiger Zeitungen Nachricht erhalten. In Wirklichkeit ist nichts veranlaßt worden, da nichts zu veranlassen war.«[66]

Unabhängig von ihrem Wahrheitsgehalt trugen solche Meldungen von Todesfällen und Kreuzotterplagen zu einem Klima bei, in dem die Verfolgung der Kreuzotter nicht nur als wünschenswert, sondern auch als notwendig – als Pflicht der staatlichen Ordnungsbehörden – angesehen wurde. Die Aufklärung

---

63 HStA Marburg, Acta 180 Gelnhausen, Nr. 4685, Zeitungsausschnitt.

64 Leider ist der Name der Zeitung nicht bekannt, da nur dieser Artikelausschnitt in den Akten enthalten ist. Der Titel »Über die Vermehrung der Kreuzottern wird auch aus *anderen Gegenden* Klage erhoben« [Hervorhebung P. M.] impliziert aber, dass die inhaltlichen Ausführungen zu Spessart und Bad Orb eben »andere Gegenden« sind, als der Erscheinungsort der Zeitung.

65 HStA Marburg, Acta 180 Gelnhausen, Nr. 4685, Brief des Bürgermeisters von Bad Orb an den Landrat in Gelnhausen am 15. Juli 1914. Auch die Verwaltung des Truppenübungsplatzes war sich keines Problems bewusst. Völlig abwegig ist es allerdings nicht, dass dort einzelne Kreuzottern auftauchten, weil der Lebensraum für sie geeignet war und bis in die heutige Zeit einen Verbreitungsschwerpunkt im nördlichen Spessart darstellt.

66 BA Berlin-Lichterfelde RGA Abt. IV, R 86/3681, Brieflliches Gutachten von Prof. Moser an das Preußische Innenministerium am 19. Oktober 1930. Hervorhebungen im Original.

der einzelnen Fälle erreichte wohl nur in den seltensten Fällen die Leserschaft der Sensationsartikel, da die Verwaltungskorrespondenzen nicht an die Öffentlichkeit gingen und Fachbücher, wie das Zimmermanns, nur ein begrenztes Publikum ansprachen.

Im Unterschied zur Wirkung der Medienberichterstattung hatten die Übertreibungen professioneller Reptilienjäger über die Gefährlichkeit von Giftschlangen »um sich mit einem gewissen Nimbus zu umgeben«, kaum eine Bedeutung.[67] Es ist nicht einmal klar, ob es in der Zeit überhaupt professionelle Schlangenfänger gab.[68] Eher noch mögen Gelegenheitsschlangenfänger mit aufgebauschten Geschichten zu einer Verbreitung von Furcht beigetragen haben. Einzelne Enthusiasten, die in ihrer Freizeit »zum Sport« Kreuzotten jagten, konnten mit solchen Erzählungen ihr Hobby aufwerten.[69]

In einem Zeitungsartikel von 1939 wurde über einem Neunzigjährigen berichtet, der im Laufe seines Lebens 20.000 Kreuzottern getötet haben wollte. Das wären über 70 Jahre verteilt knapp 300 Kreuzottern pro Jahr.[70] Der Wahrheitsgehalt liegt wahrscheinlich in einem ähnlichen Bereich wie die vielen Todesmeldungen durch Kreuzotterbiss, die in den Zeitungen veröffentlicht wurden.

4.3 Der Erfolg der Maßnahmen

Anhand des Regierungsbezirks Aurich werden nachfolgend einige zentrale Aspekte der Kreuzotterverfolgung durch Kopfprämien verdeutlicht. Betrachtet man die Nachweislisten über eingelieferte Kreuzottern so zeigt sich, dass es sich in der Mehrzahl um Einzelfänge handelt. Von 40 Prämierungen wurde beispielsweise im Gutsbezirk Marcardsmoor (Regierungsbezirk Aurich, Landkreis Wittmund) im Jahr 1911 allein 24 Mal eine einzelne Kreuzotter abgerechnet. Lediglich im Frühjahr, wenn sich die Kreuzottern an Winterquartieren und Paarungsplätzen sammeln, wurden zwischen drei und sechs Tiere auf einmal gefangen. Die 74 prämierten Kreuzottern verteilten sich auf zwanzig verschiedene Fänger, darunter auch der Moorvogt Helms selbst. Am eifrigsten war der

---

67 Zimmermann, Heimat, 60.

68 Man findet die Angabe zwar, so bei Leege, der sie von Oberförster Brünig übernommen hat, jedoch immer mit dem Hinweis auf andere Regionen.

69 LHA Brandenburg, Regierung Frankfurt Oder, Nr. 3722, Brief E. Himer aus Charlottenburg an das Regierungspräsidium in Potsdam am 29. Juni 1924. In dem Brief fragte der Freizeitschlangenfänger Himer an, an welchen Stellen die Kreuzotter im Regierungsbezirk Potsdam noch häufig angetroffen wird. Er würde sie ohne Zahlung von Prämien dann wegfangen. Das Regierungspräsidium verwies ihn weiter an die einzelnen Forstämter.

70 Frommhold, Kreuzotter, 65.

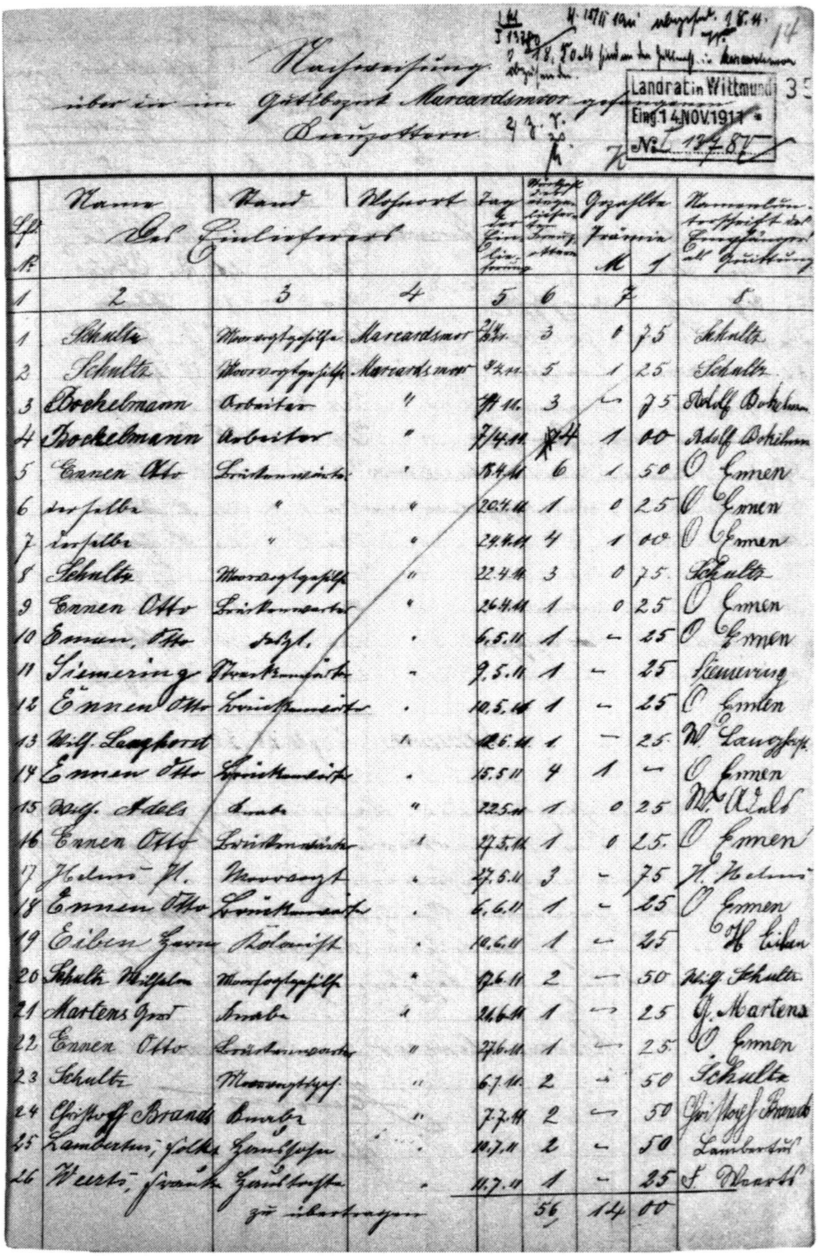

Nachweisung über die im Gutsbezirk Marcardsmoor gefangenen Kreuzottern

Landrat in Wittmund Eing. 14 NOV 1911 No. [illegible]

Lfd. Nr.	Name	Stand	Wohnort	Tag der Einlieferung	Stückzahl der eingelieferten Kreuzottern	Gezahlte Prämie M	Pf	Namensunterschrift des Empfängers als Quittung
1	2	3	4	5	6	7		8
1	Schultz	Moorvogtgehilfe	Marcardsmoor	2/4	3	0	75	Schultz
2	Schultz	Moorvogtgehilfe	Marcardsmoor	8/4 11	5	1	25	Schultz
3	Bockelmann	Arbeiter	"	[illegible] 11	3	–	75	Adolf Bockelmann
4	Bockelmann	Arbeiter	"	7/4 11	4	1	00	Adolf Bockelmann
5	Ennen Otto	Brückenwärter	"	18.4.11	6	1	50	O. Ennen
6	derselbe	"	"	20.4.11	1	0	25	O. Ennen
7	derselbe	"	"	24.4.11	4	1	00	O. Ennen
8	Schultz	Moorvogtgehilfe	"	22.4.11	3	0	75	Schultz
9	Ennen Otto	Brückenwärter	"	26.4.11	1	0	25	O. Ennen
10	Ennen, Otto	dsgl.	"	6.5.11	1	–	25	O. Ennen
11	Siemering	[illegible]	"	9.5.11	1	–	25	Siemering
12	Ennen Otto	Brückenwärter	"	10.5.11	1	–	25	O. Ennen
13	Wilh. Langhorst	[illegible]	"	[illegible]	1	–	25	W. Langhorst
14	Ennen Otto	Brückenwärter	"	15.5.11	4	1	–	O. Ennen
15	Wilh. Adels	Knabe	"	22.5.11	1	0	25	W. Adels
16	Ennen Otto	Brückenwärter	"	27.5.11	1	0	25	O. Ennen
17	Helms H.	Moorvogt	"	27.5.11	3	–	75	H. Helms
18	Ennen Otto	Brückenwärter	"	6.6.11	1	–	25	O. Ennen
19	Eiben Harm	Kolonist	"	10.6.11	1	–	25	H. Eiben
20	Schultz Wilhelm	Moorvogtgehilfe	"	12.6.11	2	–	50	Wilh. Schultz
21	Martens Gerd	Knabe	"	26.6.11	1	–	25	G. Martens
22	Ennen Otto	Brückenwärter	"	27.6.11	1	–	25	O. Ennen
23	Schultz	Moorvogtgehilfe	"	6.7.11	2	–	50	Schultz
24	Christoff Brands	Knabe	"	7.7.11	2	–	50	Christoff Brands
25	Lambertus, [illegible]	[illegible]	"	10.7.11	2	–	50	Lambertus
26	Weerts, Frauke	[illegible]	"	11.7.11	1	–	25	F. Weerts
		zu übertragen			56	14	00	

Abb. 8: Jährliche Nachweisung aus dem Gutsbezirk Marcardsmoor von 1911. Registriert wurden der Name und Beruf des Schlangenfängers, die Anzahl der erlegten Kreuzottern und das Datum der Einlieferung.

Lfd. Nr.	Name	Stand	Wohnort				Namensunterschrift des Empfängers als Quittung
1	*2*	*3*	*4*	*5*	*6*	*7*	*8*
			Übertrag		56	14 00	
27	Wilhelm Adelt	Gastwirt	Marcardsmoor	27/4 11	1	— 25	W. Adelt
28	Alfred Ideus	"	"	22/4 11	1	— 25	W. Ideus
29	... Schulte	...	"	27/4 11	3	— 75	Schulte
30	Gerd Harms	Gastwirt	"	3/8 11	1	— 25	G. Harms
31	... Harms	Gastwirt	"	3/8 11	1	— 25	G. Harms
32	Johann Knospe	Wegearbeiter	"	3/8 11	2	— 50	J. Knospe
33	Johann Martens	Gastwirt	"	3/8 11	1	— 25	J. Martens
34	Heinrich Gellerman	Arbeiter	Wiesederm...	3/8 11	1	— 25	H. Gellermann
35	W. Schulte	...	Marcardsmoor	3/8 11	1	— 25	W. Schulte
36	W. Schultz	"	"	13/8 11	1	— 25	W. Schulte
37	Eyink	Oberaufseher	"	14/9 11	1	— 25	Eyink
38	Dirks Joh. sen.	...	"	23/9 11	1	— 25	Joh. Dirks
39	W. Schulte	...	"	2/4 11	2	— 50	W. Schulte
40	W. Langhorst	Gastwirt	"	2/11	1	— 25	W. Langhorst

Summa   74 18 50

Die Richtigkeit der Nachweisung ... daß sich an den ... bei der Ablieferung die Dieße noch befanden, ferner daß sie unter meiner Aufsicht vernichtet und nicht in ... Forsten gefangen worden sind bescheinige hiermit

Marcardsmoor, den 13. November 1911

Helms (?)

Güteraufseher

Brückenwärter Otto Ennen, der im Verlauf des Jahres ganze 21 Kreuzottern tötete.[71] Von einer Professionalisierung kann aber keine Rede sein. Im darauffolgenden Jahr brachte er es nur noch auf zwei, 1913 auf sechs Kreuzottern.[72]

Marcardsmoor war eine 1890 gegründete Moorkolonie, deren Existenz erst
durch Bau des Ems-Jade-Kanals (1882–1888) als Vorfluter ermöglicht worden
war. Es war die Zeit der großen Moorgüter, die mit Scharen von Saisonarbeitern
Torf abbauten.[73] Marcardsmoor war im Gegensatz dazu eine Musterkolonie, die
nicht auf Torfgewinnung, sondern auf moderner Landwirtschaft beruhte.[74] Als
die ersten Siedler eintrafen, wohnten nur ein Schleusenmeister und der Brückenwärter Harm Ennen, der Vater von Otto Ennen, in dem über 2000 ha großen Moorbezirk. Unter Leitung von Moorvogt Heinrich Helms aus Oldenburg
wurde die Urbarmachung des Moores mithilfe von Oberflächenentwässerung
und der Ausbringung von Kunstdünger vorangetrieben. Nach nur zehn Jahren
lebten 266 Personen in dem Gutsbezirk. Ein Gemeindehaus (1900) und eine Kirche (1907) wurden gebaut und das Projekt entwickelte sich so erfolgreich, dass
die Bevölkerung weiter wuchs. 1924 wurde Marcardsmoor eine selbstständige
Gemeinde.[75] Parallel mit der fortschreitenden Kultivierung des Moores nahm
die Zahl der Kreuzottern stetig ab. Wurden 1903 noch etwas über 200 Ottern
gefangen, waren es ein Jahrzehnt später nur noch knapp 100 pro Jahr. Nach dem
Ersten Weltkrieg (1919–1923) schwankten die Zahlen eingelieferter Ottern zwischen 10 und 30.

Als symbolischer Akt hatte der Fang der Kreuzotter im Zuge der Erschlie-
ßung der Moorwildnis eine höhere Bedeutung als in statistischer Hinsicht. Die
Art wurde weniger durch die Verfolgung immer seltener als durch die kon-
sequente Umgestaltung des Lebensraums. Der ostfriesische Förster C. Brünig
sah beispielsweise einen Zusammenhang zwischen der Ausbringung von Kunstdünger und dem Verschwinden der Kreuzotter. »Selbst in meinen Moorwie-
sen machte ich diese Beobachtung. Während ich beim Heumachen in früheren
Jahren auf gewissen Flächen tagsüber 8–10 Ottern fand, sind dieselben auf den
mit Thomasmehl, Kainit und Kalk gedüngten Flächen verschwunden.«[76] Erfahrungen von Landwirten bestätigten seine Auffassung. Woran der Rückgang
auch immer gelegen haben mag, dass er in Zusammenhang mit den Bekämp-

---

71 HStA Aurich, Rep. 16/1, Nr. 1393, Nachweisung über die im Gutsbezirk Marcardsmoor
gefangenen Kreuzottern von Gutsvorsteher Helms am 13. November 1911.
72 Ebd. Nachweisung über die im Gutsbezirk Marcardsmoor gefangenen Kreuzottern
von Gutsvorsteher Helms am 16. November 1912 und vom 1. November 1913.
73 Blackbourn, Conquest, 153.
74 Ebd., 151. Durch die Einführung des Dampfpfluges nahmen die ausgedehnten Moorflächen schneller denn je ab.
75 Johann Cirksena, 100 Jahre Marcardsmoor: 1890–1990. Wiesmoor 1990.
76 Brünig, Kreuzotter, 83.

Tab. 1: Fangzahlen der Kreuzotter im Gutsbezirk Marcardsmoor
(1903–1922)

Jahr	Stückzahl	Prämien (Mark)
1903	221	110,50
1911	74	18,50
1912	99	24,75
1913	83	20,75
1914	106	26,50
1915	–	–
1916	–	–
1917	29	7,25
1918	44	17,60
1919	18	7,20
1920	26	10,40
1921	13	5,20
1922	10	10

Quelle: Zusammengestellt aus Aurich, Rep. 16/1, Nr. 1373, 1392 und 1393.

fungsmaßnahmen stand, ist relativ unwahrscheinlich, wie eine weitere Perspektive zeigt: Betrachtet man die Entwicklung der Fangzahlen im Regierungsbezirk Aurich, also einem großen Teil des ostfriesischen Zentralmoors mit über 500 km² Ausdehnung, so kann von einer Abnahme keine Rede sein.

Nach zwölfjähriger Verfolgung waren nicht die geringsten Erfolge zu verzeichnen (vgl. Tab. 2). Aber daran schien sich niemand zu stören: Die Preußische Regierung subventionierte die Maßnahmen ausgesprochen freigiebig und die Landräte nahmen die Gelder dankbar entgegen. Mit der Zeit etablierte sich daraus eine feste Einnahmequelle für Kommunen und ländliche Bevölkerung.

Die steigenden Ausgaben wurden mit immer höheren Fangzahlen begründet.[77] Jede getötete Kreuzotter war ein scheinbarer Erfolg, der die Gefahr für Menschen herabgesetzt hatte. Die Interaktionen zwischen Mensch und Kreuzotter minimierte diese Perspektive auf eine Feindschaft, die immer bis zum

77 Vgl. HStA Aurich, Rep. 16/1, Nr. 1392, Brief des Regierungspräsidenten in Aurich an den Innenminister in Berlin am 22. April 1903.

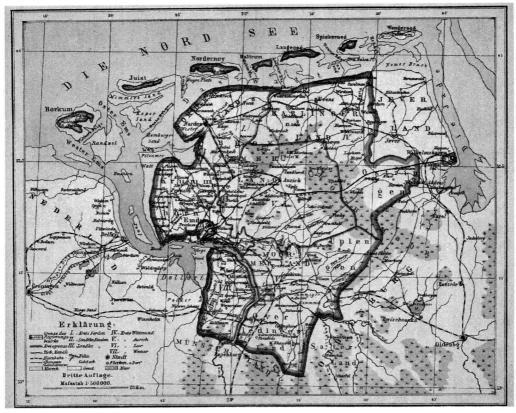

Abb. 9: Der Regierungsbezirk Aurich um 1900.

Äußersten geht: nämlich bis zum Tod. Bei der Alternative zwischen Töten oder Getötetwerden waren nicht nur andere Formen der Interaktion undenkbar, sondern auch jegliche Koexistenz.[78] Nur vor dem Hintergrund dieser Logik ist es verständlich, warum der preußische Staat hier auf alle Anfragen nach Erhöhungen der Subventionen ohne Einschränkung positiv reagierte. In der gesamten Dauer der Kreuzotterbekämpfung, die sich in Aurich bis Ende der 1920er Jahre erstreckte, hatte es keine einzige kritische Anfrage des Innenministeriums gegeben, weshalb sich die Maßnahmen denn nicht auszahlten. Das System bedurfte, einmal eingerichtet, keiner Bestätigung einer tatsächlich vorhandenen Gefahr durch die Kreuzotter. Es perpetuierte sich selbst, auch ohne neue Bissunfälle. Vielmehr wurde dies sogar als Bestätigung für die Richtigkeit der Aktionen ver-

---

78 Vgl. Pearson, Weismantel, Tier.

Tab. 2: Die im Regierungsbezirk Aurich prämierten Kreuzottern
(1902–1914)

Jahr*	Landkreis				Gesamt
	Aurich	Wittmund	Leer	Norden	
1902/03	75	186	358	6	718
1903/04	81	413	382	17	1263
1904/05	49	471	411	1	932
1905/06	161	729	1203	19	2112
1906/07	496	841	770	5	2112
1907/08	1035	1076	899	5	3015
1908/09	750	939	936	6	2631
1909/10	766	1222	1527	1	3516
1910/11	766	1119	929	0	2814
1911/12	573	1090	991	2	2656
1912/13	766	1517	1025	10	3318
1913/14	798	809	1022	0	2629

* Die Saison wurde immer von April bis April abgerechnet.

Quelle: Zusammengestellt aus HStA Aurich, Rep.16/1, Nr. 1373, 1392 und 1393 und ergänzt und abgeglichen mit Leege, Lurche, 74.

standen. Lediglich aus sozialpolitischer Perspektive handelte es sich wohl tatsächlich um effektive Ausgaben. Aus den Einlieferungslisten geht deutlich hervor, dass fast ausschließlich die ärmere ländliche Bevölkerung von den Prämien profitierte. Auch Fangzahlen aus anderen Regionen bestätigen die Wirkungslosigkeit der Kreuzotterverfolgung. Im Forstbezirk Obertal (Schwarzwald) blieben die Fangquoten zwischen 1905 und 1913 stabil (Tab. 4).

Noch deutlicher waren die Ergebnisse der Langzeitstudie von Georg Klingelhoefer. Für Ostthüringen wies er nach, »daß durch das Prämiierungssystem eine Ausrottung der Kreuzotter nicht herbeizuführen war, es war noch nicht einmal eine Verminderung zu erreichen, es ist im Gegenteil eine Vermehrung der Kreuzotter in den Revieren des Kreises Altenburg in den letzten hundert Jahren

Tab. 3: Subventionen der Kreuzotterbekämpfung
         durch das Preußische Innenministerium für
         den Regierungsbezirk Aurich

Jahr	Staatl. Subventionen
1902	150 M.
1903	200 M
1904	200 M.
1905	200 M.
1906	270 M.
1907	460 M.
1908	460 M.
1909	670 M.
1910	?
1911	?
1912	735 M.
1913	955 M.
1914	745 M.

Quelle: Zusammengestellt aus HStA Aurich, Rep.16/1, Nr. 1373, 1392 und 1393.

Tab. 4: Verzeichnis über gefangene Schlangen im Forstbezirk Obertal
         (Schwarzwald)

	1905	1906	1907	1908	1909	1910	1911	1912	1913
Kreuzottern	153	150	114	142	170	136	120	167	124

Quelle: HStA Sigmaringen, Wü 161/38 T1, 22, Verzeichnis über gefangene Schlangen (Forst-bezirk Obertal).

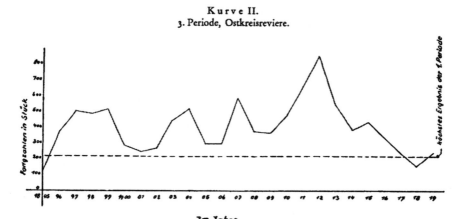

Kurve II.
3. Periode, Ostkreisreviere.

Abb. 10: Entwicklung der Fangzahlen in Ostthüringen.

feststellbar«.[79] Detaillierte Listen zu drei Fangperioden (1837–1842, 1895–1919[80] und 1925–1930) im Bereich um Altenburg belegen eindeutig eine Zunahme der Kreuzotter über die Zeit. Die jährlichen Durchschnittszahlen der gefangenen Kreuzottern stiegen von 195 (1. Periode) auf 402 (2. Periode) und 421 Exemplare (3. Periode). In der zweiten Periode (1895–1919) verläuft die Kurve der Fangzahlen im Durchschnitt relativ konstant. Ihren Hochpunkt erreicht sie 1912 nach knapp zwei Jahrzehnten der Verfolgung mit 855 gefangenen Tieren. 1895 hatte sie bei 118 Stück begonnen.

Die Fluktuationen in den Kurven erklärte Klingelhoefer in seiner Dissertation durch klimatisch bedingte Fluktuationen in der Kreuzotterhäufigkeit.[81] Ob in Preußen oder in Sachsen-Altenburg, das Ziel der Ausrottung (»Vertilgung«) der Kreuzotter war gesetzt worden, und man hielt daran fest, auch ohne einen Rückgang der Population zu erreichen.

In vielen anderen Regionen war das Prämiensystem nicht solange aufrecht zu erhalten, weil dort ein ernsthaftes internes Problem auftrat: Es gelangten nicht nur Kreuzottern, sondern auch andere harmlose Schlangen, Blindschleichen und sogar Regenwürmer zur Prämierung. Den Verwaltungsbeamten, die für die Ausgabe des Kopfgeldes zuständig waren, fehlte jegliche zoologische Vorbildung, und auch in der Bevölkerung herrschte nicht immer Klarheit über die Art-

79 Klingelhöfer, Kreuzotter, 67.
80 Die Zahlen für 1920–1922 wurden aufgrund der Inflation ausgeklammert. Die 2. Fangperiode bei Klingenhoefer, das Jahr 1890, blieb wegen der eingeschränkten Bedeutung unberücksichtigt.
81 Klingehöfer, Kreuzotter, 42 ff.

bestimmung. Besonders die Verwechslung mit der unter Naturschutz stehenden und der Kreuzotter sehr ähnlichen Schlingnatter war nichts Ungewöhnliches. In den ostfriesischen Zentralmooren trat diese Schwierigkeit aus biogeographischen Gründen nicht auf. Hier waren die Kreuzotterpopulationen vorherrschend, die Schlingnatter kam überhaupt nicht vor, Ringelnatter und Blindschleiche nur selten.[82]

Das Bewusstsein für diese Problematik war bereits zu Anfang der Bekämpfungsmaßnahmen vorhanden, wuchs aber in zunehmendem Maße. Im Jahr 1904 hatte der Vorsitzende des Kreisausschusses von Isenhagen (Regierungspräsidium Lüneburg) auf einer Versammlung der Bürgermeister als Anschauungsmaterial eine Schlingnatter und eine Kreuzotter mitgebracht.[83] Ob diese Aufklärungsmaßnahme tatsächlich nachhaltige Wirkung hatte, bleibt zweifelhaft. Im Oberamtsbezirk Sigmaringen (Preußen) äußerten Ortsvorsteher auf einer Bürgermeisterversammlung 1909 den Wunsch nach farbigen Plakaten mit Kreuzotterabbildungen, da Zweifel aufgekommen waren, dass die eingelieferten Exemplare der letzten Jahre auch wirklich alle Kreuzottern gewesen waren.[84] Aus finanziellen Überlegungen entschied man sich für kostengünstigere Präparate, also in Alkohol konservierte Kreuzottern, die an den Schulen aufbewahrt werden sollten. Tatsächlich wurden in vielen Gemeinden daraufhin solche Präparate angeschafft.[85] Als aber 1910 die meisten Schulen nun das Anschauungsmaterial hatten, hob der Regierungspräsident die Belohnungen für Kreuzottern auf. Was war passiert?

An einem »Erfolg« der Maßnahme hatte es offenbar nicht gelegen: die Fangzahlen im Oberamtsbezirk waren steigend und nicht fallend gewesen (1906: 626 Stück, 1907: 893 Stück, 1908: 1171 Stück).[86] Aber 1909 waren zwei wegweisende Zeitungsartikel erschienen. Am 27. April schrieb die Hohenzollerische Volkszeitung, dass angesichts der »großen Zahl der angeblich vorhandenen Kreuzottern« die wenigen Bissunfälle auffallend erscheinen. Bei einem Test hatten die Verfasser des Artikels eine ungefährliche Schlingnatter bei einer Bürgermeisterei abgegeben und anstandslos eine Prämie ausbezahlt bekommen. Nach ihrer Auffassung würde es sich bei mindestens der Hälfte der eingelieferten Schlangen um Schlingnattern handeln. Sie lieferten eine Beschreibung wich-

---

82 Leege, Lurche.

83 HStA Hannover, 180 Lüneburg, Acc. 3/011 Nr. 55, Brief des Vorsitzenden des Kreisausschusses an das Regierungspräsidium in Lüneburg am 15. Dezember 1904.

84 HStA Sigmaringen, HO 199 T 5 LRA Sigmaringen, 2292, Sitzungsprotokoll in Sigmaringen am 8. Februar 1909.

85 Ebd., Brief des Oberamtmanns an den Regierungspräsident in Sigmaringen am 1. Oktober 1910.

86 Ebd., Auszüge über die getöteten Kreuzottern aus dem Amtsblatt der königlich Preußischen Regierung zu Sigmaringen 1907, 1908 und 1909.

Abb. 11: Kreuzotter aus dem Federseegebiet. Durch das aufgelöste Zickzackband erinnert die Zeichnung stark an eine Schlingnatter.

tiger Unterscheidungsmerkmale, die aber fast identisch mit dem offiziellen, im Amtsblatt der Regierung veröffentlichten, Steckbrief war und anhand derer eine sichere Unterscheidung nicht immer möglich schien. Als Hauptmerkmal nannten sie das über den Rücken verlaufende Zickzackband.[87] Nicht nur bei melanotischen Kreuzottern (Schwärzlingen), sondern auch in anderen Zeichnungsvarianten kann das dunkle Band jedoch nicht mehr erkennbar sein.[88]

---

87 Ebd., Artikel aus der Hohenzollerischen Volk-Zeitung am 27. April 1909.
88 Bei Fangaktionen mögen die schwarzen Kreuzottern deshalb einen Selektionsvorteil gehabt haben. Dafür würde auch die Angabe des Lehrers Dr. Linder aus Freudenstadt sprechen, dass die »schwarze Abart der Kreuzotter (...) im Schwarzwald in der Umgebung Freu-

Auf wichtige Merkmale wie die senkrechte Pupille und die Form, Größe und Anordnung der Schuppen wurde nicht eingegangen. Selbst naturkundlich Interessierte, wie Oberförster Huss aus Obertal (Schwarzwald), verwechselten Schlingnatter und Kreuzotter.[89] Es ist vor diesem Hintergrund kein Wunder, dass ein Förster aus Schussenried (Federsee) auf die Unfähigkeit der Bevölkerung hinwies, Kreuzottern von anderen Schlangen zu unterscheiden.[90] Während der erste Zeitungsbericht im Ergebnis auf die Notwendigkeit von guten Präparaten zur Identifizierung aufmerksam machte und damit in Einklang mit den Maßnahmen der öffentlichen Verwaltung stand, stellte der zweite Artikel die gesamte Kreuzotterbekämpfung im Regierungsbezirk Sigmaringen in Frage. Nach Anschaffung eines Präparates habe sich in einer Gemeinde herausgestellt, dass alle 25 eingelieferten Schlangen Schlingnattern und nicht Kreuzottern waren. Weiterhin berief sich der Autor auf die Angaben eines verstorbenen Sigmaringer Professors, »der auf dem Gebiet der Naturkunde als Autorität gelten konnte«, aber nicht eine »einzige wirkliche Kreuzotter« auf seinen Wanderungen in der Region gefunden habe.[91]

Im Jahr 1910 hob der Regierungspräsident in Sigmaringen deshalb die Prämienzahlung auf und bestätigte im November die Entscheidung für die weitere Zukunft.[92]

Es ist bemerkenswert, dass der Anstoß für dieses Vorgehen wieder aus der Presse kam. Trugen Sensationsberichte über Schlangenplagen und Todesfälle durch Kreuzotterbiss überhaupt erst zur Einführung eines überregionalen Prämiensystems bei, führten nun gut recherchierte Berichte zu dessen Einstellung. Wie im Folgenden zu sehen sein wird, spielte die Verwechslungsproblematik auch für das Prämienwesen im gesamten Deutschen Reich noch eine wichtige Rolle.

---

denstadts auf Buntsandsteinboden recht häufig ist und trotzdem von den Leuten nicht als Kreuzotter gekannt wird (Lindner, H., Junge Kreuzottern, in: Aus der Heimat. Naturwissenschaftl. Monatsschrift 40, 1927, 47–50; 50).

89 HStA Sigmaringen, Wü 161/38 T1, 22, Brief der Königlichen Naturaliensammlung Stuttgart an Huss am 13. Dezember 1910. Danksagung für 11 Kreuzottern und 3 Schlingnattern (die als 14 Kreuzottern von Huss eingeschickt worden waren).

90 HStA Sigmaringen, Wü 65/28 T 3, Nr. 1190, Brief des Forstamtes Schussenried an das Oberamt Riedlingen am 2. Juli 1912.

91 HStA Sigmaringen, HO 199 T 5 LRA Sigmaringen, 2292, Artikel aus den Hohenzollernschen Blättern am 13. Oktober 1909.

92 Ebd., Brief des Regierungs-Präsidenten an die Oberamtmänner am 18. November 1910.

4.4 Die Einführung eines Kreuzotter-Antiserums

Besonders auffällig an der Geschichte der Kreuzotterverfolgung in dieser Zeit ist die Langlebigkeit des Prämiensystems trotz vollkommener Erfolglosigkeit. Es überstand sowohl den 1. Weltkrieg (1914–1918) als auch die Inflationszeit Anfang der 1920er Jahre. So wurden im Jahr 1923 im Landkreis Aurich 100 Mark und 1924 10 Goldpfennige pro Kreuzotter bezahlt.[93] Zwar konnten die Prämien zeitweise nicht mit der Geldentwertung Schritt halten, und die Fangaktivität ließ in beiden Phasen deutlich nach, aber von einem Ende dieser Praxis war keine Rede. Im Gegenteil, 1926 wurden die Prämien in staatlichen Forsten durch das Landwirtschaftsministerium und außerhalb von staatlichen Forsten durch das Innenministerium wieder von 25 auf 50 Pfennig erhöht.[94] 1927 als die Einführung eines Antiserums gegen Kreuzottergift auf Reichsebene zur Debatte stand, bezogen die preußischen Regierungspräsidenten eine ablehnende Haltung und schlugen stattdessen vor, die ausgesetzten Prämien weiter zu erhöhen.[95] Durch die leichte Akquise von staatlichen Geldern ermuntert, erklärten eine Vielzahl von Bezirksregierungen in ihren Berichten wie erfolgreich die Prämienverfahren seien; darunter Hildesheim, Stade, Schleswig, Breslau, Köslin, Potsdam und auch Aurich.[96] Andere regten sogar die Erhöhung von Prämien (z. B. Erfurt) oder einen »Ausbau des Prämienverfahrens« (z. B. Stralsund) an. Warum der Präsident des Regierungsbezirks Stralsund für einen Ausbau der Prämierung votierte, erklärt sich aus den finanziellen Vorteilen durch die staatlichen Subventionen für die Region.[97] Vor diesem Hintergrund werden die Umfrageergebnisse zur Farce, wenn alle oben genannten Regierungsbezirke Prämiensysteme erhalten und erweitern möchten, gleichzeitig aber keinen Bedarf an einem antitoxischen Serum zur Behandlung von Kreuzotterbissen sehen. Nur zwei Bezirksregierungen aus dem östlichen Preußen, Gumbinnen und Breslau, hatten einen solchen Bedarf bejaht.

93 HStA Aurich, Rep. 16/1, Nr. 1373, Blt. 244 u. 250, Erklärung des Preußischen Ministers des Innern am 2. Mai 1923 und Ausschnitt aus dem Ministerialblatt für die innere Verwaltung am 9. Mai 1924.

94 Ministerialblatt für Landwirtschaft, 9. Oktober 1926, S. 477 f., RdErl.d.MfLDuF v. 30. Spetember 1926.

95 GStAPK, I. HA rep. 76 Kultursministerium VIII B, Nr. 3528. Brief des preußischen Kultusministers an den Reichsinnenminister am 31. Dezember 1927.

96 Ebd., Anlage: Tabellarische Zusammenstellung der Berichte der Reg. Präsidenten auf den Erlass v. 19. Mai 1927 – betr. Die Einführung eines antitoxischen Serums gegen Kreuzotterbisse.

97 Ebd. Im gesamten Bezirk Stralsund war Mitte der 1920er Jahre kein Bissunfall zu vermelden gewesen. Vor dem Hintergrund, dass allein im Kreis Rügen in der Saison 1926/27 über 2000 Kreuzottern eingeliefert wurden, ist dies bemerkenswert.

Trotz dieses negativen Feedbacks in Bezug auf die Einführung von Antiserum in Preußen – nur Sachsen und Bayern sahen einen Bedarf – war auf einer kommissarischen Sitzung im April 1928 beschlossen worden, für eine Verbreitung zu sorgen;[98] und das obwohl sich der preußische Regierungskommissar Marmann aus dem Kultusministerium ausdrücklich dagegen ausgesprochen hatte. Er und andere Vertreter hatten argumentiert, aufgrund der geringen Zahl der Bissverletzungen lohne sich nicht »die Aufziehung eines ganzen Apparates«.[99] Den Apparat des preußischen Prämierungswesens in Frage zu stellen, stand für ihn allerdings nicht zur Debatte.

Zur Durchsetzung der Einführung eines Antiserums trug maßgeblich die Besetzung der Kommission bei. Es waren ausschließlich Mediziner anwesend, drei der sieben Vertreter gehörten zum Reichsgesundheitsamt, das die Einführung des Serums hauptverantwortlich vorangetrieben hatte.[100] Ursprünglich war es eine Initiative des Kreismedizinalrats Tiling aus Neuwied gewesen, die das Reichsgesundheitsamt zu Überlegungen in diese Richtung angeregt hatte. Dass die Einführung eines Antiserums für Regionen, in denen es häufig zu Bissunfällen kam, eine wichtige Maßnahme wäre, hatte Tiling bereits 1926 ausgeführt. Er selbst hatte mehrere Jahre in Masuren als Arzt gearbeitet und dabei Erfahrungen mit problematischen Kreuzotterbissen gesammelt. Auch wenn darunter keine tödlichen Ausgänge gewesen waren, so äußerte sich die »Erkrankung mitunter doch so schwer und langdauernd, dass die Schaffung eines specifischen Gegengiftes hier geboten erscheint«.[101] Dabei war ihm die rein symptomatische Behandlung solcher Vergiftungen nie ausreichend erschienen. Wenn man schon in Brasilien und anderen Ländern mit Serum die Vergiftungen »causal« behandeln könnte, warum dann nicht auch hier, fragte er rhetorisch. Seine Veröffentlichung in der Zeitschrift für Medizinalbeamte und Krankenhausärzte erzielte die gewünschte Wirkung.[102] Tilings Gründe waren überzeugend, weil sich die ärztlichen Möglichkeiten zur Behandlung von Kreuzotterbissen abgesehen von der Serumanwendung tatsächlich kaum von Hausmitteln

98 BA Berlin-Lichterfelde, RGA, Abt. IV, R 86/3681, Reichsgesundheitsamt an den Reichsminister des Innern in Berlin am 5. März 1928. Die übrigen Vertreter kamen aus Sachsen, dem Reichsinnenministerium und dem Robert Koch Institut.

99 GStAPK, I. HA rep. 76 Kultusministerium VIII B, Nr. 3528, Handschriftliche Notiz von Dr. Marmann am 17. April 1928.

100 BA Berlin-Lichterfelde, Reichsgesundheitsamt, Abt. IV, R 86/3681, Protokoll der am 17. April 1928 um 10 Uhr im Dienstgebäude abgehaltene kommissarische Besprechung über die Frage der Bereithaltung von Antiserum gegen Kreuzotterbisse.

101 LHA Koblenz, Best. 441, Nr. 28605, Brief von Tiling an den Regierungspräsidenten in Koblenz am 24. Juni 1927.

102 BA Berlin-Lichterfeld, Reichsgesundheitsamt, Abt. IV, R 86/3681, Tiling, Zur Behandlung des Kreuzotterbisses, Sonderdruck aus der Zeitschrift für Medizinalbeamte und Krankenhausärzte.

unterschieden. Vom Reichsgesundheitsministerium zusätzlich um Statistiken über Todesfälle durch Giftschlangenbisse in Preußen (1913–1925=17) ergänzt, setzten sie sich durch.

Von dem Beschluss auf der Versammlung im April 1928 bis zur tatsächlichen Einführung und Verbreitung von Kreuzotterantiseren dauerte es bis zum Frühsommer 1929. Den Aufwand, ein solches Serum in Deutschland zu produzieren, sahen die zuständigen Beamten wegen der geringen Menge von Gift, das die Kreuzotter produziert, als nicht gerechtfertigt an.[103] Diese Annahme stützte sich auf Einschätzungen wissenschaftlicher Forschungseinrichtungen wie dem staatlichen Institut für experimentelle Therapie in Frankfurt a. M. und dem Institut für Infektionskrankheiten »Robert Koch«.[104] Hersteller aus Brasilien, Mexiko und Frankreich standen zur Debatte.[105] Letztendlich wurde das Serum vom Institut Pasteur aus Paris zum Preis von 2,50 RM pro Packung bezogen und stand ab Juni 1929 (Preußen) bzw. Juli (Reich) zu Verfügung.[106] Zentrale Verteilungsstelle wurde neben dem Reichsgesundheitsamt die Universitätsapotheke in Berlin. In Preußen kauften die Krankenhäuser fast aller Regionen Antiserum ein. Hatte auf offizielle Anfrage der preußischen Regierung hin nahezu jede Provinz sich vor der Einführung des Serums negativ über einen Bedarf geäußert, benötigte nun, nachdem es verfügbar war, jeder dieses Serum. Sogar die Provinzregierung in Koblenz bestellte für einige Krankenhäuser das Serum, obwohl bei Umfragen zuvor festgestellt worden war, dass es in der Rheinprovinz gar keine Kreuzottern gab.[107] Nur wenige Regierungen wie Hessen und Schaumburg-Lippe waren in ihrer Haltung konsequent und verzichteten auf die Vorratshaltung von Antiserum, »weil in beiden Staaten Verletzungen durch Bisse von Kreuzottern bis jetzt noch nicht beobachtet worden sein sollen«.[108] Ansonsten wurde das Serum in allen Staaten des Reiches verteilt.

103 GStAPK, I. HA rep. 76 Kultusministerium VIII B, Nr. 3528, Brief des Reichsminister des Innern an die Landesregierungen am 20. Juni 1928.
    104 GStAPK, I. HA rep. 76 Kultusministerium VIII B, Nr. 3528, Brief des preußischen Kultusministers an den Reichsminister des Innern am 31.Dezember 1927.
    105 BA Berlin-Lichterfelde, RGA Abt. IV, R 86/3681, Korrespondenz mit dem Deutschen Konsulat in Merida (Mexiko) im März 1929 sowie mit dem Staatlichen Serotherapeutischen Institut in Wien im November 1926.
    106 Berlin, I. HA rep. 76 Kultusministerium VIII B, Nr. 3528, Brief des preußischen Kultusministers an die Regierungspräsidenten am 10.6.1929; Berlin-Lichterfelde, RGA Abt. IV, R 86/3681, Rundschreiben des Reichsministers des Innern an die Landesregierungen am 17. Juli 1929.
    107 LHA Koblenz, Best. 441, Nr. 28598, Brief des Regierungspräsidenten an den Kultusminister am 22. Juli 1927. Ausnahme: Nur in der Gegend von Flammersfeld (Westerwald) sei sie vereinzelt beobachtet worden. Nach seinem Erscheinen bestellte die Regierung in Koblenz auch das »Kreuzottermerkblatt«.
    108 BA Berlin-Lichterfelde, RGA Abt. IV, R 86/3681, Brief des Reichsminister des Innern an die Landesregierungen am 17. Juli 1929.

4.5 Der Naturschutz und das Ende
des staatlichen Prämiensystems

Wenn keine Gefahr für die Gesundheit befürchtet wurde, warum setzte sich der Staat dann überhaupt noch für die Verfolgung der Kreuzotter ein? Diese Frage gewann mehr und mehr an Bedeutung und die mittlerweile etablierte Naturschutzbewegung bot mit ihrem Zentralorgan, der Zeitschrift »Naturschutz«, ein einschlägiges überregionales Debattenforum.[109]

1927, noch bevor die Ergebnisse über den Bedarf an Antiserum beim Reichsinnenministerium eingegangen waren, erschien ein Artikel aus den »Blättern für Aquarien- und Terrarienkunde« in »Naturschutz« mit doppeltem Kommentar. Der Autor, der erste Vorsitzende des Fuldaer Aquarienvereins, Eduard Winter, schilderte darin den nicht mehr überraschenden Fall einer Verwechslung von Schlingnatter und Kreuzotter durch einen Gelegenheitsfänger aus Hessen. Fünf von sieben Kreuzottern waren eigentlich Schlingnattern gewesen, die der Fänger auch schon oft beim Bürgermeister gegen eine Prämie eingeliefert hatte. Wie in ähnlichen Artikeln dieser Art extrapolierte der Verfasser, dass von den 295 im Kreis Fulda im Jahr 1926 eingegangenen Kreuzottern nur die Hälfte Kreuzottern gewesen waren. Trotz »eifriger Exkursionen« konnte er in der entsprechenden Gegend nie eine Kreuzotter fangen.[110] Der Kommentar des Herausgebers der Blätter für Aquarien- und Terrarienkunde, Willy Wolterstorff (1864–1943), Herpetologe und Verfasser zweier Bücher zu Amphibien und Reptilien, schloss an den Artikel wie folgt an:

»Wann wird endlich mit den Fangprämien Schluß gemacht werden! Die Unfälle durch Kreuzotterbiss sind minimal im Vergleich zu Unfällen, die durch Wespen oder Bienen [...] oder gar durch Automobile veranlaßt werden, [...] und doch fällt es keinem ein die Automobile auszurotten! Alle unsere Schlangen, auch die Kreuzottern, haben Anspruch auf Naturschutz.«

Interessant ist nun, wie der nachfolgende Kommentar eines Naturschützers diesen gestellten Anspruch zurückwies:

»Hierzu ist zu sagen, daß ein Schutz der Kreuzotter außer Betracht bleiben muß, daß aber die Abschaffung der Prämien wegen der großen Gefahr, die sie für die Erhaltung der harmlosen Schlangen, besonders die Schlingnatter, mit sich bringen, durchaus zu wünschen wäre.«[111]

---

109 Der vollständige Titel lautete »Naturschutz. Monatsschrift für alle Freunde der deutschen Heimat«, herausgegeben von der Staatlichen Stelle für Naturdenkmalpflege in Preußen (1919 erstmals erschienen).
   110 Erhard Winter, Belohnungen für Kreuzotterfang, in: Naturschutz, 9 (1), 1927, 30.
   111 Ebd., 30.

Abb. 12: Farbtafel aus dem Kreuzottermerkblatt.

Das Argument der Verwechslung sollte später Schule machen. Vorerst versuchten aber Regierungsvertreter des Reiches das scheinbar allgegenwärtige Problem der Verwechslung durch Aufklärungsmaßnahmen zu lösen. So beschlossen sie zunächst, ein bebildertes Büchlein (»Merkblatt«) über die Gefahren des Kreuzotterbisses herauszugeben, in dem die Erkennungsmerkmale der Schlange deutlich werden würden.[112] Auch eine schärfere Kontrolle bei der Auszahlung der Prämien hielten sie für nötig.[113] Was sich in Sigmaringen zwei Jahrzehnte zuvor in dem Wunsch nach farbigen Plakaten geäußert hatte, wurde nun durch

112 BA Berlin-Lichterfelde, Reichsgesundheitsamt, Abt. IV, R 86/3681, Protokoll der am 17. April 1928 um 10 Uhr im Dienstgebäude abgehaltene kommissarische Besprechung über die Frage der Bereithaltung von Antiserum gegen Kreuzotterbisse.
113 GStAPK, I. HA rep. 76 Kultusministerium VIII B, Nr. 3528, Handschriftliche Notiz von Dr. Marmann am 17.April 1928.

das Reichsgesundheitsamt in die Tat umgesetzt. 1930 erschien das »Kreuzotter-merkblatt« in einer Auflage von 5000 Exemplaren und fand eine weite Verbreitung.[114] Sogar Modemagazine fragten an, ob sie das Merkblatt abdrucken dürften.[115]

Die Artbeschreibung des achtseitigen Bändchens basierte neben Brehms Tierleben auf Dürigens Standardwerk von 1897.[116] Der sachliche Text vermittelte Informationen zu Lebensweise und Bisswirkung der Kreuzotter. Lediglich die alte Idee, dass der abgeschlagene Kopf einer Kreuzotter noch längere Zeit weiterleben und um sich beißen kann, repräsentierte Elemente des Naturgefahrendiskurses.[117] Etwa zeitgleich mit der Konzeption des Kreuzottermerkblattes und der Einführung des Antiserums erschien in »Naturschutz« ein Artikel, der die Gefährlichkeit der Kreuzotter relativierte. »Die Angst vor der Kreuzotter« begann mit der Widerlegung eines Sensationsartikels, der auf der ersten Seite der Berliner Montagszeitung veröffentlicht worden war.[118] Zwei Kinder der Familie Petzold seien beim Blaubeerpflücken in der Rochener Heide (Brandenburg) von Kreuzottern gebissen worden, hätten sich verirrt und wären dann an der Wirkung des Giftes gestorben. Die einfühlsam erzählte »Kindertragödie« hatte wohl nicht nur dem Erzählstil nach Märchencharakter, sondern stellte sich nach amtlicher Überprüfung auch als Märchen heraus. In Brandenburg gab es weder eine Familie Petzold, noch eine Rochender Heide – und auch vermisst wurde niemand. Trotz amtlicher Mitteilung verzichtete der Herausgeber der Zeitung auf eine Richtigstellung. Stattdessen publizierte eine große Berliner Tageszeitung einige Wochen später einen Artikel, der auf diesem Bericht aufbaute.

Das Muster ist bereits bekannt. Der Autor von »Die Angst vor der Kreuzotter«, Heinrich Koppelmann aus Berlin, nahm den Vorfall zum Anlass, die statistisch erfassten Todesfälle durch Schlangenbisse in Deutschland ins Verhältnis mit anderen Todesfällen durch äußere Einwirkung zu setzen. Von 1920–1926 seien in Preußen an Schlangengift vier Menschen gestorben, durch andere Tiere 1624 und im Straßenverkehr 20283 Personen.

---

114 BA Berlin-Lichterfelde, Reichsgesundheitsamt, Abt. IV, R 86/3681; Reichsgesundheitsamt (RGA) (Hg.), Kreuzotter-Merkblatt. Gefahren, Verhütung und Behandlung des Kreuzotter-Bisses. Berlin 1930.

115 BA Berlin-Lichterfelde, Reichsgesundheitsamt, Abt. IV, R 86/3681, Brief des Verlages Gustav Syon, Modejournal, Schnittmuster an das Reichsgesundheitsamt am 26. Mai 1930. Aus verlagsrechtlichen Gründen wurde das Angebot zurückgewiesen.

116 BA Berlin-Lichterfelde, Reichsgesundheitsamt, Abt. IV, R 86/3681, Literaturliste zur Erarbeitung des Kreuzottermerkblattes.

117 RGA, Kreuzotter-Merkblatt, 8.

118 Heinrich Koppelmann, Die Angst vor der Kreuzotter, in: Naturschutz, 10 (8), 1928, 237–239. 75 Jahre später wurde dieser Artikel noch einmal in dergleichen Zeitschrift rekapituliert (Reinhard Piechocki, In »Natur und Landschaft« zurückgeblättert – 17. Vor 75 Jahren: Kreuzotterängste, in: Natur und Landschaft, 79 (5), 2004, 240).

»Die Gefahr, die die Kreuzotter für den Menschen bildet, ist also geradezu lächerlich gering, Schadensfälle dieser Art sind fast stets auf eigenen Leichtsinn zurückzuführen. Hierfür die Kreuzotter und ihre Verwandten büßen zu lassen, indem alles, was sich ›schlängelt‹, totgeschlagen und in Acht und Bann getan wird, ist sinnwidrig und des Homo ›sapiens‹ wahrhaft unwürdig. Ihr seht euch um, wenn ihr die Straße überschreitet, also seht euch auch um, wenn ihr in einer kreuzotterreichen Gegend wandert und rastet! ›Von allein‹ tut sie euch schon nichts!«[119]

Und im übernächsten Satz forderte der Verfasser auch die Abschaffung der Prämien, argumentierte hier aber, und das ist bezeichnend, weniger auf Basis der geringen Gefährlichkeit der Kreuzotter, als auf der Gefährdung geschützter Arten wie der Schlingnatter – also dem Verwechslungsargument der Naturschützer.

Auf den Punkt gebracht wurde die Argumentation in einem kleinen Artikel zur Kreuzotter in derselben Zeitschrift:

»Daß man der Kreuzotter, die übrigens sehr häufig mit der nicht giftigen Schlingnatter verwechselt wird, wegen einiger tödlich verlaufender Unglücksfälle in fanatischer Weise nachstellt, ist vom Standpunkte des Naturschutzes nicht zu billigen. Denn durch die sogenannten Kreuzotternjäger werden auch harmlose Tiere beunruhigt, und infolge Aussetzung von Prämien für den Fang von Kreuzottern werden die harmlosen Schlangen in weit größerer Zahl getötet als die Kreuzottern, wie in »Naturschutz« bereits früher hervorgehoben worden ist.«[120]

Eine Naturschutzposition kristallisierte sich also langsam heraus. Das Prämiensystem wurde davon aber weiterhin, wie auch von der Einführung des Antiserums, nicht berührt. Damit hatte der Autor von »Angst vor der Kreuzotter« selbst gerechnet, denn er schloss seinen Text mit bestimmten Bedingungen, die an das Prämiensystem gestellt werden müssten, wenn eine Abschaffung nicht zu erreichen sein sollte.[121] Bedingungen, die immerhin den Schutz der harmlosen Schlangen gewährleisten würden.

Ein Jahr später, im Sommer 1930, erhöhte sich der Druck auf die Aufrechterhaltung des Prämiensystems durch einen Artikel von Hecht vom Naturhistorischen Museum Berlin.[122] Der Zoologe führte im August eine Stichprobe bei der Kreuzotterprämierung in Bad Orb durch. Wie schon 1914 war durch Zeitungen die Nachricht einer »Kreuzotterplage« in der Gegend verbreitet worden. Seit Juli seien mehr als 1000 Ottern zu je einer Reichsmark beim Bür-

---

119 Koppelmann, Angst, 238 f.
120 Anonymus c, Etwas von der Kreuzotter, in: Naturschutz, 10 (4), 1928, 18–19.
121 Koppelmann, Angst, 239.
122 Aufgrund seiner wenig rühmlichen Rolle zur Zeit der nationalsozialistischen Herrschaft finden sich die Archivare des Naturkundemuseums Berlin nicht bereit, interne Dokumente zur Person Hecht zu sichten.

germeisteramt Bad Orb eingeliefert worden. Die Nachrichten hatten zu einer Beunruhigung der Bevölkerung und der Kurgäste geführt, so Hecht. Die Stichprobe fiel wie folgt aus: von 202 an diesem Tag eingelieferten Reptilien handelte es sich bei nur 18 um Kreuzottern. Die übrigen »Kreuzottern« waren in Wahrheit 160 Blindschleichen und 24 Glattnattern. Sogar zwei kleine Regenwürmer waren unter Blindschleichenembryonen mit zum Ankauf angeboten worden. Hechts Fazit fiel deshalb klar und deutlich aus: »Das Ergebnis dieser einen Stichprobe (nur 10 Prozent unter 200 Reptilien) beweist deutlich, daß das Prämiensystem nichts weiter bedeutet, als die Ausrottung harmloser und durchaus nützlicher Reptilien aus Mitteln der Allgemeinheit [...]« und weiter »[e]in Unfug aber ist es, heute noch öffentliche Gelder für die Vertilgung von Blindschleichen, Ringelnattern und Glattnattern auszuwerfen«.[123] Was sich bis dato für die preußische Regierung als erfolgreiche Investition in Sicherheit dargestellt hatte, zeigte sich nun als die systematische Bekämpfung nützlicher Tiere. Hechts Artikel erschien am 26. August im Stadt-Blatt der Frankfurter Zeitung und in der überregionalen Kölnischen Volkszeitung.[124] Später wurde er auch in »Naturschutz« mit dem Titelzusatz »Eine Angstpsychose« (ursprünglich: »Die Kreuzotternplage bei Bad Orb«) abgedruckt.[125] Beide Zeitungsartikel gingen den zuständigen Regierungsinstitutionen zu und führten zu ähnlichen Resultaten wie in Sigmaringen, als 1909 bekannt geworden war, dass die Abgabe von Schlingnattern anstelle von Kreuzottern prämiert worden war.[126]

Der Preußische Innenminister, der das Prämienwesen seit drei Jahrzehnten gefördert hatte, konsultierte nach Erscheinen der Artikel im September einen Kollegen Hechts vom Zoologischen Museum der Universität Berlin, Johannes Moser. Moser verfasste daraufhin ein siebenseitiges Gutachten, das die Bitte unterstützen sollte, »für die Ablieferung getöteter Kreuzottern die Prämienzahlung aus öffentlichen Mitteln einzustellen«.[127] Der Experte brachte vier Argumente zur Geltung.

Erstens die systematische Bekämpfung der Kreuzotter habe ihre Häufigkeit und damit auch die Häufigkeit der Bissunfälle nicht vermindert. Zweitens sei die Häufigkeit einer Tötung von Personen durch Kreuzotternbiß so gering, dass eine Aufwendung von Geldmitteln zu systematischer Bekämpfung der

---

123 BA Berlin-Lichterfelde, RGA Abt IV, Bundesarchiv R86/3681, Sonderabdruck aus dem Stadt-Blatt der Frankfurter Zeitung vom 26. August 1930; G. Hecht, Die Kreuzotternplage bei Bad Orb – eine Angstpsychose, in: Naturschutz, 12 (2), 1930, 41.
124 BA Berlin-Lichterfelde, RGA Abt IV, Bundesarchiv R86/3681, Sonderabdruck aus dem Stadt-Blatt der Frankfurter Zeitung vom 26. August 1930.
125 Hecht, Kreuzotternplage.
126 Vgl. Kap. 4.3.
127 BA Berlin-Lichterfelde RGA Abt. IV, R 86/3681, Briefliches Gutachten von Prof. Moser an das Preußische Innenministerium am 19. Oktober 1930.

Kreuzotter unnötig erscheine. Drittens werde »die Kreuzotterbekämpfung von Menschen auch ohne Anreiz einer Prämie durchgeführt«. Letztlich seien viele harmlose oder sogar nützliche Tiere als Kreuzottern eingeliefert und prämiert worden. »Es droht also durch die systematische Bekämpfung der Kreuzotter in der bisherigen Form eine Schädigung der deutschen Fauna, die vermieden werden sollte«.[128]

Punkt zwei und vier bezogen sich auf die bereits bekannten Ausführungen von Koppelmann in »Die Angst vor der Kreuzotter« (2) und von Hecht in »Die Kreuzotternplage bei Bad Orb« (4) und bestärken diese mit der Autorität des Hochschulprofessors. Punkt drei ist der Argumentation wenig dienlich, basiert aber auf dem klassischen Urteil, dass Menschen eine angeborene Abneigung gegen Schlangen haben (dann müsste aber gezeigt werden, dass nur die giftigen erschlagen werden, um nicht in Konflikt mit Punkt vier zu kommen). Außerdem ist der Punkt inkonsequent in Bezug auf Argument eins und zwei. Denn wenn auch prämierte Verfolgung keinen Effekt hat und der Biss sowieso kaum gefährlich ist, wieso sollte es dann von Vorteil sein, Schlangen überhaupt zu töten?

Von großer Bedeutung ist Punkt 1, der hier erstmalig aufgeführt wurde. Laut Moser habe eine Auswertung der Literatur von 1880–1930 ergeben, dass Häufigkeit und Vorkommen der Kreuzotter sich nur verändert hätten, wenn ihr Lebensraum durch Melioration und Kultivierung verloren ging. Persönliche Erfahrungen aus der Grafschaft Glatz bestätigten diese allgemeine Feststellung. Wo die Kreuzotter 1910 häufig war, kam sie auch 1920 und 1929 noch häufig vor. Für die Individuenzahl der Kreuzotterpopulationen seien die ökologischen und klimatischen Bedingungen wesentlich bedeutsamer als die Verfolgung durch den Menschen.

Zuletzt tauchte bei Moser noch ein wichtiges Argument auf, das in den letzten Jahrzehnten kaum diskutiert worden war: die Nützlichkeit der Kreuzotter als Mäusevertilger.[129] 1904 hatte zwar das preußische Landwirtschaftsministerium die Tiere, die sich von Mäusen ernähren unter Schutz gestellt; die Kreuzotter war davon aber nicht betroffen.[130] 1908 hatte Zimmermann noch geschrieben, der wirtschaftliche Nutzen der Kreuzotter durch Vertilgung einiger weniger Mäuse könne nicht den Schaden aufwiegen könne, den ein Biss beim Menschen verursachte.[131] 1930 war er dann auf einer Linie mit Professor Moser: »Die Frage sollte ernstlich erwogen werden, ob es verantwortet werden kann, öf-

---

128 Ebd., Briefliches Gutachten von Prof. Moser an das Preußische Innenministerium am 19. Oktober 1930.
129 Ebd.
130 HStA Marburg, Best. 150, Nr. 1168, Brief vom Landwirtschaftsministerium an die Oberpräsidenten vom 16. Juli 1904.
131 Zimmermann, Heimat, 29.

fentliche Fangprämien für Giftschlangen auszugeben, wenn man die Vermehrung der Feld- und Waldmäuse dadurch fördert?«[132]

Auf Grundlage von Hechts Veröffentlichung und Mosers Gutachten stellte das Innenministerium am 7. November 1930 die Prämienzahlungen aus der Preußischen Staatskasse zur Kreuzotterbekämpfung ein. In dem Runderlass hieß es kryptisch zur Begründung:»Der Versuch, die Kreuzotter durch Gewährung von Prämien für ihre Vernichtung zu bekämpfen, hat nicht nur nicht den gewünschten Erfolg gehabt, sondern z. T. erhebliche Mißstände veranlaßt«.[133] Was der preußische Innenminister damit meinte, geht aus einer internen Mitteilung an den Innenminister des Reiches hervor. Die von Moser gelieferten Gründe wären überzeugend gewesen. Neben der Hervorhebung des Sachverhaltes in Bad Orb wurde besonders sein erster Punkt gewürdigt – also der mangelnde Erfolg des Systems:»Durch die in den einzelnen Rechnungsjahren erfolgten Ist-Ausgaben für Kreuzotterprämien, die von Jahr zu Jahr gestiegen sind, wird die Ansicht des Professors Mosers, daß die bisherige Art der Bekämpfung der Kreuzotter ihre Häufigkeit nicht vermindert hat, bestätigt.«[134] Für diese Entdeckung bedurfte der Innenminister offenbar erst das Gutachten eines Sachverständigen. Bis zu diesem Zeitpunkt war der Erfolg, trotz stets steigender Ausgaben und wachsender Fangzahlen, nie in Frage gestellt worden. Ganz im Gegenteil, die Preußische Regierung (auf den verschiedenen Verwaltungsebenen) befürwortete sogar 1927 noch den Ausbau des Prämiensystems. Aus den einzelnen Provinzen waren ausschließlich »Erfolgsmeldungen« diesbezüglich eingetroffen. Um die Fragwürdigkeit der Existenz des Systems zuzugestehen, bedurfte es der Erkenntnis seiner praktischen Funktionsmängel: Ohne die Verwechslungsproblematik, die vom Naturschutz mehr und mehr ins Licht gerückt worden war, hätten die Preußen wohl noch lange an der Kopfprämie für Kreuzottern festgehalten und jede getötete Otter implizit als Erfolg verbucht. Auch wenn die Einführung eines Antiserums gegen Kreuzotterbisse genau in dieser Zeit stattfand, so muss betont werden, dass dies nichts mit der Auflösung des Prämiensystems zu tun hatte. Preußen hatte zuvor sogar eine Erhöhung der Prämien anstelle des Serums vorgeschlagen. Auch die aufkommenden Diskussionen über die geringe Gefährlichkeit der Kreuzotter kamen nicht aus dieser Richtung, sondern hatten ihre Ursache in der mittlerweile etablierten Naturschutzbewegung.

132 Rudolph Zimmermann, Einiges von der Kreuzotter, in: Mitteilungen des Landesvereins Sächsischer Heimatschutz, 19, 1930, 30–35.
133 HStA Marburg, Best. 100, LA Hersfeld, Nr. 9462, RdErl. d. MdI. v. 7. November 1930.
134 BA Berlin-Lichterfelde RGA Abt. IV, R 86/3681, Brief vom preußischen Innenminister an den Innenminister des Reiches am 7. November 1930.

5. Die dritte Entzauberung:
Ökologie und Verhalten (1930–1970)

Die Naturschützer begrüßten, dass die staatlichen Prämiensysteme zur Bekämpfung von Kreuzottern ab 1930 endlich der Vergangenheit angehörten. Die Abschaffung »ist von jedem Naturfreund, der Verständnis für den wirklichen Naturschutzgedanken besitzt, mit vollem Herzen begrüßt worden«, hieß es in der Zeitschrift »Naturschutz«.[1]

Die Berichterstattung in der Presse war ausgesprochen wohlwollend: Die Kreuzotter wurde in allen Punkten rehabilitiert, sie sei scheu und wehre sich nur wenn sie angegriffen werde, Vergiftungen seien verhältnismäßig leicht und darüber hinaus sei sie die »beste Mäusevertilgerin«.[2] Andere Zeitungen übernahmen diese Argumentation wortgetreu.[3]

Auch der Regierung kam diese Abschaffung angesichts der angegriffenen Staatskassen nicht ungelegen. Ende 1930 war der Preußische Landwirtschaftsminister dem Erlass des Innenministers zur Aufhebung des Prämienwesens gefolgt, und auch der Innenminister des Reiches wandte sich in diesem Sinne an die Landesregierungen.[4] Für die meisten Kreise ergaben sich durch die Aufhebung des Prämienwesens keine Schwierigkeiten.[5] In Baden wurde sogar eine Regelung eingeführt, die eine behördliche Genehmigung zum Fang von Kreuzottern bzw. für Prämienaktionen vorsah.[6] Auf lokaler Ebene überdauerte die Kreuzotterbekämpfung durch Prämienverfahren in vielen deutschen Staaten. Auch in Preußen hielten manche Kreisverwaltungen es noch immer für notwendig, Prämien für die Tötung von Kreuzottern auszusetzen, wie eine Umfrage

---

1 Carl Reepel, Achtung! Kreuzottern! Ein photographischer und zoologischer Streifzug, in: Naturschutz, 16 (12), 1935, 274–279; 275.

2 Kölnische Volkszeitung, Jg. 72, Nr. 319 am 9. Juli 1931.

3 Zum Beispiel Euskirchener Volksblatt am 11. August 1931.

4 Min. Bl. D. preuß. Verw. F. L. D. F. Nr. 50 vom 27. Dezember 1930. BA Berlin-Lichterfelde, Reichsgesundheitsamt, Abt. IV, R 86/ 3681, Brief des Reichsministers des Innern an die Landesregierungen (außer Preußen) am 23. Dezember 1930.

5 So z. B. in Hessen und Sigmaringen (HStA Marburg, Best. 180 LA Hersfeld, Nr. 9462; HStA Wiesbaden, Best. Abt. 410 LA Dillenburg, Nr. 665–668 und HStA Sigmaringen, HO 235 T19/22, 849, Abt. I–III, Briefe der Landräte aus Sigmaringen und Hechingen im Februar 1934).

6 Ebd., Der preußische Kultusminister an den Reichsminister des Innern am 16. Januar 1931.

des Innenministers im Jahr 1933 ergeben hatte.[7] Im Ostenholzer Moor tötete
der Reichsarbeitsdienst 1934 beispielsweise 300 Kreuzottern.[8] Auf dem Darß
zahlte die Verwaltung 1935 immer noch rund 1000 Mark (50 Pfennig/Stück) an
Kreuzotterprämien aus.[9]

Jedenfalls sahen sich die Naturschützer weiter gefordert, das Prämienwesen endgültig zu beseitigen. Federführend in dieser Angelegenheit war Walther Schoenichen, der Direktor der Staatlichen Stelle für Naturdenkmalpflege
in Preußen und Herausgeber von »Naturschutz«.[10] Er hatte die Berichte der Regierungspräsidenten, die bis zum März 1934 zur Kreuzottersituation nach Abschaffung der staatlichen Prämien eingegangen waren, eingesehen und daraufhin einen Fragebogen an die Regierungspräsidenten der preußischen Provinzen
versandt. Seine acht kritischen Fragen zielten darauf ab zu erfahren, warum
und in welcher Höhe noch immer Prämien bezahlt wurden. Zwar sind die
Antwortschreiben nicht mehr vorhanden, aber dafür die Konsequenzen bekannt, die Schoenichen aus diesen zog.[11] Die Reichsnaturschutzverordnung
vom 18. März 1936 verbot »jedes Massenfangen und Massentöten von Tieren, sofern es ohne einen vernünftigen, berechtigten Zweck geschieht«.[12] Unter
vernünftige und berechtigte Zwecke falle unter anderem »das Bekämpfen von
Schädlingen und Ungeziefer«. Innerhalb eines solchen Verständnisses hätte die
Kreuzotterausrottung – mit einer entsprechenden Interpretation – immer noch
zur Debatte stehen können. Deshalb explizierten die Autoren der Reichsnaturschutzverordnung, darunter Schoenichen, diesen Punkt gesondert auf mehr als
einer Seite.

Von der Kreuzotter als Schädling könne nicht gesprochen werden, da sie als
wichtiger Mäusevertilger »unzweifelhaft zu den landwirtschaftlich nützlichen
Schlangen zählt«. Auch der Begriff »Ungeziefer« sei unangebracht, da er sich auf

---

7 HStA Marburg, Best. 100 LA Frankenberg, Nr. 3200, Brief des Direktors der Staatlichen Stelle für Naturdenkmalpflege in Preußen an die Regierungspräsidenten am 28. Mai
1934.

8 Müller, Arealveränderungen, 288.

9 Piechocki, Kreuzotterängste, 240.

10 Frank Uekötter, The Green and the Brown. A History of Conservation in Nazi Germany. Cambridge 2006, 12, 26. Walter Schoenichen war der einflussreichste Naturschutzvertreter seiner Zeit. Er war ein linientreuer Anhänger des Nationalsozialismus und bereits 1933
in die Partei eingetreten. Im Vorwort seines Buches zur »Urwaldwildnis in deutschen Lan-
den« von 1934 beschwor er beispielsweise den »Geist unseres großen Führers« (Ludwig Fischer, Die »Urlandschaft« und ihr Schutz, in: Joachim Radkau, Frank Uekötter (Hg.), Naturschutz und Nationalsozialismus. Frankfurt 2005, 183–205; 184).

11 Die entsprechenden Bestände der Staatlichen Stelle für Naturdenkmalpflege sind im
Krieg leider verlustig gegangen (Reinhardt, GStAPK, mdl. Mittl. 2010).

12 Werner Weber, Walther Schoenichen, Der Schutz von Pflanzen und Tieren nach der
Naturschutzverordnung vom 18. März 1936. Berlin-Lichterfelde 1936, 118.

Schädlinge im Haus und in der Landwirtschaft bezöge.[13] Sie gingen auch ausführlich auf die Sinnlosigkeit des Prämiensystems ein. Ihre Hauptargumente
waren der damit verbundene »Massenmord nützlicher und schutzbedürftiger
Kriechtiere« durch Verwechslung und die geringe Gefährlichkeit des Kreuzotterbisses für den Menschen. Sogar ein Hinweis auf die Falschberichterstattung
in der Tagespresse findet sich hier. Die Erlasse des preußischen Innenministers
und Landwirtschaftministers von 1930 führten sie als richtungsweisend an. Anstelle von Prämienverfahren sollte man in Gegenden, in den Kreuzottern häufig vorkommen, Warnschilder aufstellen und die Bevölkerung darüber aufklären, nicht barfuß zu gehen.[14]

Die Idee der Kreuzotter als nützlicher Mäusebekämpferin etablierte sich in
den 1930er Jahren. Dem kam auch die Autarkiepolitik der Nationalsozialisten
in Bezug auf die Nahrungsmittelproduktion entgegen. Sie verfolgten Mäuse und
Ratten durch umfassende Vernichtungsprogramme.[15] Von Zimmermann und
Moser 1930 wieder in die Diskussionen gebracht, wurde die Kreuzotter schon
1935 rückblickend als »unterschätzte Mäusevertilgerin«[16] tituliert.

Von der Veröffentlichung der Reichsnaturschutzverordnung an waren Prämienverfahren zur Kreuzotterbekämpfung vor dem Gesetz bei Strafe verboten.
Dies bedeutete natürlich nicht, dass die Kreuzotter auch unter Naturschutz
stand: Im Gegensatz zu allen anderen heimischen Reptilien gehörte die Kreuzotter, wie auch die giftige Aspisviper, nach § 24 der Reichsnaturschutzverordnung nicht zu den geschützten Tierarten.[17]

5.1 Faszination und Ästhetik

Für die Unterschutzstellung der anderen Reptilien hatten sich einige motivierte
Naturschützer und Terrarianer engagiert. Unabhängig von Nützlichkeitserwägungen standen hier ästhetische Perspektiven im Vordergrund. Im Hinblick auf
den Haushalt der Natur und das Gleichgewicht darin seien alle Tiere von Bedeutung.[18] Die Kriechtiere gehörten zur Landschaft, genauso wie der Hase auf
das Stoppelfeld, und ihr Fehlen würde eine Lücke bedeuten. Dabei wurde diese

13 Ebd., 118, 120. Im Gegensatz dazu stehen die Vorstellungen von Ungeziefer aus dem
18. Jahrhundert, in denen Schlangen Teil des Konzeptes waren. Windeln, Thematisierung, 7.
14 Weber, Schoenichen, Schutz, 119.
15 Im Kampf gegen diese Schädlinge bediente man sich einer martialischen Sprache: So
gab es eine zum Beispiel eine »Rattenfront«.
16 T. Kresst, Die Heimstätte einer Verrufenen, in: Naturschutz, 15 (4), 1934, 85–87; 86.
17 Weber, Schoenichen, Schutz, 121. Ecke, Herbert, Die geschützten Tierarten. Gießen
1958, 66 f.
18 F. Seeger, Schutz der Kriechtierwelt, in: Naturschutz, 12 (10), 1929, 257.

Lücke weniger als unbesetzte ökologische Nische dargestellt, denn als ästhetischer Mangel.

Dieses ästhetische Argument spielte schon für die aufstrebende Naturschutzbewegung im Kaiserreich eine herausragende Rolle.[19] Ernst Rudorff, einer der
geistigen Väter des Naturschutzes in Deutschland, griff in seinem Klassikertext
von 1880 auf grundlegende ästhetisch-moralische Betrachtungen zurück und
schloss sich an den Schiller'schen Einklang von »schön« und »gut« an.[20] Dies
versuchte Seeger nun auch auf die Welt der Kriechtiere, die schutzlos den »ro-
hen Jungen« ausgeliefert sei, zu übertragen. Um sie vor moralisch unreifen Ele-
menten, wie solchen Jungen, zu schützen, erklärte er die Kriechtiere, worun-
ter er auch die Lurche fasste, zum Schmuck der Landschaft: »Oder sind es nicht
Schmuckstücke der Natur, die leuchtend-grünen Zauneidechsen, die sich auf
grauen Steinen sonnen? Ist nicht unser Laubfrosch in seinem zarten, fast durch-
sichtigen Grün auf sonnenüberflimmertem Blatt im Halbschatten wie ein Edel-
stein anzusehen?« Fast poetisch endeten seine Ausführungen, wenn er von der
»eigenen Schönheit« der »Königin der Echsen«, der Smaragdeidechse, schrieb,
die für immer aus den Rüdersdorfer Kalkbergen bei Berlin verschwunden sei –
ähnlich wie das »tiefe »Unk, unk« der Unken an schönen Frühlingsabenden, das
so innig mit der Landschaft verknüpft ist« und mit der Trockenlegung von Ge-
wässern für immer verstummt.[21] Auch für die Kreuzotter entwickelte sich eine
ästhetische Anschauung, wenngleich zunächst durch den Filter fotografischer
Techniken. Ein Artikel zur Tierfotografie der Kriechtierwelt von 1935 präsentierte sechs Bilder – vier davon waren Aufnahmen von Kreuzottern.[22]

Selbst wenn Text und Bildunterschriften eher technisch kühl gehalten waren,
trug die fotografische Annäherung an die Kreuzotter nicht nur zu einer wissenschaftlichen Aufklärung bei. Die Nahaufnahmen entfalteten eine eigene Ästhetik. Warum sollten diese Giftschlangen sonst geeignete Objekte für die Foto-
grafie darstellen und einem weiten Publikum durch die Veröffentlichung nahe
gebracht werden? Im Vergleich zu der abgebildeten Blindschleiche und Ringelnatter bestachen die Kreuzottern durch ihre kontrastreiche und variable Zeichnung. Für den Menschen gefährlich erscheint sie in keiner der Fotografien. Dazu
trägt sowohl die Wahl der Vogelperspektive bei, die eine gewisse überlegene

19 Schmoll, Erinnerung. Ästhetische Argumente sind eng mit dem Konzept von Landschaft verbunden. Der Terminus »Landschaft« war im 16. Jahrhundert in der niederlän-
dischen Malerei geprägt worden und blieb mit der künstlerischen Anschauung eng verbunden. Diese beinhaltet einen Akt nichtintentional geleiteter Wahrnehmung, hängt also
nicht von den Interessen des Betrachters allein ab. Nützlichkeitserwägungen (instrumentelle
Werte) treten dadurch in den Hintergrund.
20 Ernst Rudorff, Das Verhältnis des modernen Menschen zur Natur, in: Preußische Jahrbücher, 45, 1880, 261–277.
21 Seeger, Schutz, 257.
22 Reepel, Streifzug.

Abb. 3. Kreuzotter (Männchen)
(Mark Brandenburg), Juni, bedeckt, Blende 6.8, ¹/₂₅ Sekunde, aufgenommen mit Agfa
Isolar=Kamera und Agfa Isochromfilm, vergrößert auf Agfa Brovira

Abb. 13: Die Kreuzotter im Blick der Tierfotografie.

Distanz suggeriert, als auch die ruhige und natürliche Haltung der Schlangen. Selbst in der Darstellung in Normalperspektive, wo Mensch und Kreuzotter auf Augenhöhe miteinander »stehen« und ein stärkeres Eintauchen des Betrachters in das Bild ermöglicht wird, kommt kein Unbehagen auf (vgl. Abb. 13). Im Gegenteil, dieses Bild demarkiert, dass der Mensch der Kreuzotter nahe kommen kann, ohne dass sie ihn angreift. Dadurch nimmt es ihr den Schrecken und eröffnet dem Betrachter die Möglichkeit zur Faszination. In diese Richtung wirken auch die Aufnahmen in Psenners Giftschlangenbuch, auf das unten näher eingegangen wird. Hier finden sich tatsächliche Porträtaufnahmen von Kreuzottern und ihren Verwandten, außerdem eine possierliche Aufnahme von frisch geborenen Kreuzottern unter der Überschrift »Kinderstube«.[23]

23 Hans Psenner, Die Vipern Großdeutschlands. Ein Buch vom Leben und Treiben unserer heimischen Giftschlangen. Braunschweig 1939, XI ff.

Kinderstube

Frisch geborene Kreuzottern

Kreuzotter

Abb. 14a und b: Kreuzotter-Kinderstube und
Porträtaufnahme.

Eine einfühlsame literarische Nahaufnahme der Kreuzotter erschien 1934 unter dem Titel »Die Heimstätte einer Verrufenen«. Vor 1930 wäre eine solche Veröffentlichung außerhalb von Liebhaberkreisen noch undenkbar gewesen. Der Autor aus Rostock hatte einen ganzen Tag lang – und nicht seinen ersten – der Beobachtung der »hübsch gezeichneten Giftschlange« gewidmet. Allein diese Tatsache, dass jemand so viel Zeit mit der Kreuzotter verbrachte und dabei kein wissenschaftliches, sondern ein literarisches Produkt herauskam, impliziert eine gewisse positive emotionale Verbindung. Um einen Eindruck vom Duktus der Erzählung zu bekommen, hier die einleitende Passage:

»In stummem Brüten liegt die einsame Waldstelle, als gäbe es kein höheres tierisches Leben hier; freilich gewährt das chaotische Gestrüpp ausgiebig heimliche Verstecke. Gaukelnden Fluges fällt ein farbenfrischer Falter ein, haftet für Sekunden an einem der Stümpfe, um dann weiter über das an zwei Meter hohe Röhricht und Ried hinaus zu entflattern in die lockende Himmelsbläue. Selten tönt eine Vogelstimme aus dem dunklen Fichtenbestand herüber, und schon vor Stunden hat die Amsel ihr Morgenlied beendet; [...] Während eben ein elegantes Auto, aus dem eine Dame einen flüchtigen Blick auf dieses Waldende wirft, auf der Landstraße vorrüberrast, liegt hier auf einem der alten, versteckten Stümpfe, einem besonders bizarr geformten, eine große, gelbbraune Kreuzotter zu dicken Ringen zusammengewunden.«[24]

Die Schilderung spielt mit Kontrasten: Das elegante Auto auf der benachbarten Landstraße, aus dem eine Dame einen flüchtigen Blick auf dieses Waldende wirft und der bizarr geformte uralte Baumstumpf, der den Lebensmittelpunkt der Kreuzotter bildet. Zivilisation und Wildnis liegen in enger Nachbarschaft und doch weit voneinander getrennt. Motorengeräusche, Autohupen und die Kirchturmglocke tönen von Zeit zu Zeit in die »dumpfe Stille diese[r] kleinen Wildnis, in die sich nur ausnahmsweise der Fuß eines Menschen verirrt«. Vor diesem Hintergrund stilisiert Kresst den Mensch zum »friedenstörende[n] Zweibein« der Kreuzotterwelt, sie selbst aber zu einem »friedliebend[en]« Geschöpf, das von ihrem Gift nur in Notwehr oder zum Nahrungserwerb Gebrauch macht. Gleichzeitig diene die Giftschlange dem Menschen als Warnung, dass er die »wilde Natur« nicht uneingeschränkt beherrscht. Sie verteidigt ihr Gebiet mit lebensbedrohlichen Waffen. Diese Doppelnatur der Kreuzotter zieht sich durch den gesamten Text hindurch. Auf der einen Seite wird sie als »Nachtschlange« beschrieben, in deren »lidlosen Purpuraugen« unheimlich eine »seltsame, verhaltene Glut« wohnt. Auf der anderen Seite liebt sie den Sonnenschein und ihr Kopf wird als »schön« charakterisiert.[25] Beide Beschreibungen wurzeln in einer intensiven Auseinandersetzung des Menschen mit dem kaum bekannten Tier und münden in eine Faszination für ihr einzigartiges Wesen. Obwohl es sich um eine literarische Textform handelt, waren die außergewöhnlich genauen Beobachtungen zu Tagesphänologie und Biologie auch von wissenschaftlichem Wert. Als wissenschaftlicher Aufsatz wäre der Text aber nicht in der Lage gewesen, emotionale Verbundenheit mit dieser Giftschlange vermitteln.

Noch deutlicher wird diese empathische Verbundenheit in dem Buch eines Schlangenliebhabers, das 1940 von der Reichsstelle für Naturschutz[26] herausgegeben wurde. Der junge Österreicher Hans Psenner (1912–1995) stellte unter dem Titel »Die Vipern Großdeutschlands« Wissenswertes über die hei-

24 Kresst, Heimstätte, 86.
25 Ebd., 86.
26 Seit 1935 der Nachfolger der Staatlichen Stelle für Naturdenkmalpflege in Preußen.

mischen Giftschlangen in allgemein verständlicher Weise zusammen.[27] Aufgrund des »Anschlusses« Österreichs 1938 umfasste das damalige deutsche Staatsgebiet auch Vorkommen der Hornotter (*Vipera ammodytes*) und der Wiesenotter (*Vipera ursinii*). Deutschland hatte also zwei Giftschlangenarten »dazugewonnen«.

Sogar die Giftschlangen haben ihre »begeisterten Freunde«, hieß es im Vorwort zu den »Vipern Großdeutschlands« von Lutz Heck und ein solcher sei der Verfasser.[28] Letzterer sprach von der »*Liebe* zur Sache« und hoffte, die Jugend würde »wenn gar jemand das Herz aufbringt – sie [die Ottern] aus kurzer Entfernung *bewundern*«. Ein ausdrückliches Ziel Psenners war es, »Verständnis [zu] erwecken für Geschöpfe, die wohl zu den meistgehaßten gehören«. Es sei schon sein Kinderwunsch gewesen, einem breiteren Publikum von den »*schönen* Stunden« zu erzählen, die er beim Schlangenfang verbracht hate. So war denn auch der Höhepunkt des Buches das abenteuerlich anmutende Kapitel »Auf Giftschlangenjagd«. Diese sei immer »schön und spannend«. Um einen Eindruck von dem »prickelnden Jagdfieber«[29] zu bekommen, hier eine kleine Episode des ersten Kreuzotterfangs des Autors:

»Donner, Blitze und unaufhörliche Regengüsse waren, als ich, triefend vor Nässe, durch das Karwendeltal wanderte, meine Begleiter. Statt der heiß ersehnten Kreuzottern krochen in Unmengen die schwarzen Alpensalamander herum, doch diesen alten Bekannten verregneter Bergwanderungen galt ja nicht mein Streben. Als ich am nächsten Morgen – die Kleider waren noch nicht trocken – fröstelnd aus meinem Heulage kroch und vor die Hütte trat, blickte die Sonne nur ganz scheu und wenig versprechend durch die Wolkenmauer. Sie schien aber meinen Wunsch zu erraten, denn am frühen Vormittag konnte ich mich in ihren wärmenden Strahlen endlich trocknen und dann trieb es mich hinaus in die Umgebung der Hütte, um zwischen niederem Gestrüpp, in Latschenbeständen und am Rande der Steinhalden nach Kreuzottern zu suchen. […] Und da – da kroch eine halbwüchsige Kreuzotter davon – ein, zwei Meter weit – dann unter einen Stein. Erst konnte ich es nicht ganz fassen und bis ich dann wieder so richtig zu mir gekommen war, war sie verschwunden. Doch nun mußte ich handeln. Hinzuspringen, den Stein umdrehen – zum Glück hatte sie sich noch nicht tiefer verkrochen – und schon erfaßte ich sie mit der Fangschere und hielt sie so, aufgeregt und vor Jagdfieber zitternd. ›Die Erste‹ – kam es leise von meinen Lippen.«[30]

---

27 Psenner, Vipern. Später wurde Psenner Direktor des Wiener Zoos.

28 Ebd., 3. Lutz Heck (1893–1983) wurde 1938 Leiter der Naturschutzabteilung des Reichsforstamtes, daneben Direktor des Berliner Zoos. Durch seine engen Verbindungen zu Göring nahm er eine wichtige Position im Naturschutz ein (Uekötter, Green, 72 f.).

29 Psenner, Vipern, 4, 16 u. 41 (Hervorhebungen P. M.).

30 Ebd., 42 ff. Psenner schrieb: »Ich weiß nicht, ob der Leser meinen Erlebnissen mit gleicher *Begeisterung* folgen kann« (Hervorhebung P. M.).

Denkt man an die vielen tausend Kreuzottern, die den Ausrottungsaktionen zum Opfer fielen, so bildet der Erfolg über diese mit jugendlicher Freude gefangene erste Kreuzotter einen starken Kontrast. Im einen Fall war der Fang ein zweckdienlicher Akt innerhalb eines bürokratischen Schädlingsbekämpfungssystems gewesen, im zweiten Fall eine persönliche Erfüllung. Psenner tötete die Schlangen nicht, sondern er verfolgte sie wegen des Jagdabenteuers und hielt sie als faszinierende Haustiere in Terrarien. Das Credo seines Buches lautete: »Wir wollen Sie suchen, finden, erlauschen und bewundern – oder sind nicht auch Giftschlangen schön, sie selbst und ihr Leben, das nun auch der Leser kennt?«[31].

Insgesamt klangen aus den Texten der 1930er und 1940er Jahre deutlich Stimmen heraus, die ästhetische Gründe dafür lieferten, warum auch die Kreuzotter unter Naturschutz gestellt werden könnte. Wie bereits erwähnt, waren alle anderen heimischen Reptilien durch die Reichsnaturschutzverordnung von 1936 bereits geschützt. Trotzdem sprach sich keiner der Autoren direkt dafür aus, die Kreuzotter zu schützen. Psenner äußerte sich dazu sogar grundsätzlich ablehnend.[32] Eine Erklärung für diese inkonsequente Positionierung wäre der Drang des jungen Autors nach Konformität mit geltendem Artenschutzrecht. An anderen Stellen seines Textes ließ er sehr wohl erkennen, dass er einen Schutz der Kreuzotter in bestimmten Gebieten befürwortete. In Gegenden, die für den Menschen ohne Nutzen seien, wäre eine Art »Minderheitenschutz« angemessen. Es ging ihm dabei darum, das Wundersame und Schöne dieser Schlangen zu bewahren. Im Übrigen war er davon überzeugt, dass die Prämienaktionen keinen Erfolg haben können und führte dafür verschiedene Beispiele an.[33]

Ein wichtigerer Grund dafür, warum sich niemand für den Schutz der Kreuzotter einsetzte, war, dass sie – trotz aller Ausrottungsversuche – augenscheinlich nicht seltener wurde. Es bestand deshalb überhaupt kein Anlass, diese so resistente Art zu schützen. Im Gegenteil suchte Klingelhoefer nach Wegen, um die Kreuzotterbestände auf eine »erträgliche Anzahl« zu reduzieren; und das ob-

---

31 Ebd., 63.
32 Psenner, Vipern, 61 ff. »Es wurden vielfach Stimmen laut, die auch die Kreuzotter unter Naturschutz gestellt wissen wollten. So weit will ich nun wieder nicht gehen.« Es findet sich hier übrigens eine Parallele zu der Argumentation von Zimmermann; Zimmermann begründete die energische Verfolgung der Kreuzotter mit der Lebensgefahr für den Menschen (Zimmermann, Heimat, 30). Genau hiermit erklärte auch Psenner eine Unterschutzstellung für unmöglich (Psenner, Vipern, 61). In beiden Fällen scheint es sich um eine ethisch-politische Aussage zu handeln, die aus dem Wunsch nach Konformität mit dem Zeitgeist entspringt. Zimmermann änderte seine Meinung später (Zimmermann, Kreuzotter), und Psenner war schon innerhalb seiner Ausführungen ambivalent.
33 Psenner, Vipern, 16, 60 f.

wohl er von ihrer »Existenzberechtigung«[34] ausging und eine Ausrottung nicht
für wünschenswert hielt. Prämierungsaktionen waren dazu aus ökologischen
Gründen nicht geeignet, weil »jedes getötete Stück ja nur einem anderen den
Platz frei macht und in diesem Falle die übrigbleibenden wesentlich günstigere
Lebensbedingungen, vor allem für die Nachkommen« haben.[35] Da Lebensraum
und ökologische Bedingungen bestimmende Faktoren für das Vorkommen der
Kreuzotter seien, setzte Klingelhöfer hier an. Zunächst fehlten die natürlichen
Feinde der Kreuzotter, die großen Raubvögel.[36] Deshalb sei der Schutz von
Raubvögeln zu verbessern. In diesem Sinne äußerte sich auch Wagner für eine
biologisch-ökologische Reduzierung der Bestände durch die Vermehrung von
Bussard und Storch sowie Iltis und Igel.[37] Zudem müsse, nach Klingelhöfer, die
Waldwirtschaft von reinen Nadelholzbeständen zu einem »natürlichen Misch-
wald« zurück finden, weil in den Monokulturen die Kreuzottern »einseitig
günstige Bedingungen« fänden und dies zu Massenvorkommen führe.[38] Ob es
einen Unterschied gemacht hätte, wenn einer der Autoren aus der Norddeutschen Tiefebene gekommen wäre und den großflächigen Verlust der Moore miterlebt hätte, ist spekulativ. Die Kreuzotter blieb jedenfalls aus den Listen schüt-
zenswerter Tiere ausgeschlossen.[39]

Insgesamt lässt sich festhalten, dass Naturschützer und Zoologen die Kreuzotter nicht unter Naturschutz stellen wollten, ihr aber zunehmend positive
ästhetische Eigenschaften zusprachen. Dazu hatten Schlangenliebhaber maßgeblich beigetragen, weil sie seit Anfang der 1930er Jahre ein Forum erhalten
hatten, in dem sie ihre Erfahrungen vermitteln konnten. Darüber hinaus bedurfte es zu diesem Imagewandel einer konsequenten Aufklärung traditioneller
und medialer Schauergeschichten um die einzige deutsche Giftschlange.

---

34 Klingelhöfer, Kreuzotter, 84: »[und hat] ein jedes Wesen unserer deutschen Natur seine
Existenzberechtigung […], weil es zur Eigenart unserer Natur gehört. Wir wollen unter den
Tieren unserer Heimat auch die Kreuzotter nicht missen.« In einem ähnlichen Sinne schloss
auch Wagner seine Kreuzotterabhandlung: »Unsere Heimat ist schon so jammervoll verödet
von vielen Tierarten, die die Menschen früher aus Leichtfertigkeit oder mangelndem Wissen ausgerottet haben. Sollen wir der traurigen Liste dieser Arten eine weitere hinzufügen?«
(Hans Wagner, Die Kreuzotter. Braunschweig 1948, 63).
35 Psenner, Vipern, 60.
36 Klingelhöfer, Kreuzotter, 84.
37 Wagner, Kreuzotter, 60.
38 Klingelhoefer, Kreuzotter, 84 f.
39 Ecke, Tiere, 63 ff. Hans Scheerer, Geschützte Pflanzen und Tiere, in: Landesanstalt für
Erziehung und Unterricht & Landesstelle für Naturschutz und Landschaftspflege (Hg.), Naturschutz und Bildung. Stuttgart 1968, 46–68; 65.

5.2 Aufklärungsarbeit

In allen Texten der Zeit findet sich ein stark aufklärerischer Zug. Dieser betraf sowohl Charakter und Lebensweise der Kreuzotter als auch den menschlichen Umgang mit der Giftschlange. Paradigmatisch dafür schrieb Psenner in seinem Vorwort 1939:

»Ich hoffe, mit meinen Darlegungen über das Leben der deutschen Vipernarten einmal auch in breitere Volksschichten, zumindest aber in die Jugend, zu der ich selbst noch gehöre, vernünftigere Ansichten über Schlangen zu tragen. Damit wird vielleicht – wenigstens zum Teil – der Mythos, mit dem der Mensch diese Tiere umgeben zu müssen glaubt, herabgemindert, um klarem Wissen Platz zu machen«[40].

Schlangen sollten demnach als Teil der Natur und nicht als etwas Übernatürliches verstanden werden.[41] Die Wasserscheide der Kreuzotteraufklärung bildete der 1930 von Hecht veröffentlichte Artikel zur Kreuzotterplage bei Bad Orb und die damit verbundene Aufhebung des Prämiensystems. Das ein Jahr zuvor verfasste »Kreuzotter-Merkblatt« des Reichsgesundheitsamtes sollte zwar demselben Zweck dienen, war aber noch im Lichte des bestehenden Prämienwesens zur Ausrottung der Kreuzotter angefertigt worden. Die Charakterisierung beruhte darin, wie bereits erwähnt, auf Arbeiten aus dem 19. Jahrhundert. Es ist deshalb vielleicht nicht überraschend, dass eine Kapitelüberschrift »Angriffsweise der Kreuzotter« lautet.[42]

In Hechts Artikel tauchte nun ein dieser impliziten Aggressivität entschieden widersprechendes Motiv auf: nämlich, dass »*die Otter niemals angreift*, sondern den Menschen meidet [...]«[43]. Damit war nicht nur eine Jagd auf all die Schauergeschichten eröffnet, in denen Menschen von Schlangen aktiv verfolgt wurden, sondern ein grundlegender Charakterzug der Kreuzotter war zur Revision gestellt worden. Das Motiv der »Passivität« verbreitete sich in kurzer Zeit: Moser verwendete es in seinem Gutachten an das Innenministerium. Er stellte dar, wie selten Bissunfälle im Vergleich zur Häufigkeit der Kreuzotter vorkommen, weil »die Schlange niemals angreift«[44]. Er illustrierte diesen Punkt eindrucksvoll anhand einer Anekdote aus dem Glatzer Bergland. Dort hatte er eine Frau mit drei barfüßigen Kindern getroffen, die in unmittelbarer Umgebung von elf Kreuzottern Beeren sammelten, ohne dass etwas passierte. Obwohl die Frau an dieser

---

40 Psenner, Vipern, 5.
41 Ebd., 9.
42 RGA, Kreuzotter-Merkblatt, 4.
43 Hecht, Kreuzotterplage (Hervorhebung P. M.).
44 BA Berlin-Lichterfelde, RGA, Abt. IV, R 86/ 3681, Gutachten Moser.

Stelle seit 35 Jahren Pilze und Beeren sammelte, hatte sie noch nie eine einzige Schlange bemerkt. Die Zeitungen nahmen das Passivitätsmotiv im Zusammenhang mit dem Ende des Prämienwesens in ihre Berichterstattung auf: »Es gilt heute als absolut sicher, daß die Kreuzotter ein scheues Tier ist und keinen Menschen angreift, vor ihm sogar flieht«.[45] Bis zur Veröffentlichung von Wagners Kreuzottermonographie im Jahr 1948 hatte sich das Passivitätsmotiv als aufklärerischer Kampfruf etabliert. Wagner erklärte:

»Eines müssen wir vor allem immer bedenken: Es wird keiner Kreuzotter jemals einfallen, irgendwann ein Lebewesen anzugreifen, das sie nicht zu ihrer Nahrung gebraucht. Nie, aber auch nie wird eine Kreuzotter einen Menschen überfallen! Die Kreuzotter geht wie jedes andere freilebende Tier auch dem Menschen aus dem Wege. Mögen noch so viele anderslautende Schauermärchen erzählt werden, sie sind alle unwahr!«[46]

Nur in Notwehr würde die Kreuzotter beißen, so die Idee, die vor 1930 nur ausnahmsweise geäußert wurde. Schon Banzer und Zimmermann hatten Vergleichbares geschrieben, aber im Verwaltungsapparat und der Öffentlichkeit damit keine Resonanz erfahren.[47]

Ein starkes Plädoyer für die Friedfertigkeit der Kreuzotter lieferte Wilhelm Meyer, der sie im Freilandterrarium jahrelang beobachtet hatte. Zu Aufklärungszwecken ließ er die Kreuzottern vor interessierten Zuschauern über seine Hand kriechen oder hielt sie Ihnen in der bloßen Hand entgegen. Nach seiner Auffassung handele es sich um »unkomplizierte Geisteskinder«, langsame und träge Tiere, die im Gegensatz zum Menschen zu »heimtückischen Überraschungen« nicht in der Lage sind. Über Jahre habe er sich zwischen seinen Kreuzottern vertrauensvoll bewegt, ohne dass ihn je eine angegriffen hätte. Die Botschaft seines Artikels war: Wer die Schlangen rücksichtslos erschlägt, kann sie nicht verstehen und entfernt ein wichtiges Glied aus dem Ökosystem. Insbesondere zur Prävention von Mäuseplagen sei sie ausgesprochen wertvoll.[48]

In der Bevölkerung kursierten trotz solcher Aufklärungsversuche noch lange fantastische Anekdoten. So berichtete Psenner von Geschichten über weiße,

---

45 Kölnische Volkszeitung am 9. Juli 1931.
46 Wagner, Kreuzotter, 58.
47 »Kommst du der Otter nahe, so fürchtet sie, du möchtest ihr ein Leid tun. Sie wird dich nicht verfolgen, denn du bist keine Maus und kein Vogel; aber wenn du sie berührst, so wird sie dich bestimmt beißen«, hieß es in einem Schulbuch für die 4. und 5. Klasse im Bezirk Oberfranken von 1920 (Wolfgang Völkl, Die Kreuzotter im Fichtelgebirge. http://www.bayern-fichtelgebirge.de/heimatkunde/054.htm 2003).
48 Wilhelm Meyer, Allerlei über die nützliche Kreuzotter, in: Beiträge zur Naturkunde Niedersachsens, 2, 1948, 20–27. Mayer hatte selbst vor 1930 jährlich etwa 100 Kreuzottern im Raum Oldenburg getötet. Als »Bekehrter« wurde er zu einem heftigen Fürsprecher der Kreuzotter.

gelbe und rote Springvipern, von denen ein Bergwanderer einmal drei Stunden lang gejagt worden sei.[49] Diese Geschichten von Schlangen, die in großen Sätzen Menschen verfolgen, seien schon rein physiologisch unsinnig, da die Kreuzotter nur das vordere Körperdrittel aufrichten könne.[50] Allein der Versuch Belegexemplare solcher springenden Schlangen zu bekommen, wirkten in Psenners Worten gegenüber den Informanten »wie eine kalte Dusche«.[51] Dass diese Dusche aber nicht sofort in den breiten Bevölkerungsschichten ankam, ist verständlich, und entsprechende Geschichten blieben verbreitet.[52] Dazu gehörte auch die Vorstellung von Ottern, die den Kühen die Milch stehlen würden.[53] Ähnlich wie bei der Erklärung einer Pfirsichmissernte im 18. Jahrhundert[54] wurde die Schlange zum Sündenbock für landwirtschaftliche Krisen abgestempelt. Dies – wie auch die jahrhundertealte Verbindung von Schlange und Teufel und die Vorstellung von der Höllenotter als eigener Art (schwarze Kreuzottern) – sollte nun aber endgültig der Vergangenheit angehören.[55]

Gleichzeitig verdichteten sich die Argumente für eine geringe Gefährlichkeit der Kreuzotter. Mediziner sprachen von einer Mortalitätsrate von höchstens zwei Prozent, also genau dem Wert, den Müller und Banzer schon Ende des 19. Jahrhunderts berechnet hatten.[56] Wagner ging 1948 gar von höchstens einem Prozent aus.[57] Auch der Vergleich von Giftschlangentoten mit Verkehrsopfern aus den 1920er Jahren wurde immer wieder angeführt und um zusätzliche schlagkräftige Vergleiche ergänzt.[58] So setzte Schoenichen die Gefahr eines Kreuzotterbisses auf ein Niveau mit der Gefahr von Gänsebissen. Statistisch gesehen stürben durch den Giftschlangenbiss in Deutschland nicht mehr Menschen. Trotzdem käme niemand auf die Idee, alle Gänse zu erschlagen.[59] Der naheliegendere Vergleichspunkt mit Honigbienen findet sich in Wagners Ausführungen. An den Folgen ihrer Stiche starben demnach mehr Menschen als an den Bissen der Kreuzotter.[60] Dass die Gefährlichkeit des Kreuzotterbisses stark

---

49 Psenner, Vipern, 9.
50 Wagner, Kreuzotter, 61.
51 Ebd., 11.
52 Mein Großvater (Jg. 1930) hatte zum Beispiel von seiner Großmutter den Rat bekommen, vor Ottern immer bergauf zu flüchten, damit sie ihn nicht so schnell verfolgen können.
53 Psenner, Vipern, 9; Wagner, Kreuzotter, 60.
54 Windelen, Thematisierung, 241.
55 Ebd., 4.
56 Anonymus a, Der Kreuzotterbiss, in: Der Naturforscher, 11 (3), 1934, 107. Vgl. Banzer, Kreuzotter; Zimmermann, Heimat, 38.
57 Wagner, Kreuzotter, 47.
58 Vgl. Walther Schoenichen, Natur als Volksgut und Menschheitsgut. Stuttgart 1950; Wagner, Kreuzotter; BA Berlin-Lichterfelde, RGA, Abt. IV, R 86/3681, Gutachten Moser.
59 Schoenichen, Natur, 120.
60 Wagner, Kreuzotter, 48.

übertrieben worden war, war Konsens geworden.[61] Auch populärwissenschaftliche Bücher verbreiteten diese neue Erkenntnis.[62]

Der naturwissenschaftliche Wissenszuwachs zeigte sich in der genaueren Beschreibung von Unterscheidungsmerkmalen zu ungiftigen Schlangen und in der Behandlung von Kreuzotterbissen durch Antiserum. Während im »Kreuzottermerkblatt« noch immer die sehr variable Rückenzeichnung (Zickzackband) als wichtiges Unterscheidungskriterium zur Schlingnatter herausgestellt wurde, nannte Psenner eindeutige Merkmale wie die senkrecht geschlitzte Pupille und die 1–2 Schuppenreihen zwischen Auge und Oberlippenschildern.[63] Mithilfe dieser Merkmale war eine Verwechslung zu ungiftigen heimischen Arten ausgeschlossen. Zudem wurde Antiserum als wichtigstes Mittel gegen Bissunfälle zunehmend anerkannt und ab 1935 stand ein in Deutschland hergestelltes Serum von den Behring Werken (Marburg a. d. Lahn) zur Verfügung.[64] Auch im Naturschutz setzte sich die Erkenntnis von der neutralisierenden Wirkung des Antiserums durch.[65] Der Vipernexperte Psenner erklärte lediglich die Serumbehandlung zu einer effektiven Behandlungsmethode bei Vergiftungen. Einschränkend ergänzte er, dass nur rechtzeitige Anwendung und das »richtige« Serum das Gift erfolgreich neutralisieren könne. Ein aus Kreuzotterngift gewonnenes Serum könne demnach nicht zur Behandlung eines Wiesenotterbisses benutzt werden.[66] Über alte Heilmethoden wie Umschläge mit frisch geschabter Mohrrübe, Kräutern, Essig und Brot oder getrockneter Kröte äußerte man sich zunehmend kritisch.[67]

Frommholds Monographie »Die Kreuzotter«, die 1963 in der Neuen Brehm Bücherei erschien, fasste den erweiterten Wissensstand zusammen: Zu den vier sicheren Unterscheidungsmerkmalen zwischen giftigen und ungiftigen Schlangen in Mitteleuropa gehören die spaltförmige Pupille und die Schilder zwischen Auge und Oberlippenschildern. Das einzig wirksame Mittel zur Behandlung von Schlangenbissen sei das »Schlangenserum«.[68]

---

61 Vgl. Schoenichen, Natur, 120.

62 Schneider, Tiere, S. 285 f. In seinem Naturführer, der sich an ein breites Publikum richtete, erklärte Schneider 1968, das Gift der Kreuzotter sei »keineswegs tödlich, jedoch vor allem für Kinder nicht immer ungefährlich«; und zuvor: Man habe ihre »Giftigkeit oft übertrieben«.

63 Ebd., 15.

64 Anonymus b, Der Kreuzotterbiss, in: Der Naturforscher, 12 (8), 1935, 283.

65 Reepel, Streifzüge, 278. »Wer von der Kreuzotter gebissen worden ist, soll sich so schnell wie möglich zu einem Arzt begeben, welcher durch Verabfolgen einer Serumspritze das Schlangengift neutralisiert«.

66 Psenner, Vipern, 57 ff.

67 Wagner, Kreuzotter, 49.

68 Frommhold, Kreuzotter, 61.

Als vorbeugende Mittel zur Verhinderung eines Bisses schlug Schoenichen vor, Warntafeln in kreuzotterreichen Gebieten aufzustellen und die Bevölkerung über die Gefahr des Barfußgehens aufzuklären.[69] Auch heute noch stehen in manchen Moorgebieten Schilder, die vor der Kreuzotter warnen.[70] Solche Warnungen können der Kreuzotteraufklärung aber auch entgegenwirken, wenn sie zur Abschreckung instrumentalisiert werden. So ließ ein Förster am Darß in den 1930er Jahren in den lokalen Zeitungen von den nervösen und unberechenbaren Kreuzottern berichten, um die Touristen, die überall herumliefen und das Wild beunruhigten aus den Wäldern fern zu halten.[71]

5.3 Wieder Kreuzotterplagen

Auch die Presse ließ es sich nicht nehmen, von Zeit zu Zeit beunruhigende Meldungen zu verbreiten. Im Jahr 1966 hatte ein Artikel des Salmünsterer Anzeigers den Bürgermeister der hessischen Stadt in Aufregung versetzt. Von einer Kreuzotternplage war die Rede. Vom Landrat aus Schlüchtern erhielt der Bürgermeister Auskünfte über Möglichkeiten der Behandlung von Bissverletzungen durch Antiserum und der Bekämpfung der Kreuzotter.[72] Der Mediziner Höpfner aus dem Kreisgesundheitsamt Schlüchtern informierte über die Verfügbarkeit von Serum im Kreiskrankenhaus – und falls hier die Vorräte erschöpft werden würden – im Städtischen Krankenhaus Fulda.[73] Der Biologe Rietschel vom Zoologischen Institut der Universität Frankfurt hatte sich über die Optionen zur Bekämpfung der Kreuzotter geäußert. Er riet zu der Einrichtung eines Prämierungssystems durch Aushänge in den betroffenen Gemeinden und bot sachverständige Hilfe an. Hinweise auf die Verwechslungsproblematik und der zusätzliche Einsatz von Igeln als biologischen Schädlingsbekämpfer sollten das Programm ergänzen.[74] Kopfgeldprämien gehörten, wenn es ernst wurde, immer noch nicht gänzlich der Vergangenheit an, wohl aber bedurften sie der Genehmigung der zuständigen Naturschutzbehörde.

Die avisierte Vernichtungsaktion fand nie statt. Zunächst hatte der Salmünsterer Bürgermeister Ende Juli im Salmünsterer Anzeiger verbreiten lassen, wie auf einen Bissunfall zu reagieren sei und dass ein Belegexemplar mit Fundortangabe eingereicht werden sollte. Letztere Aufforderung war einer Initiative von

---

69 Schoenichen, Natur, 120.

70 z. B. im Schwarzen Moor in der Rhön.

71 Piechocki, Kreuzotterängste, 240.

72 HStA Wiesbaden, Abt. 660, Nr. 1963, Salmünster, Brief des Landrates Schlüchtern an den Bürgermeister von Salmünster am 14. Juni 1966.

73 Ebd., Brief von Höpfner an den Landrat von Schlüchtern am 16. Juni 1966.

74 Ebd., Brief von Rietschel an Höpfner am 10. Juni 1966.

Robert Mertens (1884–1975) aus dem Senckenbergmuseum in Frankfurt zu verdanken. Rietschel hatte Mertens als Sachverständigen zu Rate gezogen, der 1947 ein Buch über »Die Lurche und Kriechtiere des Rhein-Main-Gebietes« verfasst und seitdem alle Verbreitungsangaben zur Kreuzotter in Hessen dokumentiert hatte. Demnach reichte das

»Verbreitungszentrum der Kreuzotter im nordlichen [sic] und nordöstlichen Spessart
[…] von Bad Orb über den Orber Reisig an die Kinzig nur bei Wächtersbach, also im
Landkreis Gelnhausen. Es überschreitet die Kinzig nicht und geht nach diesen Angaben im östlichen Spessart bis Lohrhaupten und Frammersbach. […] Bekannt war bisher, dass die nicht giftige Glattnatter im Landkreis Schlüchtern vorkommt. Der nicht darauf Geschulte verwechselt sie leicht mit der Kreuzotter.«[75]

Die Aufforderung ein totes Belegexemplar einzureichen, wirkte wie Psenners »kalte Dusche«. Es lebten nämlich überhaupt keine Kreuzottern im Bereich Salmünster.[76] Wenn Prof. Rietschel sich darüber nicht bei Mertens erkundigt hätte, wäre unter Umständen eine Ausrottungsaktion eingeleitet worden, ohne die Existenz einer einzigen Giftschlange.[77] Die vermeintliche Kreuzotternplage hatte wieder einmal auf einer Falschmeldung in der Zeitung beruht.[78]

Im Gegensatz zu diesem Fall stehen die Ereignisse, die sich 1963 im Zentralen Pionierlager »Walter Ulbricht« in der DDR abspielten. Das von den Leuna-Werken geförderte Ferienlager bei Lubmin (Ostsee) beherbergte im Sommer 1963 rund 1200 Kinder. Als innerhalb von neun Tagen zwölf Lagerteilnehmer von Kreuzottern gebissen worden waren, wurde das Lager evakuiert. Die Bissunfälle fanden zwischen dem 22. und 26. Juli sowie zwischen dem 8. und 12. August 1963 statt und betrafen sechs Kinder und sechs Erzieher. Es erfolgten Seruminjektionen und stationäre Aufnahme, und die Patienten konnten am dritten Tag wieder entlassen werden. Ein Hinweis auf die bessere Wirksamkeit des Serums aus der CSSR im Vergleich zu dem polyvalenten Serum der westdeutschen Behring-Werke (Marburg) deutet unter anderem auf die Konkurrenzsituation zwischen kapitalistischem Westen und sozialistischem Osten hin. Auch wenn alle Schlangenbisse erfolgreich behandelt werden konnten, sahen die Verantwortlichen die Sicherheit für die Gesundheit der Lagerteilnehmer

---

75 HStA Wiesbaden, Abt. 660, Nr. 1963, Salmünster, Brief von Rietschel an Höpfner am 10. Juni 1966.

76 Heute gibt es allerdings einzelne Kreuzotternachweise aus der Umgebung von Salmünster (Harald Nicolay, mdl. Mittl., März 2013).

77 HA, Senckenberg-Museum (Frankfurt), Robert Mertens 1966. In der Folge ergaben sich keine neuen Erkenntnisse, wie eine Überprüfung von Prof. Mertens Korrespondenzen in dem Zeitraum ergeben hat.

78 Dieses Beispiel bestätigt in gewisser Weise die Annahme von Lehnert und Fritz, dass »Schlangenplagen« sich häufig auf ungiftige Arten beziehen (Lehnert, Fritz, Kreuzotter, 154).

nicht mehr gewährleistet. Deshalb verlegten sie die Kinder in Zentrale Pionierlager in den Bezirken Rostock, Neubrandenburg, Berlin, Frankfurt (Oder) und
Halle (Saale).

Da das Lager seit über einem Jahrzehnt bestand und es bisher keine derarti-
gen Probleme gegeben hatte, stellte sich die Frage nach den Ursachen der vielen Unfälle. Ortskundige Fischer, der Naturschutzbeauftragte des Kreises Wol-
gast, Lothar Steiner sowie der Bürgermeister von Lubmin gaben vier Gründe an.
Das Hauptkreuzotterbiotop der Gegend sei das »Rote Moor«, das etwa zwei Ki-
lometer vom Pionierlager entfernt lag. Im Frühjahr 1963 war durch die Landwirtschaftliche Planungsgenossenschaft (LPG) Wusterhusen/Lubmin nun ein
Teil des »Roten Moors« zur Futterproduktion kultiviert worden. Auf diese Weise
sei wohl eine Umsiedlung der Schlangen ausgelöst worden. Im Pionierlager waren die Lebensraumbedingungen mit Heidelbeerkraut und Wacholderbüschen
für die Kreuzotter gut geeignet; auch herrsche in dem 26 ha umfassenden Waldgebiet außerhalb der Sommermonate große Ruhe. Die anhaltende Hitzewelle
im Juni und Juli habe die »Suche der Ottern nach neuen Futterplätzen und nach
geeigneten Umweltbedingungen« zusätzlich beschleunigt. Zudem fehlten die
natürlichen Feinde der Kreuzotter wie Igel, Bussard, Storch, Reiher, Kranich
und Trappe.[79]

Der 1964 mit der Untersuchung des Gebietes beauftragte Zoologe, Otto
Streck, bestätigte diese Thesen weitgehend. Im »Roten Moor« lägen der Verbreitungsschwerpunkt und die Winterquartiere der Kreuzotter. Die landwirtschaftliche Umgestaltung habe aber nicht das Kernbiotop der Schlangen
beeinträchtigt, sondern durch eine Vermehrung der Mäusepopulation ihre Lebensbedingungen verbessert. Erst die Ernte (Ende Juli/Anfang August) habe
die Kreuzottern zum Abwandern veranlasst, unter anderem in den direkt angrenzenden hinteren Lagerbereich. Die Sammlung von Kreuzottern im Bereich des Lagers belegte die Theorie: Zu Beginn der Erntezeit fing Streck neun
Kreuzottern im hinteren Lagerbereich, davon drei trächtige Weibchen. In den
Monaten zuvor hatte er nur je eine gefunden. Insgesamt fing der Zoologe 1964
38 Kreuzottern in der Umgebung des »Roten Moors«.[80]

Dass Kreuzottern auf dem Lagergelände überhaupt gefunden wurden, war
insofern überraschend, als extensive Präventionsmaßnahmen in Vorbereitung
auf das Sommerlager 1964 getroffen worden waren. Die Verwaltung hatte beschlossen das gesamte Lager mit PVC-Platten zu umzäunen (1 m hoch, 30 cm
tief), sogenannte Zeltfreundschaften aufzulösen – d. h. Kinder übernachteten

79 BA Berlin-Lichterfelde, DC 4, Nr. 1061, Bericht des Lagerleiters Koudelka an das
Ministerium für Volksbildung am 16. November 1963.
80 Ebd., Bericht des Zoologen Streck in Berlin an das Ministerium für Volksbildung am
21. September 1964.

nur noch in festen Unterkünften –, Igel im Lager auszusetzen, Gegenstände, die den Schlangen als Unterschlupf dienen, wegzuräumen, und der Zoologe Streck war als professioneller Schlangenfänger die gesamte Zeit über anwesend. Auch die Gesamtzahl der Pioniere war von 1200 auf 1000 reduziert worden. Die meisten dieser Maßnahmen gingen auf Vorschläge der Herpetologen Kabisch (Leipzig) und Klapperstück (Halle) zurück. Die Erfahrungen der Lageraufsicht mit diesen Maßnahmen waren positiv. Kein einziger Schlangenbiss war mehr zu verzeichnen und die Kinder reagierten ruhig und umsichtig, wenn sie eine Schlange fanden. Sie informierten die Freundschaftsleitung und erlebten den Fang der Schlangen mit.[81] Von den acht »Schlangen«, die sie fanden, handelte es sich allerdings nur bei einer um eine Kreuzotter.[82] Häufig riefen sie den Schlangenfänger auch für harmlose Zauneidechsen. Anstelle der ursprünglich geplanten 300 Igel, die ausgesetzt werden sollten, riet der Zoologe Peters von dieser Menge wegen eines möglichen Infektionsrisikos für die Lagerteilnehmer ab. Letztendlich waren nur 20 bis 30 Igel im Bezirk Rostock gefangen und im Lager ausgesetzt worden.[83] Die Kosten allein für die Umzäunung des Lagers beliefen sich auf 50.000 Mark.[84] Die Aufrechterhaltung des Lagers »Walter Ulbricht«, in das die Leuna-Werke bereits Gelder in Höhe von 4,5 Millionen Mark investiert hatten, stand angesichts dieses relativ niedrigen Betrages nicht zur Debatte.[85] Außerdem war das Pionier-Lager Lubmin ein Prestigeobjekt des Staates. Es handelte sich um das größte Zentrale Pionierlager in der DDR und trug den »Namen des Vorsitzenden des Staatsrates und 1. Sekretäres des Zentralkomitees der SED«.[86] Entsprechend musste die Durchführung des Lagers für 1964 unbedingt gewährleistet werden. Auch der Bau neuer Bungalows für einige hunderttausend Mark, um die Zeltfreundschaften zu ersetzen, änderte daran nichts.[87] Im Vergleich zu dem Kinderdorf Wegscheide bei Bad Orb, wo im Jahr 1930 Eltern und Kinder durch Falschmeldungen in den Zeitungen in unnö-

81 Ebd., Bericht des Lagerleiters Koudelka an das Ministerium für Volksbildung am 1. Oktober 1964.

82 Ebd., Bericht von Otto Streck an das Ministerium für Volksbildung am 21. September 1964. Die anderen waren Ringelnattern (4) und Blindschleichen (3).

83 Ebd., Aktennotiz von Walter Abt. Erziehung im Ministerium für Volksbildung am 29. April 1964.

84 Ebd., Aktennotiz von Walter Abt. Erziehung im Ministerium für Volksbildung am 10. Dezember 1963.

85 Ebd., Bericht des Lagerleiters Koudelka an das Ministerium für Volksbildung am 1. Oktober 1964.

86 Ebd., Konzept von Walter Abt. Erziehung im Ministerium für Volksbildung am 6. Dezember 1963.

87 Ebd., Aktennotiz von Walter Abt. Erziehung im Ministerium für Volksbildung am 10. Dezember 1963. Die Frage, woher das Geld kommen sollte, war trotzdem umstritten. (Diskussionen zwischen Volkswirtschaftsrat und der VEB Leuna Werke »Walter Ulbricht«, z. B. Schreiben am 18. und 27. Februar 1964).

tige Aufregung versetzt worden waren, hatte das Ferienlager »Walter Ulbricht«
bei Lubmin tatsächlich eine »Kreuzotterplage« erlebt;[88] und trotz der außergewöhnlichen Umstände von vielen Menschen und vielen Kreuzottern auf engem
Raum hatte es zwar Bissunfälle, aber keine ernsthaften gesundheitlichen Folgen
gegeben. Das Problem war schon in der nächsten Saison bewältigt worden, und
das Ferienlager bestand fort, ohne dass auch nur einmal das Wort »Kreuzotterplage« gefallen war.

Obwohl die Kreuzotter seit 1954 in der DDR, im Gegensatz zu Westdeutschland, unter rechtlichem Schutz durch das Naturschutzgesetz stand, änderte dies
im Ausnahmefall nichts an dem konsequenten Vorgehen der Verwaltung gegen
die Kreuzottern.[89] In der BRD sollte es noch bis nach der »Ökologischen Revolution« dauern, bis auch hier die Kreuzotter einen rechtlichen Schutzstatus erhielt.

---

88 Berlin-Lichterfelde, RGA, Abt. IV, R 86/3681, Zeitungsartikel »Die Kreuzotterplage bei
Bad Orb« von Dr. Hecht am 26. August 1930.
89 Eduard Klinz (Hg.), Gesetze für den Handgebrauch im Naturschutz, Bd. 1. Halle 1958,
37.

6. Der Zauber nimmt kein Ende:
Gefährdung und Schutz (1970–2010)

Mit der Ökologischen Revolution um 1970 entwickelte sich ein Umweltbewusstsein in der westlichen Welt, das in Ausmaß und Charakter einzigartig war.[1] Auch wenn die Ursprünge dieser neuen Umweltbetrachtung mindestens bis in die Romantik zurückreichen, erreichten die Ideale von Ökologie und Nachhaltigkeit erst jetzt den Status orientierungsstiftender Normen für weite Teile gesellschaftlichen Handelns. Ein wichtiger Faktor für diese Ökologische Revolution war die Erfahrung der 1950er Jahre, in denen ein exorbitanter Ressourcenverbrauch insbesondere durch die Nutzung von Erdöl einsetzte.[2] Außerdem hatten die beiden Weltkriege, die Katastrophe von Hiroshima und Nagasaki und die Erfahrung des Holocausts ihre Spuren hinterlassen. Das Vertrauen in die technologische Zivilisation war erschüttert. Waren in den Diskursen des 19. Jahrhunderts Gefahren noch als Naturgefahren erschienen, setzte sich seit der Mitte des 20. Jahrhunderts langsam das Bild von Zivilisationsgefahren im gesellschaftlichen Bewusstsein fest.[3] Zu diesem Wandel der Sicherheitskultur trugen die ökologischen Folgeschäden von Wirtschaftswunder und zweiter Industrialisierung bei. Was Rachel Carson anhand der Verwendung von DDT[4] in den USA gezeigt hatte, war auch für die BRD eine Warnung, denn auch hier führten Wasser- und Luftverschmutzung zu Schäden für Mensch und Umwelt. Wald- und Fischsterben waren die Folge und Politik und Öffentlichkeit reagierten.

---

1 Joachim Radkau, Die Ära der Ökologie. München 2011, 124 ff. Karl-Heinz Hillmann, Wertwandel: Ursachen, Tendenzen, Folgen. Würzburg 2003, 272 f. Blackbourn vergleicht den schlagartigen Wandel zu einem neuen Umweltbewusstsein mit dem Wechsel des Aggregatzustandes von Wasser: »When that changed, it changed quickly. In September 1970 just forty per cent of the West German public claimed to be familiar with the term ›environmental protection‹; by November 1971 the number had risen to 90 per cent. This was like water turning suddenly into ice or steam, one of those instant transitions that sometimes occur in the human as well as the natural world.« (Blackbourn, Conquest, 316).

2 Joachim Radkau, Natur und Macht. Eine Weltgeschichte der Umwelt. München 2002. Christian Pfister hat in diesem Zusammenhang den Begriff »50er Jahre Syndrom« geprägt.

3 Masius, Natur. Vgl. Francois Walter, Katastrophen. Eine Kulturgeschichte vom 16. bis ins 21. Jahrhundert. Stuttgart 2010. Nach Walter setzte der Wandel der Sicherheitskultur allerdings schon nach dem Ersten Weltkrieg ein.

4 Dichlordiphenyltrichlorethan ist ein hochwirksames Insektizit.

Den vielleicht deutlichsten Hinweis auf die fortschreitende Zerstörung der Umwelt lieferte der Rückgang von Tier- und Pflanzenarten. Populäre Bücher wie Hubert Weinzierls »Das große Sterben« unterstrichen die Brisanz der Umweltprobleme. Das weltweite Artensterben war ein reales Problem, dem sich Experten, Naturschutzorganisationen und Politiker zunehmend stellten.[5] Insbesondere die Vernichtung der tropischen Regenwälder führte unaufhaltsam zu einem irreversiblen Verlust von Biodiversität. Ökonomische Interessen an Tropenholz, Mineralien und Ackerland gefährdeten und gefährden bis heute einen der artenreichsten Lebensräume der Erde. In den vergleichsweise artenarmen gemäßigten Zonen der westlichen Welt war das Problem weniger dramatisch, gleichwohl akut.

In Westdeutschland hatte die Verschmutzung des Rheins durch die anliegenden chemischen Fabriken und Großstädte bis 1975 ein ungekanntes Ausmaß erreicht. Die Folge war, dass etwa die Hälfte aller dort bekannten Fischarten verschwunden oder hochgradig vom Aussterben bedroht war.[6] Wirtschaftswachstum, Aufbau von Industrien und Infrastruktur sowie der Ausbau der Kernenergie hatten auf Kosten der Umwelt stattgefunden. Dem versuchten Naturschützer nun mit dem Hinweis auf den Schutz der natürlichen Lebensgrundlagen des Menschen entgegenzuwirken. Vor diesem Hintergrund legte etwa der Leiter der Bundesforschungsanstalt für Naturschutz und Landschaftsökologie, Gerhard Olschowy, einen programmatischen Schwerpunkt der Naturschutzarbeit auf den Ausgleich von Ökologie und Ökonomie.[7]

Die 1970er Jahre standen im Zeichen eines ökologisch orientierten Naturschutzes. In Zusammenarbeit mit Wissenschaftlern setzten Politiker Maßnahmen um und verabschiedeten Gesetze, um dem Verlust der biologischen Vielfalt auch in Deutschland zu begegnen. Am Rhein zeitigten solche Maßnahmen spürbare Erfolge. 1985, also 10 Jahre nach der ernüchternden Bestandsaufnahme, hatten sich die Fischbestände des Rheins erholt und etliche Arten waren wieder zurückgekehrt.[8]

---

5 Siehe z. B. Edward O. Wilson (Hg.), Ende der Biologischen Vielfalt? Der Verlust an Arten, Genen und Lebensräumen und die Chancen für eine Umkehr. Heidelberg u. a. 1992. Die Verabschiedung der Biodiversitätskonvention (1992), bei der über 180 Vertragstaaten unterzeichneten, war ein Meilenstein für den internationalen Artenschutz.

6 Mark Cioc, The Rhine: An Eco-Biography 1815–2000. Seattle u. a. 2002, 158. Als Vergleichszeitpunkt diente das Jahr 1880 wo je nach Rheinabschnitt 42, 45 oder 47 Fischarten nachgewiesen worden waren.

7 Gerhard Olschowy, Natur- und Umweltschutz in der Bundesrepublik Deutschland. Hamburg/Berlin 1978. Siehe hierzu auch Schreiber u. a., Wildtiere.

8 Masius, Natur. Das ist ein wichtiger Unterschied zu der Situation in den tropischen Regenwäldern, wo Arten häufig nur in einem begrenzten Areal vorkommen (Endemiten). Geht diesen ihr Lebensraum verloren, sterben sie unwiederbringlich aus. Die vielen Fischarten die aus dem Rhein verschwunden waren, gab es aber noch in anderen Flusssystemen, so dass eine Wiederbesiedlung möglich war.

Dabei war die Rechtslage für den Artenschutz seit dem Erlass der Reichsnaturschutzverordnung von 1936 beinahe unverändert geblieben. Die Kreuzotter gehörte auch in der »Verordnung zum Schutze der wildwachsenden Pflanzen und der nicht-jagdbaren wildlebenden Tiere« vom 6. Juni 1963 nicht zu den schützenswerten Arten.[9] Dieser *status quo* sollte sich jedoch ändern.

6.1 »Stark gefährdet«:
Die Kreuzotter im Kontext des ökologischen Naturschutzes

Neben einer Aufhebung der juridischen Trennung von jagdbaren und nichtjagdbaren Arten forderten Naturschützer eine stärkere wissenschaftliche Verankerung des Artenschutzes. Im Zuge dessen wurde auch eine Neufassung der Listen geschützter Tierarten in der Bundesrepublik Deutschland angestrebt. Diese sollten unter Beteiligung von Experten und »in einer für die interessierte Öffentlichkeit [...] transparenten Weise« geschehen.[10] Im Diskussionsforum einer Tagung von der »Bundesanstalt für Vegetationskunde, Naturschutz und Landschaftspflege«[11] zum Thema Artenschutz im Jahr 1971 forderte ein Diskutant explizit die Unterschutzstellung der Kreuzotter.

»Unbedingter Schutz ist erforderlich für alle Amphibien (auch Wasser- und Grasfrosch), alle Reptilien, *ganz besonders auch für die Kreuzotter* (dieses Versäumnis hat schon Millionen von geschützten Schlangen und Blindschleichen das Leben gekostet).«[12]

Diesen Forderungen wurde auch tatsächlich nachgekommen, allerdings erst ein Jahrzehnt später. Die Anlage 1 der neuen Bundesartenschutzverordnung (BArtSchV) vom 25. August 1980 verzeichnete sowohl alle europäischen Reptilien, einschließlich der Giftschlangen, als auch alle Amphibien. Damit stand auch die Kreuzotter im Sinne von § 22 des Bundesnaturschutzgesetzes (1976) unter besonderem Schutz.[13] Eine bedeutende Rolle spielte in dieser Entwicklung die Erstellung der sogenannten Roten Listen der gefährdeten Tiere und Pflanzen auf Landes- und Bundesebene. Durch einen speziellen Forschungsauftrag

---

9 Scheerer, Pflanzen, 65.
10 Wolfgang Erz, Erfordernisse für die Neufassung der Listen geschützter Tierarten in der Bundesrepublik Deutschland, in: Schriftenreihe für Landschaftspflege und Naturschutz, 7. Artenschutz. Bonn Bad-Godesberg 1972, 27–30; 27.
11 1975 wurde die »Bundesanstalt für Vegetationskunde, Naturschutz und Landschaftspflege« umbenannt in »Bundesforschungsanstalt für Naturschutz und Landschaftsökologie«.
12 Erz, Erfordernisse, 30 (Hervorhebung P. M.).
13 Ebert Arnold, Naturschutzrecht. Bundesnaturschutzgesetz, Washingtoner Artenschutzübereinkommen mit Zustimmungsgesetz und allgemeinen Verwaltungsvorschriften, Bundesartenschutzverordnung, Landesnaturschutzgesetze. München 1982, 126.

hatte der dem Naturschutz verbundene Landwirtschaftsminister Josef Ertl die wissenschaftlich begründete Aufstellung einer Roten Liste für die Bundesrepublik Deutschland finanziert.[14] Ein von der Bundesforschungsanstalt für Naturschutz und Landschaftsökologie 1975 veranstaltetes – ebenfalls vom Landwirtschaftsministerium gefördertes – Symposium über »Veränderungen der Flora und Fauna in der Bundesrepublik Deutschland« lieferte eine erste Zusammenschau von Ergebnissen. So vielversprechend diese Initiativen waren, Einschätzungen über den Gefährdungsgrad der wichtigsten Tier- und Pflanzengruppen zu liefern, so lückenhaft blieben sie. Quantitative Veränderungen festzustellen, deklarierten die zuständigen Biologen von vornherein als unerreichbares Ziel.[15] Es war aber unbestritten, dass auch die Kreuzotter von den Lebensraumverlusten der vergangenen Jahrzehnte betroffen war. Die Einschätzung des Biogeographieexperten Paul Müller über die Situation der Kreuzotter[16] lautete wie folgt:

»Die Verbreitung von Vipera berus zeigt vor allem im Norddeutschen Tiefland erhebliche Lücken. Fangprämien und Biotopvernichtung haben vermutlich weit über 50 % der ursprünglichen Vorkommen ausgelöscht. Im Ipweger Moor wurden noch 1922 210 Kreuzottern erschlagen, 1927 in Tiste bei Sittensen 600 abgeliefert, 1934 im Ostenholzer Moor 300 vom Reichsarbeitsdienst gesammelt, 1935 im Kreis Gifhorn über 300 getötet und 1901 allein im Landkreis Kiel 2812 Exemplare vernichtet.«[17]

Aus diesen Daten zog Müller den Schluss: »[D]irekte Verfolgung und Biotopvernichtung sind entscheidende Faktoren für den Rückgang von Vipera berus in der Bundesrepublik Deutschland«.[18] Eine Gegenüberstellung des ermittelten status quo mit historischen Verbreitungskarten, wie derjenigen von Blum aus dem 19. Jahrhundert, findet sich in Müllers Artikel nicht. Ohne jedoch historische Daten zu verwenden, verblieben seine Angaben zu Arealveränderungen spekulativ.

Tatsächlich ist die Kreuzotter in den vorausgegangenen 150 Jahren seltener geworden. Insbesondere durch die großflächige Moorkultivierung gingen viele Lebensräume, vor allem in der Norddeutschen Tiefebene, verloren.[19] Ökologisch

14 Die Finanzierung lief zunächst von 1972 bis 1975.
15 Siehe Herbert Sukopp, Werner Trautmann, Vorwort, in: dies. (Hg.), Veränderungen der Flora und Fauna in der Bundesrepublik Deutschland. Schriftenreihe für Vegetationskunde, 10. Bonn Bad-Godesberg 1976, 7–8.
16 Die erstellten Verbreitungskarten für jede Amphibien- -und Reptilienart basierten auf den Angaben von etwa einhundert Gewährsmännern aus der gesamten Bundesrepublik. Die Erhebungsmethode ist damit mit derjenigen von Dürigen Ende des 19. Jahrhunderts vergleichbar (Dürigen, Amphibien).
17 Müller, Arealveränderungen, 288.
18 Ebd. (Hervorhebungen P. M.).
19 Vgl. Gerd Völksen, Niedersachsen. Aspekte der Landschaftsentwicklung. Göttingen 1979. Allein in der Zeit von 1938 bis 1974 waren etwa 50 % der noch verbliebenen Moorflächen kultiviert worden.

intakte Hochmoorflächen fanden sich Ende der 1970er Jahre nur noch »als spärliche Relikte«.[20] Für Niedersachsen, wo über 90 Prozent der Hochmoore als wichtiger Kreuzotterlebensraum in den letzten beiden Jahrhunderten vernichtet worden sind, ist ein lokales Verschwinden der Art dokumentiert.[21] Auch die Bestandszahlen sind, wie Podloucky für den Regierungsbezirk Aurich anhand der Fangzahlen bei Leege vermutet, im Laufe der Zeit zurückgegangen. In Schleswig-Holstein belegt die Auswertung von Verbreitungsdaten seit 1875 eindeutig, dass ein flächendeckender Bestandsrückgang durch Lebensraumverluste zu verzeichnen ist.[22]

Für die Beurteilung des Gefährdungsgrades in der ersten bundesdeutschen Roten Liste lieferte Müllers Artikel eine wichtige Basis.[23] Ihre Autoren ordneten die Kreuzotter in die Kategorie »stark gefährdet« ein.[24] Diese zweithöchste Gefährdungskategorie beinhaltete laut Definition eine »Gefährdung im nahezu gesamten einheimischen Verbreitungsgebiet« und trifft zu für »Arten mit niedrigen Beständen«, oder »Arten, deren Bestände im nahezu gesamten einheimischen Verbreitungsgebiet signifikant zurückgehen oder regional verschwunden sind«.[25] Laut der Herausgeber beruhte die Zuordnung zu den einzelnen Gefährdungskategorien »aus Mangel an älterem Vergleichsmaterial und exakten Bestandszahlen vornehmlich auf Schätzungen«.[26] Zumindest für die Kreuzotter hätte ein Blick der Biologen auf die historischen Daten wichtige Anhaltspunkte geben können. Dass »Schätzungen«, wie die Herausgeber der Roten Liste ehrlicherweise eingestehen, die Basis der Zuordnung bildeten, stand in merk-

---

20 Ebd., 7.

21 Richard Podloucky, Verbreitung und Bestandssituation der Kreuzotter (Vipera berus) in Niedersachsen unter Berücksichtigung von Bremen und dem südlichen Hamburg, in: Informationsdienst Naturschutz Niedersachsen, 2, Beiträge zur Kreuzotter in Niedersachsen. Hannover 2005, 24–31.

22 Vgl. Andreas Klinge, Christian Winkler, Verbreitung und Bestandssituation der Kreuzotter Vipera berus (Linnaeus, 1758) in Schleswig-Holstein und im nördlichen Hamburg, in: Ulrich Joger, Ralf Wollesen (Hg.), Verbreitung, Ökologie und Schutz der Kreuzotter (Vipera berus [Linnaeus, 1758]), Mertensiella, 15, 2004, 29–35.

23 Josef Blab u. a., Kriechtiere (Reptilia), in: Naturschutz Aktuell, 1, Rote Liste der gefährdeten Tiere und Pflanzen in der Bundesrepublik Deutschland. Greven 1977, 16–17.

24 Ebd. 16. Josef Blab, Eugeniusz Nowak, Rote Liste der in der Bundesrepublik Deutschland gefährdeten Tierarten. Teil I. Erste Fassung, in: Natur & Landschaft, 51 (2), 1976, 34–41; 37.

25 Josef Blab u. a. Einleitung, in: Naturschutz Aktuell, 1, Rote Liste der gefährdeten Tiere und Pflanzen in der Bundesrepublik Deutschland. Greven 1977, 7–10; 9. Letztere Angabe bezieht sich auf den Zeitraum der vergangenen einhundert Jahre (ebd., 7).

26 Ebd., 10. Eine kritische Betrachtung der Roten Liste als wissenschaftliches Instrument findet sich in dieser Hinsicht bei Suhling und Müller. Am Beispiel von Libellen zeigen sie auf, dass mangels historischen Vergleichsmaterials die Roten Listen nur einen »sehr groben Anhaltspunkt« über den Gefährdungsgrad liefern können. Frank Suhling, Ole Müller, Die Flußjungfern Europas. Berlin u.a.1996, 147 f.

würdigem Kontrast zu ihrem Vorwort: »Die Bundesrepublik Deutschland ist bisher der einzige Staat, in dem in *systematischer und wissenschaftlicher Weise* derartige Verzeichnisse der gefährdeten Tier- und Pflanzenarten in diesem Arbeitsumfang aufgestellt und unmittelbar für Gesetzesvorhaben eingesetzt worden sind«.[27] Jedenfalls entwickelte sich die Rote Liste ihrem Anspruch gemäß zu einer wichtigen Informationsquelle für die breite Öffentlichkeit und zu einem Grundlageninstrument für den Artenschutz. Sie dient bis heute als politische Entscheidungshilfe und beeinflusst die Gesetzgebung.[28] Auch innerhalb der Wissenschaft wurde sie als Instrument anerkannt und erhielt beispielsweise Eingang in das Standardwerk »Natur- und Umweltschutz in der Bundesrepublik Deutschland«.[29]

Mit der Bundesartenschutzverordnung von 1980 wurde die Kreuzotter unter gesetzlichen Schutz gestellt und in den Roten Listen – sowohl der Bundesrepublik als auch der einzelnen Länder – rangierte sie wie selbstverständlich neben ihren ungiftigen Verwandten. Da diese Reformen von Naturschutzexperten vorangetrieben wurden, überrascht es wenig, dass dieser Schritt ohne Widerspruch vollzogen wurde.[30] Inwieweit das oben angeführte Argument, die Kreuzotter sei zu schützen, damit andere Schlangen nicht verwechselt und erschlagen würden, den Ausschlag dafür gab, ist nicht ganz klar. Der damalige Referent und Leiter des Institutes für Naturschutz und Tierökologie innerhalb der Bundesanstalt für Naturschutz, Wolfgang Erz, war jedenfalls maßgeblich an der Ausarbeitung der Artenschutzreformen beteiligt.[31] Er wird deshalb die Diskussionsbeiträge inklusive dem Schutz aller Reptilien und Amphibien gesammelt und auf den Weg zur Umsetzung gebracht haben. Nach Einschätzung von Naturschutzaktivisten akzeptierten mittlerweile weite Teile der Bevölkerung, dass auch eine Giftschlange »wie jedes andere Wildtier ein Recht zu leben hat«[32].

Das Engagement der Experten führte zu einer regelmäßigen Überarbeitung der Roten Liste. Dies bedeutete allerdings nicht, die erste Rote Liste der Kriechtiere, die laut der Autoren noch vorläufigen Charakter hatte[33], hätte eine grund-

27 Blab, Nowak, Trautmann, Einleitung, 6 ff. (Hervorhebungen P. M.).

28 Wolfgang Erz, Vorwort des Herausgebers, in: Naturschutz Aktuell, 1, Rote Liste der gefährdeten Tiere und Pflanzen in der Bundesrepublik Deutschland. Greven 1977, 2. Josef Blab, Eugeniusz Nowak, Vorwort, in: dies. (Hg.), Zehn Jahre Rote Liste gefährdeter Tierarten in der Bundesrepublik Deutschland. Schriftenreihe für Landschaftspflege und Naturschutz, 29. Greven 1989, 7–8.

29 Olschowy, Natur- und Umweltschutz. An dem Band waren 78 Fachautoren beteiligt.

30 Blab, mdl. Mittlg. am 25. Januar 2011.

31 Josef Blab, Rote Listen – Etappen und Meilensteine einer Erfolgsgeschichte, in: Naturschutz und Biologische Vielfalt, 18. Rote Listen – Barometer der Biodiversität. Bonn Bad-Godesberg 2005, 7–20; 8.

32 Schreiber u. a., Wildtiere, 149.

33 Blab, Nowak, Rote Liste, 34.

Reptilia Kriechtiere	Bundesrepublik Deutschland 1984	Baden-Württemberg 1986	Bayern 1986	Berlin 1982	Hamburg 1981	Hessen 1980	Niedersachsen *) 1987	Nordrhein-Westfalen 1986	Rheinland-Pfalz 1987	Saarland 1988	Schleswig-Holstein 1982
Emys orbicularis Sumpfschildkröte	●!	●!	●!	+	◐!	●!	●!	+	+	−	●!
Natrix tessellata Würfelnatter	●	−	−	−	−	+?	−	−	●	−	−
Vipera aspis Aspisviper	●	●	−	−	−	−	−	−	−	−	−
Lacerta viridis Smaragdeidechse	●	●	●	−	−	+?	−	−	●	−	−
Elaphe longissima Äskulapnatter	●	●	●	−	−	●	−	−	−	−	−
Vipera berus Kreuzotter	◐	◐	◐	●	●	◐	○	◐	−	−	◐
Podarcis muralis Mauereidechse	◐	◐	●	−	−	●	−	●	n	◐	−
Coronella austriaca Schlingnatter	○	◐	○	−	●	○	◐	◐	n	○	+
Natrix natrix Ringelnatter	○	○	○	◐	◐	○	○	○	○	○	○
Lacerta agilis Zauneidechse	n	n	n	◐	●	○	○	○	n	n	◐
Anguis fragilis Blindschleiche	n	Ⓟ	n	◐	n	n	n	n	n	n	○
Lacerta vivipara Waldeidechse	n	n	n	◐	n	n	n	n	n	n	n

*) incl. Bremen

+ ausgestorben oder verschollen ○ vom Aussterben bedroht ◐ stark gefährdet ○ gefährdet Ⓟ potentiell gefährdet

n nicht in Roten Listen geführt ? fraglich, ob autochthone Bestände

Abb. 15: Zusammenstellung der Einstufungen der einheimischen Reptilien in der Roten Liste des Bundes und der Bundesländer (1989).

sätzliche Revision erfahren. In der Roten Liste von 1984 wurde die Kreuzotter nach wie vor als »stark gefährdete« Art geführt (siehe Abb. 15).

Die Datengrundlage hatte sich kaum verändert. In Rückgriff auf die Arbeit von Müller hieß es in dem Kommentar zur Situation der Kreuzotter: »Im ehemaligen Verbreitungsgebiet der Kreuzotter in der Bundesrepublik Deutschland sind bis heute mindestens 50 % der früher bekannten Populationen erloschen.«[34] Bei Müller hatte es »vermutlich weit über 50%« gelautet. Zusätzlich stützten sich die Autoren auf einen jüngeren Artikel des Reptilienspezialisten Ulrich Joger, der für die Kreuzotter einen Rückgang in Deutschland von 90–99 Prozent annahm. Dazu hatte er Populationsdichten aus Forschungsarbeiten zu Schweden, Polen und einer deutschen Population im Fichtelgebirge miteinander verglichen.[35]

Die Ergebnisse einer fünf Jahre später durchgeführten Tagung zu »Verbreitung, Ökologie und Schutz der Schlangen Deutschlands und angrenzender Gebiete«, wiesen Jogers Einschätzung als »Interpretationsfehler« zurück. Gleich-

34 Josef Blab, Rüdiger Bless, Eugeniusz Nowak, Götz Rheinwald, Veränderungen und neuere Entwicklungen im Gefährdungs- und Schutzstatus der Wirbeltiere in der Bundesrepublik Deutschland, in: Josef Blab, Eugeniusz Nowak (Hg.), Zehn Jahre Rote Liste gefährdeter Tierarten in der Bundesrepublik Deutschland. Schriftenreihe für Landschaftspflege und Naturschutz, 29. Greven 1989, 9–37; 22.

35 Ebd., 23.

Abb. 16: Verbreitungskarte der Kreuzotter in Deutschland auf Basis eines TK 25 Rasters (1996).

wohl lautete ihr Befund, dass »ein Rückgang der Kreuzotter um 50–70 % seit der Jahrhundertwende« zu verzeichnen sei.[36] Damit blieb der Status »stark gefährdet« gerechtfertigt. Auch in dem 1996 erschienen Übersichtswerk »Die Amphibien und Reptilien Deutschlands« übernahmen die Autoren die Einschätzungen zur Bestandssituation sowie die neu erstellte Verbreitungskarte aus dem Tagungsband.[37] Müllers Einschätzung aus dem Jahr 1976, die Kreuzottervorkommen seien in den letzten 100 Jahren um mindestens die Hälfte zurückgegangen, blieb in wissenschaftlichen Kreisen unumstritten.[38]

Im Gegensatz zu dem relativ hohen Gefährdungsgrad auf nationaler Ebene wird die Kreuzotter auf der internationalen Roten Liste von bedrohten Arten des IUCN, aufgrund ihres riesigen Verbreitungsgebietes und ihres breiten Lebensraumspektrums, nicht als bedroht angesehen und in die unterste Gefährdungskategorie eingeordnet (*least concern*). In der Beschreibung der Gesamtpopulation merken die Autoren für Deutschland an, dass ein Rückgang der Art zu verzeichnen und einige lokale Vorkommen erloschen seien. Abgesehen von einem Verschwinden der Tieflandpopulationen in der Poebene (Italien) ist dies der einzige explizite Hinweis auf einen Rückgang in den einzelnen 35 Nationalstaaten, in denen die Kreuzotter vorkommt.[39] Entsprechend wird sie auch auf der Roten Liste der Reptilien Europas als nicht gefährdet eingestuft.[40] Einzelne Länder, wie Frankreich, wo die Kreuzotter eine limitiertere Gesamtverbreitung als in Deutschland hat, weisen ihr in den nationalen Roten Listen den Status *least concern* zu.[41] Eine vergleichbare Sorge um die Existenz der Kreuzotter wie in Deutschland findet sich in Großbritannien. Speziell in den Midlands werden Bestandsrückgänge der ansonsten landesweit verbreiteten Art registriert. In Hertfordshire soll sie ausgestorben sein.[42] Sie wird als eine der 943 Priori

36 Michael Gruschwitz u. a., Die Schlangen Deutschlands – Verbreitung und Bestandssituation in den einzelnen Bundesländern, in: Michael Gruschwitz u. a. (Hg.), Verbreitung, Ökologie und Schutz der Schlangen Deutschlands und angrenzender Gebiete. Mertensiella, 3, 1993, 7–38; 29.

37 Schiemenz u. a., Kreuzotter, 727 f. Wolfgang Völkl, Mitautor in beiden Artikeln, verwendete die Kernaussagen zur Bestandssituation auch in seiner Kreuzottermonographie (Völkl, Thiesmeier, Kreuzotter, 119).

38 Daran änderte auch 1990 die deutsche Wiedervereinigung nichts. Abgesehen von Hinweisen auf Fangzahlen aus einzelnen Jahren und verstreuten Gebieten und der Nennung der Standardwerke Ende des 19. Jahrhunderts scheint kein Anreiz, einen systematischen historischen Vergleich anzustellen, vorhanden gewesen zu sein.

39 Jelka Isailovic u. a., Vipera berus, in: IUCN Red List of Threatened Species. 2009, Version 2012.2. Diese Angabe geht unter anderen auf Ulrich Joger als Mitautor des Kreuzotterartikels in der internationalen Roten Liste der gefährdeten Arten zurück.

40 Neil Cox, Helen Temple, European Red List of Reptiles. Luxembourg 2009.

41 UICN France/MNHN/SHF, La Liste Rouge de Especes Menacées en France. Chapitre Reptiles et Amphibiens de France metropolitaire. Paris 2009, 6.

42 Natural England, Adder. www.naturalengland.org 2010 [Zugang am 20. Mai 2013].

tätsarten (*Species of Principal Importance*) im Rahmen des *Natural Environment and Rural Communities (NERC) Act* geführt. Seit 1981 ist die Kreuzotter außerdem gesetzlich durch den Wildlife and Countryside Act geschützt.[43]

In Deutschland war die Kreuzotterpolitik mit der Aufstellung der ersten Roten Liste und der Verabschiedung der Bundesartenschutzverordnung in eine neue Phase eingetreten. Medien, Wissenschaftler und Naturschutzorganisationen zeichneten nun das Bild einer seltenen und gefährdeten Schlangenart, um deren Schutz sich die Politik bemühen müsse. Am Beispiel der Situation in Hessen soll dies im Folgenden verdeutlicht werden.[44]

6.2 Das neue Bild der Kreuzotter in den Medien

In einer Serie über »vom Aussterben bedrohte Tierarten« titelte die Frankfurter Rundschau am 22. April 1992: »Kreuzottern kämpfen ums Überleben. Der nördliche Spessart gehört zu einem der letzten Refugien der Vipera berus«. Das Motto des Artikels, der die Leser über die einzige heimische Giftschlange aufklären sollte, ist eindeutig. Vor dem Hintergrund, die Kreuzotter habe »schon lange einen festen Platz auf der sogenannten ›Roten Liste‹ der vom Aussterben bedrohten Arten«, wird der Leser über Lebensweise, Gefährlichkeit und Vorkommen im nördlichen Spessart informiert.[45] Durch Zerstörung ihrer Lebensräume seien Rhön und nördlicher Spessart zu den letzten »Refugien« der Art geworden. Die Bisswirkung beschreibt der Artikel als ernstzunehmend aber keineswegs letal; zu einer Behandlung im Krankenhaus wird geraten. In den letzten 15 Jahren kamen in den Kreiskrankenhäusern Gelnhausen und Schüchtern allerdings lediglich zwei Bissunfälle vor, die beide »undramatisch verliefen«. Todesfälle seien in der Bundesrepublik in den letzten 20 Jahren keine zu verzeichnen. Zusätzliche Würze erhielt der Artikel durch die ausführliche Vorstellung der historischen Berichterstattung zur Kreuzotterplage bei Bad Orb durch die Frankfurter Zeitung (1930) (vgl. Kap. 3). Damals hatte Hecht bei einer Stichprobe festgestellt, dass unter den 202 als Kreuzotter prämierten Reptilien in Wirklichkeit nur 18 Kreuzottern waren. Die geschilderte Vernichtungsaktion beruhte nach der damaligen Interpretation der Frankfurter Rundschau auf »Falschinformationen und Aberglauben«. »Es ist eigentlich unbegreiflich,

---

43 Natural England, Habitats and species of principal importance in England. www.naturalengland.org 2010 [Zugang 20. Mai 2013].

44 In anderen Bundesländern, wie zum Beispiel Bayern, können ganz ähnliche Entwicklungen wie in Hessen beobachtet werden.

45 Gewährsmann für diese Aufklärungsschrift war der Leiter der Naturkundestelle des Main-Kinzig-Kreises, Horst Günther.

wie die Schwindelmeldung vom Massenauftreten der Kreuzotter vom Stadtrat Orbs geglaubt und von Amts wegen den Überbringern angeblicher Kreuzottern 2000 Mark glatt ausbezahlt werden konnten«[46], rekapitulierte sie als Resümee den Artikel, der mehr als sechs Jahrzehnte früher erschienen war.

Im darauffolgenden Jahr veröffentlichte die Frankfurter Rundschau einen weiteren Artikel zur Kreuzotter, diesmal mit einem Schwerpunkt auf der Verbreitungslage der Art. Der Titel lautete »Kreuzottern gibt es jetzt fast nur noch im nördlichen Spessart«. In Rückgriff auf eine Bestandserfassung der Naturkundestelle des Main-Kinzig-Kreises durch Frank Nowotne druckte die Frankfurter Rundschau eine aktuelle Karte zur Verbreitungssituation der Kreuzotter im hessischen Spessart ab. Diese sei vor allem durch die historische Landnutzung des Gebietes geprägt. »Durch Salzgewinnung und Glasherstellung waren die Wälder hier bis Mitte des 19. Jahrhunderts nur kümmerlich bestockt, der Boden großflächig mit Heidelbeeren und Heidekraut überzogen: optimale Bedingungen für das scheue Reptil.« Das Überleben der Art hänge deshalb entscheidend von der Forstwirtschaft ab. Dazu müssten strukturreiche Waldstreifen »durch Schutzkonzepte gesichert werden«.[47]

Auch ein Artikel zum Artenschutzprojekt der Kreuzotter in Hessen schrieb der veränderten Waldnutzung die Verantwortung für den Rückgang der Art zu. Die Aufgabe der Niederwaldwirtschaften zur Gewinnung von Lohrinde, Reisig und Brennholz habe der Kreuzotter die Lebensgrundlage vielerorts entzogen. In vielen Gebieten sei sie »bereits seit Jahren ausgestorben oder verschollen«. Sie wurde deshalb als »hochgradig bedrohte Schlangenart« vorgestellt, die durch das Bundesnaturschutzgesetz und die Bundesartenschutzverordnung unter gesetzlichem Schutz steht. In diesem Rahmen erschien die Vorstellung des Artenschutzprojektes durch die »Arbeitsgemeinschaft Kreuzotterschutz in Hessen« (AGK) der Hessischen Gesellschaft für Ornithologie und Naturschutz (HGON) in Zusammenarbeit mit der Hessischen Forstverwaltung und mit finanzieller Unterstützung der Stiftung Hessischer Naturschutz als wünschenswerte Initiative. Außerdem rief der Artikel die Bevölkerung zur Mitarbeit auf, da »eine gründliche Kenntnis der Fundorte und Freilandgewohnheiten Grundlage für jegliche Schutzbemühungen« sei. Lokale Geschichten, Anekdoten und Zeitungsmeldungen zur Kreuzotter sollten an die zuständigen Naturschutzvertreter weitergegeben werden. Um etwaige Sorgen bezüglich der Gefährlichkeit der kleinen Giftschlange zu zerstreuen, erschienen Kontaktinformationen von zwei Giftnotrufzentralen in München und Göttingen neben dem Hauptartikel.

46 Frankfurter Rundschau 22. April 1992. Nr. 94.
47 Frankfurter Rundschau 1993 [Ausgabe unbekannt]. Einzusehen im Archiv der Arbeitsgemeinschaft für Amphibien und Reptilienschutz in Hessen (AGAR).

12 Fuldaer Zeitung / Hünfelder Zeitung — **Region** — Samstag, 11. April 1998 Nummer 85

Intensive Zusammenarbeit von Naturschützern und Forstverwaltung zum Schutz der seltensten heimischen Schlange

„Himmelsteiche" für die Kreuzotter

Fulda/Hofbieber (zi)
Kleine Bagger rattern über Waldwege im Bereich des Forstamtes Hofbieber. Irgendwo zwischen Schwarzbach und Hofbieber verlassen sie den Pfad und wühlen sich durch das Gebüsch. Auf einer kleinen Lichtung hat eine Planierraupe bereits die Grasschicht abgeschält. Der Baggerfahrer steuert die erdbraune Fläche an, und Schaufel um Schaufel gräbt er eine Mulde in den Waldboden. Was aussieht wie willkürliche Wühlarbeit, hat durchaus Methode: Hier entsteht ein kleiner Teich, der das Waldgebiet für die selten werdende Kreuzotter attraktiv machen soll.

Seit einem Jahr untersucht die Arbeitsgemeinschaft Kreuzotterschutz in Hessen (AGK) die Verbreitung und die Rückgangsursachen der Kreuzotter in Osthessen. In der AGK haben sich die Hessische Landesforstverwaltung sowie die Hessische Gesellschaft für Ornithologie und Naturschutz (HGON) verbündet, um gemeinsam nach umsetzungstaugen Schutzkonzepten für die hochgradig bestandsbedrohte Kreuzotter zu suchen.

FZ-Leser halfen

Mit Unterstützung ehrenamtlicher Kartierer konnte die AGK im vergangenen Jahr bereits verschiedene Kernpopulationen in der Region identifizieren. Maßgeblich unterstützt wurde das Vorhaben in der Region dabei von zahlreichen Lesern der FZ, die im Vorjahr aufgrund eines Beitrags in dieser Zeitung ihre Kreuzottersichtungen an Mitarbeiter des Projektes meldeten. Durch die mehr als 30 Informationen wurden auch einige neue Beobachtungspunkte in der Region bekannt.

Im vergangenen Winter wurden die ersten, gemeinsam mit den Naturschutz- und Forstbehörden entwickelten Biotopverbesserungsmaßnahmen in den Forstämtern Hünfeld und Hofbieber umgesetzt. Im Bereich des Forstamtes Hofbieber beispielsweise wurden „Himmelsteiche" angelegt, berichtet der stellvertretende Leiter des Forstamtes Hofbieber, Hubert Hocke. Diese „Himmelsteiche" sind Gewässer, die keinen Zulauf von einem Bach oder einer Quelle haben, sondern nur durch Regenwasser und vielleicht über oberflächennahe Quellen, also zumeist „vom Himmel" mit Wasser versorgt werden.

Teiche als Vorratskammern

Obwohl die Kreuzotter, um deren Förderung es ja allererst gehen soll, kein Wassertier ist, ermöglichen diese Kleingewässer den Reptilien das Überleben: Die zehn über die Reviere Sandberg und Hohlstein verstreuten „Himmelsteiche" werden sozusagen die „Vorratskammern" der seltenen Schlangen, denn dort können sich ihre Beutetiere, insbesondere Grasfrösche, gut entwickeln. Junge Kreuzottern ernähren sich nämlich von kleinen Waldeidechsen und jungen Fröschen. Die Ge-

Schweres Gerät für den Naturschutz: Hier entsteht einer der „Himmelsteiche", in denen sich bald Amphibien tummeln sollen. Davon profitieren nicht zuletzt die Kreuzottern, deren Nachwuchs eine Vorliebe für junge Grasfrösche hat. Foto: Harald Nicolay

wässer wurden mit Unterstützung der Oberen Naturschutzbehörde angelegt. Daß einzelne der Wasserflächen in den Sommermonaten zeitweise austrocknen können, ist durchaus kein Problem, da sie oft nur im Frühjahr als „Kinderstube" der Molche, Frösche oder Kröten dienen, erläuterte Hocke. Ähnliche Arbeiten gab es

Info-Kasten

Schön, giftig, aber nicht gefährlich

So sieht sie aus: eine Kreuzotter aus der Rhön. Das über den ganzen Körper verlaufende Zickzackband ist bei diesem Männchen besonders gut zu sehen. Wer das seltene Reptil in der Region beobachtet wird geheten, diese Information an Roger Mäder, Telefon (0661) 402375 oder an Harald Nicolay, Telefon (05541) 8276 weiterzugeben. Fotos oder Häutungsreste heilen bei der Bestimmung besonders gut. Die Kreuzotter, die bis zu 80 Zentimetern lang wird, ist die einzige bei uns vorkommende Giftschlange. Ihre Gefährlichkeit wird jedoch stark überschätzt. Die Tiere reagieren nur bei Bedrohung aggressiv. Seit 50 Jahren hat es in Deutschland keinen Todesfall durch Kreuzotterbisse gegeben. Vorsichtshalber sollte aber nach einem Biß ein Arzt aufgesucht werden. Symptome wie Schwellungen, Hautrötungen oder Kreislaufbeschwerden klingen nach ein paar Tagen wieder ab.

zi/Foto: Harald Nicolay

auch im Bereich des Forstamtes Hünfeld. Kreuzotterschutz, das unterstreicht Harald Nicolay von der AGK, ist Biotopschutz: Nicht das

Umhegen des einzelnen Tieres ist wichtig, sondern das Erhalten und Verbessern seiner Lebensräume. Das hat die positive Folge, daß auch andere Tier- und Pflanzengesellschaften von den Maßnahmen profitieren. Insbesondere der Schwarzstorch, der in den vergangenen Jahren wieder zum Brutvogel in den Buchenwäldern am Rand der Rhön geworden ist, wird diese Bereicherung der Landschaft (und seiner Speisekarte) nutzen.

Da die Kreuzotter relativ warme, sonnenbeschienene Flächen liebt, wurden nicht nur die Wasserflächen angelegt, sondern auch diverse Waldsäume und Lichtungen entbuscht, damit die Sonne bis auf den Erdboden scheinen kann.

Wald mit Sonneninseln

Die Kreuzotter ist die seltenste der drei heimischen Schlangenarten. Sie ist in ihrer Lebensweise weit stärker als die anderen Arten an lichte Wälder und deren Randbereiche gebunden. Als wechselwarme Lebewesen sind Kreuzottern auf reich strukturierte, sonnenintensiv durchsetzte Biotope angewiesen. Das macht ihr das Leben im von der Forstwirtschaft geprägten Wald schwer. Genau hier setzt das Projekt der AGK an: An strategisch günstigen Stellen sollen Refugialteilräume für diese seltene Schlange geschaffen beziehungsweise erhalten werden.

Ein Diplomand der Universität Frankfurt begleitet die Arbeit mit seinen Untersuchungen. Dabei stehen Fragestellungen zur Fortpflanzung, zum Wanderverhalten und bezüglich der Lebensraumaufteilung im Vordergrund. Kreuzottern sind in Abhängigkeit von der Jahreszeit auf bestimmte „funktionelle" Teillebensräume angewiesen. Besonders wichtig sind auch frostfreien Winterquartiere und geschützte, sonnenexponierte Turnierplätze. Auf letzteren stellen sich die Männchen im zeitigen Frühjahr ein, um ritualisierte Schaukämpfe zu absolvieren. Dabei richten die „Kämpfer" ihr vorderes Körperdrittel auf und versuchen, den Gegner durch geschicktes Umschlingen auf den Boden zu drücken. Zu Verletzungen kommt es dabei nicht, der Verlierer verläßt den Schauplatz und überläßt dem Sieger die paarungswilligen Weibchen.

Gute Zusammenarbeit

Dabei hat der Forst die Durchführung sämtlicher forstlicher Arbeiten getragen. Die Arbeit der AGK wird finanziell von der Stiftung Hessischer Naturschutz in Wiesbaden unterstützt. Für Hocke und Nicolay belegt diese Aktion auch, wie die Zusammenarbeit zwischen ehrenamtlichen Naturschützern, Forstverwaltung und Naturschutzbehörden beispielhaft funktionieren kann. In den nächsten Jahren sollen weitere Untersuchungen klären, wie sich die Eingriffe auf die Kreuzottern und ganz beiläufig auf die gesamte Tier- und Pflanzengemeinschaft auswirken.

Abb. 17: Himmelsteiche für Kreuzottern.

In den vergangenen 50 Jahren sei es in Deutschland nach einem Kreuzotterbiss zu keinem Todesfall mehr gekommen; daher sei »Panik unbegründet«.[48]

Ähnliche Artikel wurden in anderen Hessischen Zeitungen platziert. So informierte die Arbeitsgemeinschaft Kreuzotterschutz in Hessen (AGK), maßgeblich vertreten durch Harald Nicolay, in der Rhönwacht und der Fuldaer Zeitung über die Kreuzotter und bat um Nachweise der Art aus der Bevölkerung. Ein Jahr später, 1998, bedankte sich die Fuldaer Zeitung bereits bei ihren Lesern für die zahlreich eingegangenen Kreuzottermeldungen: »Durch die mehr als 30 Informationen wurden auch einige neue Beobachtungspunkte in der Region bekannt«. Als »Belohnung« für die Leser berichtete der Artikel über praktische Schutzmaßnahmen für die »seltenste heimische Schlange«. Die Arbeitsgemeinschaft Kreuzotterschutz in Hessen hatte zusammen mit der Landesforstverwaltung »›Himmelsteiche‹ für die Kreuzotter« angelegt. Durch diese regengespeisten Kleingewässer würden sich Grasfrösche, also wichtige Beutetiere für junge Kreuzottern, gut entwickeln. Neben diesen »Vorratskammern« schuf die AGK in Zusammenarbeit mit der Hessen-Forst auch Sonneninseln im Wald (Abb. 17). Harald Nicolay betonte dabei die umfassenden positiven Wirkungen des Biotopschutzes. So kämen die Lebensraumverbesserungen auch anderen Arten lichter Waldlebensräume, wie dem Schwarzstorch zugute.[49]

Nachgeordnet spielt auch die Ästhetik der Schlange eine gewisse Rolle. Die Kreuzotter ist eben nicht nur Mitglied eines ökologischen Systems, sondern auch »schön«. In den wissenschaftlichen Diskursen ist dieser Aspekt nicht explizit zu finden, auch wenn fotografische Darstellungen von Tieren und Lebensräumen jeweils auch eine ästhetische Komponente beinhalten. Die Verlagerung von ästhetischen hin zu ökologischen Naturschutzargumenten ist in der deutschen Naturschutzgeschichte im 20. Jahrhundert ein allgemein nachweisbarer Prozess.

Die Aufrufe an die Bevölkerung setzten sich im kommenden Jahr fort.[50] Mittlerweile war mit der Arbeitsgemeinschaft Amphibien- und Reptilienschutz in Hessen (AGAR) eine neue Organisation entstanden, die sich der Kreuzotter mit finanzieller Unterstützung der Zoologischen Gesellschaft Frankfurt annahm.[51] Noch immer war Harald Nicolay einer der Hauptverantwortlichen,

48 Schlitzer Bote, 9. Mai 1997. Nr. 106, S. 14. Es ist nicht ganz uninteressant, wie diese Zahl sich in kurzer Zeit um 30 Jahre erhöht hat: Für eine solche Zeitungsmeldung ist die Symbolwirkung von wichtigerer Bedeutung als ihre Belegbarkeit.

49 Fuldaer Zeitung, 11. April 1998, Nr. 85, S. 12.

50 Fuldaer Zeitung, 17. September 1999, Nr. 216.

51 »Erst Mitte der 1990er Jahre begann die Hessische Gesellschaft für Ornithologie und Naturschutz (HGON) sich verstärkt um die Schutzbelange der Kreuzotter im hessischen Spessart zu kümmern. Damit war der Grundstein für weitere Vorhaben gelegt. Mit der Zeit wurden offensichtliche Defizite beim Schutz unserer heimischen Herpetofauna zum Anlass genommen, weitere Schutzprojekte zu planen und umzusetzen. Um alle diese Aufgaben zielorien-

der mit den Medienvertretern in Kontakt stand. Zu den bekannten Schlagzeilen kam in der Fuldaer Zeitung 1999 die Nachricht »Totschlag im Biotop« hinzu. Darunter hieß es:

»Ein herber Rückschlag für den Kreuzotterschutz war der Fund eines erschlagenen Weibchens vor einigen Tagen, unweit einer eigens angelegten für die Tiere Biotopfläche (sic!). Anscheinend hatten Pilzsucher das hochträchtige Weibchen getötet. Die fast voll entwickelten Jungtiere hätten wenige Tage später das Licht der Welt erblickt und zu einem Überleben der Art in unseren Wäldern beigetragen. Bleibt zu hoffen, dass Waldbesucher die Schutzwürdigkeit der Kreuzotter rechtzeitig erkennen«.[52]

Die AGAR konzentrierte die Aktivitäten zum Kreuzotterschutz nun auf den nördlichen Spessart. Bei Bad Orb und im Jossgrund, wo Hecht 1930 seine Kontrolle durchgeführt hatte, führte der junge Verein Schutzprojekte durch und untersuchte die Kreuzotterpopulation intensiv, unter anderem im Rahmen von Staatsexamens- und Diplomarbeiten. Die ersten Ergebnisse erwiesen, dass es sich um eine Population von mehr als einhundert geschlechtsreifen Individuen im Jossgrund handelte; AGAR-Sprecher, Uwe Manzke, sprach in der Presse von einer »sensationelle[n] Dichte«,[53] und die lokalen Zeitungen riefen die Bevölkerung nach dem schon bekannten Muster zur Mitarbeit auf.[54] »Damit die Habitate genauer erfasst werden können, werden Wanderer und Pilz- und Beerensammler gebeten, Schlangenbeobachtungen der Arbeitsgemeinschaft in Rodenbach zu melden«. Laut dem Artikel »Scheue Schlange im Spessart – Neues Naturschutzprojekt soll Lebensweise und Bestand untersuchen«, besiedelt die Kreuzotter im nördlichen Spessart »lichte Wälder, junge Nadelbaumaufforstungen, Christbaumkulturen, Waldränder, Hecken- und Wegraine aber auch Wiesentäler und Ginsterböschungen«.[55]

Landesweite Bedeutung erlangte die Kreuzotter in den hessischen Medien durch die Sendung »Gefürchtet und fast ausgerottet« im Hessischen Rundfunk. Auf der Basis von Projekten und populationsbiologischen Studien der AGAR klärte die Fernsehdokumentation über die Situation der Kreuzotter im hessischen Spessart auf. Für normale Spaziergänger sei die Kreuzotter kaum gefährlich. Lange Hosen und geschlossene Schuhe würden »einen ausreichenden Schutz für das Betreten eines Kreuzotter-Gebietes« darstellen. Solche Gebiete

---

tiert und effektiv durchführen und begleiten zu können, wurde im Dezember 1999 die *Arbeitsgemeinschaft Amphibien- und Reptilienschutz in Hessen e. V. (AGAR)* gegründet« (www.agar-hessen.de). Die AGK ging in der größeren AGAR auf.

52 Fuldaer Zeitung, 17. September 1999, Nr. 216.
53 Gelnhäuser Neue Zeitung, 20. Oktober 2000, Nr. 244.
54 Zum Beispiel die Gelnhäuser Neue Zeitung (20. Oktober 2000, Nr. 244), die Kinzigtal-Nachrichten (20. Oktober 2000, Nr. 244) und die Frankfurter Rundschau (31. Oktober 2000).
55 Gelnhäuser Neue Zeitung, 20. Oktober 2000, Nr. 244.

Abb. 18: Typischer Lebensraum der Kreuzotter im nördlichen Spessart.

seien in Hessen vor allem feuchte Lichtungen in den Nadelwäldern. Durch die
Aufgabe der Kahlschlagswirtschaft zugunsten einer modernen, naturnahen
Waldbewirtschaftung sei dieser Lebensraum in den letzten Jahrzehnten seltener
geworden. Windbrüche könnten solche Kernlebensräume schaffen. In Zusammenarbeit mit dem Forstamt Jossgrund erstelle die AGAR ein Pflegekonzept,
um die Existenz der Kreuzottern im Spessart zu sichern. Heute sei die einst verfolgte Schlange darauf angewiesen, dass der Mensch sich um ihren Erhalt be-
mühe, so das Fazit der Fernsehdokumentation.[56]

Mit dieser Reportage war vorläufiger Höhepunkt der Medienberichterstattung in Sachen Kreuzotter in Hessen erreicht. Weitere Artikel, die über Schutzmaßnahmen informierten, erschienen in der Folgezeit, unterscheiden sich aber
inhaltlich kaum von den Nachrichten seit Mitte der 1990er Jahre.[57]

56 Hessischer Rundfunk, Service Natur, 12. Januar 2002. Diese Sendung wurde fachlich
durch Harald Nicolay betreut.

57 So berichtete beispielsweise die Fuldaer Zeitung, wie eine Jägergemeinschaft in der
Rhön »»Sonnenbänke« für Kreuzottern« freigelegt« hat. Mit Motorsägen, Heckenscheren und
Äxten wurde der »unliebsame Gehölzaufwuchs abgeschnitten beziehungsweise abgeschla-
gen«, um Sonnenplätze für die seltenen Kreuzottern zu schaffen (Fuldaer Zeitung, 5. November 2007).

6.3 Kreuzotterstudien im Zeichen des Naturschutzes

Wie sich in den Medienberichten bereits angedeutet hat, führte der Paradigmenwechsel in der Wahrnehmung der Kreuzotter zu einem explosionsartigen Anstieg professioneller und semiprofessioneller Untersuchungen zu Verbreitung und Schutz dieser Schlangenart.

Eine erste umfassende Studie »Verbreitung, Bestandssituation und Schutz der Kreuzotter in Hessen« führte Peter Heimes im Auftrag der Stiftung Hessischer Naturschutz durch.[58] Von 1989 bis 1991 kartierte Heimes die bestehenden Kreuzottervorkommen. Er ergänzte seine eigenen Feldbeobachtungen mit zuverlässigen Angaben von Gewährsleuten.[59] Insgesamt kam er in dem Untersuchungszeitraum auf 52 Fundorte, die er in drei regionalen Verbreitungskarten zusammenstellte (siehe Abb. 19).

Die Beschränkung der Kreuzotter auf den östlichen Teil des Bundeslandes und hier auf den Landkreis Fulda, den Main-Kinzig-Kreis und den Werra-Meißner-Kreis habe natürliche Ursachen. »Die Grenzen des rezenten Verbreitungsareales ähneln sehr wahrscheinlich denjenigen von vor Jahrhunderten [...]«.[60] Innerhalb dieses Verbreitungsgebietes gelang es Heimes, unter Hinzuziehung früher veröffentlichter Verbreitungsangaben ein relativ genaues Bild der Situation der Kreuzotter in Hessen zu zeichnen.[61] Dies sollte als Grundlage für einen erfolgversprechenden Artenschutz dienen. Die Notwendigkeit für ein Artenschutzprogramm sah Heimes im Zusammenhang mit der akuten Gefährdung der Kreuzotterpopulationen in Hessen begründet.[62] Zwar mangelte es auch Heimes an historischem Vergleichsmaterial, so dass er quantitative Belege für einen Rückgang der Art nicht erbringen konnte, aber dennoch nahm er eine »zunehmende Ausdünnung und Verinselung einzelner Populationen«[63]

---

58 Peter Heimes, Verbreitung, Bestandssituation und Schutz der Kreuzotter in Hessen. Abschlussbericht im Auftrag der Stiftung Hessischer Naturschutz 1991. Peter Heimes, Neue Funde der Kreuzotter (Vipera berus) nördlich von Fulda, in: Hessische Faunistische Briefe, 11 (4), 1991, 76–78. Heimes/Nowotne, Verbreitung. Vorarbeiten im Spessart hatte Frank Nowotne bereits durchgeführt.

59 Aufgrund möglicher Verwechslungen mit der Schlingnatter nahm Heimes nur gesicherte Nachweise in seine Fundortdatenbank auf.

60 Heimes, Verbreitung, 1.

61 U.a. Blum, Kreuzotter; Robert Mertens, Die Lurche und Kriechtiere des Rhein-Main-Gebietes. Frankfurt a. Main 1947; H. Stadler, Die Kreuzotter und ihr Vorkommen in unserer Heimat, in: Monatszeitschrift Spessart, 2, 1956, 7–8; O. Jost, F. Müller, Die Verbreitung der Schlangen im Fuldaer Land, in: Beträge zur Naturkunde in Osthessen, 12, 1977, 77–95.

62 Heimes, Verbreitung, 33.

63 Ebd., 1.

in Anlehnung an Joger an.[64] Auch Umfragen unter den Naturschutzverbänden und Förstern des Landes zeugten seiner Meinung nach von einem Rückgang der Kreuzotter in den letzten Jahren.[65] Ursächlich seien strukturelle Veränderungen der Kulturlandschaft und insbesondere der Waldlandschaft. Da die Kreuzotter in Hessen fast ausschließlich auf Waldhabitate angewiesen ist, seien die stark veränderten Waldnutzungsformen maßgeblich für ihren Rückgang verantwortlich. Die Aufgabe der Niederwaldwirtschaft zugunsten von schnell wachsenden Koniferen (insbesondere Fichtenmonokulturen) habe zu einer Strukturarmut geführt, bei der es der Kreuzotter an lebenswichtigen Sonn- und Versteckplätzen mangle. Vergleichbar mit den verheerenden Auswirkungen auf die Bestände des Auerhuhns seien die Konsequenzen für die Kreuzotter, die in zunehmendem Maße ihre Lebensräume verliere.[66]

Schutzkonzepte müssten entsprechend hier ansetzen und geeignete Strukturen in der Waldlandschaft erhalten. Auch ohne eine grundsätzliche Änderung der Waldwirtschaft, geschweige denn einer Rückkehr zur mittelalterlichen Waldnutzung, könnten Kreuzottern mit relativ kleinen Eingriffen nachhaltig geschützt werden. Dazu wären, wie in einem Vorzeigefall von Schiemenz aus der DDR beschrieben, »die Frühjahrs-, und Brut- und Herbstsonnplätze für die Insolation offenzuhalten und an diesen Stellen von März bis September keine forstlichen Arbeiten durchzuführen sowie Feuchtstellen nicht zu entwässern. Ansonsten könne das Gebiet forstlich ohne Einschränkungen bewirtschaftet werden«.[67] Heimes konkretisierte mögliche Schutzmaßnahmen für die hessischen Biotope. Zu seinen Vorschlägen gehörten die Erhaltung von Lichtungen und Waldwiesen, die Offenhaltung von Heide- und Pfeifengrasbeständen sowie die »Schaffung von Korridoren zwischen den Kahlschlagflächen und jungen Kulturen durch die Verbreiterung von Wegrändern [...]«.[68] Außerdem seien Lesesteinhaufen und Totholz an sonnigen Stellen und Kleingewässer als Nahrungsbiotope für junge Kreuzottern auszubringen. Wegen ihrer Störanfälligkeit sollten bestimmte stark frequentierte Waldwege in den Frühjahrs- und Sommermonaten gesperrt bleiben. Letztlich nannte Heimes Aufklärungsarbeit in der Bevölkerung als wichtiges Schutzinstrument, um die Schlangen vor der Tötung zu bewahren. Hiervon wären insbesondere die trächtigen Weibchen betroffen, weil diese aufgrund eines erhöhten Wärmebedarfes häufiger an ungeschützten Wegrändern angetroffen würden. Fast alle dieser Schutzmaßnahmen könnten nur in enger Zusammenarbeit mit forstlichen Institutionen und Waldbesitzern durchgeführt werden.

---

64 Joger, Status.
65 Heimes, Verbreitung, 37.
66 Ebd., 33 f.
67 Schiemenz 1985 in Heimes, Verbreitung, 34 f.
68 Heimes, Verbreitung, 35.

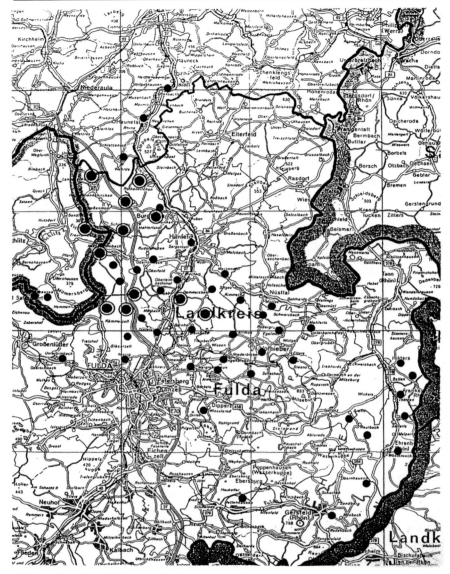

Abb. 19 a bis c: Die Verbreitung der Kreuzotter in Hessen.

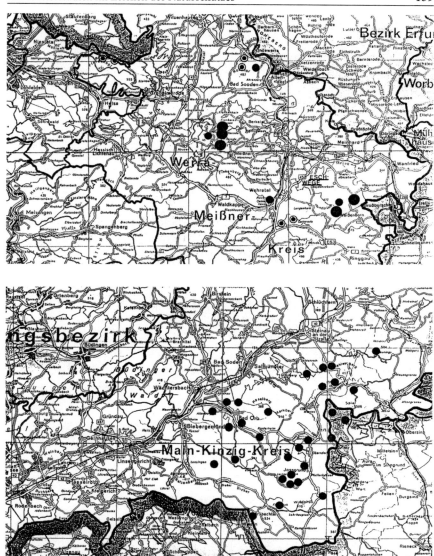

Für 17 seiner Fundorte machte Heimes genaue Angaben zu wünschenswerten Pflegemaßnahmen.[69] Zu einem potentiellen Träger der Maßnahmen erklärte er in den meisten Fällen das zuständige Forstamt. Ungeachtet einiger kritischer Punkte in Heimes Argumentation setzte sich diese Linie – wie schon aus den Zeitungsberichten zu ersehen war – in den 1990er Jahren durch. Dass der Rückgang der Kreuzotter nicht zahlenmäßig belegt werden konnte, war im Rahmen seines Gutachtens nicht essentiell, da sowohl in der Öffentlichkeit als auch bei seinem Auftraggeber, der Stiftung Hessischer Naturschutz, die Bedrohung der Art in Anschluss an die Roten Listen bereits anerkannt war.

Auf Basis von Heimes Kartierungen und weiteren Untersuchungen[70] engagierte sich die Arbeitsgemeinschaft Kreuzotterschutz seit 1995/96 mit verstärkten Aktivitäten.[71] Diese bestanden erstens in gezielten Untersuchungen zu Status und Schutzmöglichkeiten, zweitens in der praktischen Durchführung von Biotoppflegemaßnahmen. Der Schwerpunkt dieser Bemühungen lag im Gebiet des Hessischen Spessarts. Dort führte die AGK mithilfe des ansässigen Forstamtes seit 1996 Schutzmaßnahmen in Kernlebensräumen der Kreuzottern durch. Dazu gehörten die Auslichtung von Hecken und Himbeergestrüpp, die Freistellung von Sommerlebensräumen und Winterquartieren sowie die Anlage von Amphibienlaichgewässern.[72] Diese Maßnahmen wurden mit Vertretern aus dem Hessischen Umweltministerium und dem Regierungspräsidium Darmstadt abgestimmt.[73] Begleitend führten Mitglieder der AGK detaillierte Bestanduntersuchungen durch.[74] Auf diese Weise konnten positive Auswirkungen der Biotoppflegemaßnahmen im Projektraum »Jossgrund« im Hessischen Spessart umgehend dokumentiert werden:

»Die Maßnahmen entlang des ›Langen Grund‹ zeigen einen eindeutig positiven Einfluß auf die dort lebende Kreuzotterpopulation, wenn auch bisher nur indirekt. Das

69 Ebd., 39 f.

70 Frank Nowotne, Die Verbreitung der Kreuzotter (Vipera berus L.) im Nordspessart, in: Mitteilungen der Naturkundestelle Main-Kinzig, 1993, 1–10.

71 Nicolay, Untersuchung, 6. Ulrich Joger und Toni Amann bildeten den Kern dieser Arbeitsgemeinschaft.

72 Uwe Manzke, Weiterführung der Untersuchungen zum Kreuzotterschutz im hessischen Spessart. Bericht der Arbeitsgemeinschaft Amphibien- und Reptilienschutz in Hessen e. V. (AGAR) 2000, 5.

73 Toni Amann, Weiterführung der Untersuchungen zum Kreuzotterschutz im hessischen Spessart. Bericht der Arbeitsgemeinschaft Amphibien- und Reptilienschutz in Hessen e. V. (AGAR) 1999, 1.

74 Harald Nicolay, Weiterführung der Untersuchungen zum Kreuzotterschutz in ausgesuchten Gebieten Hessens. Ergebnisbericht im Auftrag der Oberen Naturschutzbehörde in Kassel 2000; Amann, Weiterführung Kreuzotterschutz. Manzke, Weiterführung Kreuzotterschutz. Es handelt sich hierbei um Berichte über Projektfortschritte aus den Jahren 1997 bis 2000.

bedeutet, die Entfernung eines Teiles der Fichten und die Auslichtung und Vergrößerung des Waldrandes bewirkten 1998 einen sprunghaften Anstieg bei den Nachkommen der Waldeidechsen [...]. Eine weitere Bereicherung des Nahrungsangebotes, insbesondere für die hier zahlreichen Jungschlangen, stellen die bisher von Erdkröte, Grasfrosch und Feuersalamander angenommenen, neu angelegten Teiche dar.«[75]

Durch die Unterstützung der Zoologischen Gesellschaft Frankfurt (ZGF), der Stiftung Hessischer Naturschutz und der Hessischen Gesellschaft für Naturschutz und Ornithologie (HGON) finanzierte die AGK ihre Untersuchungen. Auch außerhalb des Hessischen Spessarts lancierte die AGK, hauptsächlich in der Person von Harald Nicolay, seit 1997 Erhebungen gekoppelt mit Schutzprogrammen.[76] Darüber hinaus übernahm Nicolay Werkverträge von verschiedenen Behörden und Organisationen, die den Kreuzotterschutz betrafen. In der jüngsten Zeit förderte die Naturschutzstelle der Hessen-Forst die Erstellung eines Artenhilfskonzeptes.[77] Durch die Schaffung von exemplarischen »Kreuzottersonderbiotopen« hatte sie bereits mit der AGK kooperiert. Bis 2007 stellte die Hessen-Forst in Osthessen 23 Flächen mit einer Gesamtfläche von etwa vier Hektar als Sonderbiotope zur Verfügung.[78] Die Erhaltung dieser Biotope verdankte sich »primär dem außergewöhnlichen Engagement einzelner Revierleiter und Forstämter«.[79] Seit dem Jahr 2000 arbeitete Nicolay verstärkt als unabhängiger Gutachter, betreut aber weiterhin die Kreuzottersonderbiotope.[80] In einem der ersten dieser Biotope am Hohen Meißner wurde 1996 das weltweit einzige künstliche Winterquartier für die Kreuzotter angelegt.[81]

75 Amann, Weiterführung Kreuzotterschutz, 7.
76 Nicolay, Weiterführung Kreuzotterschutz.
77 Vgl. Harald Nicolay, Untersuchungen zum Vorkommen der Kreuzotter (Vipera berus) in ausgewählten Untersuchungsgebieten in Hessen sowie Erstellung eines Artenhilfskonzeptes. Gutachten im Auftrag des Landesbetrieb Hessen-Forst, Forsteinrichtung und Naturschutz (FENA) in Gießen 2008.
78 Ebd., 5. Mittlerweile gibt es in Hessen 78 Kreuzottersonderbiotope.
79 Ebd., 3.
80 Vgl. Harald Nicolay, Bestandserfassung der Kreuzotter und anderer Schlangen im thüringischen, bayerischen und hessischen Bereich des Biosphärenreservats Rhön zwecks Planung und Umsetzungsvorbereitung nachhaltiger Schutzmaßnahmen. Gutachten im Auftrag der Zoologischen Gesellschaft Frankfurt (ZFG) 2000; Harald Nicolay, Herpetofaunistische Sonderuntersuchung mit Schwerpunkt Kreuzotter am Meißner Westhang, Werra-Meißner-Kreis, Regierungsbezirk Kassel. Untersuchung im Auftrag des Amts für Regionale Entwicklung (ARLL) in Eschwege 2000; Harald Nicolay, Planung von Artenhilfsmaßnahmen für die Kreuzotter im Biosphärenreservat Rhön. Gutachten im Auftrag der Bayerischen Landesanstalt für Umwelt (LfU) in Augsburg 2006.
81 Ulrich Joger, Harald Nicolay, Verbreitung und Bestandssituation der Kreuzotter Vipera berus (Linnaeus, 1758) in Hessen, in: Ulrich Joger, Ralf Wollesen (Hg.), Verbreitung, Ökologie und Schutz der Kreuzotter (Vipera berus [Linnaeus, 1758]), Mertensiella, 15, 2004, 90–98; Nicolay mdl. Mitt. März 2013.

Die AGK ging 1998/99 in der größeren Gemeinschaft für Amphibien und Reptilienschutz in Hessen e. V. (AGAR) auf.[82] Die neue Organisation konzentrierte ihren Arbeitsschwerpunkt auf den Hessischen Spessart und schaffte durch die Vergabe von Diplom- und Examensarbeiten sowie Praktikantenberichten eine kontinuierliche Erforschung der ansässigen Kreuzotterpopulationen.[83] Darin wurden insbesondere populationsbiologische und -ökologische Aspekte behandelt. Die Diplomarbeit an der Julius-Maximilians-Universität Würzburg von Karin Weinmann, für die erstmalig auch einige Kreuzottern für telemetrische Untersuchungen mit Sendern ausgestattet worden waren, lautete beispielsweise: *Zur Ökologie und Raum-Zeit-Einbindung einer Kreuzotterpopulation (Vipera b. berus L. 1758) im hessischen Spessart* (2002).[84] Auch Biotoppflegemaßnahmen wurden von der AGAR weiterhin durchgeführt. So legte die Forstverwaltung 2001 neue Schneisen im Norden des wichtigsten Teilareals im »Jossgrund« an, die von den Kreuzottern gut angenommen wurden.[85] Einen neuen Maßnahmenplan für das Gebiet erarbeitete Wollesen für die AGAR im Jahr 2002.[86]

Rückblickend ist die Anzahl der Studien zur Kreuzotter in Hessen und die Durchführung einer Vielzahl von praktischen Schutzmaßnahmen auch ohne ein zentral organisiertes Artenhilfsprogramm bemerkenswert.[87] Ihre Rechtfer-

82 Harald Nicolay, Die Arbeitsgemeinschaft Amphibien- und Reptilienschutz in Hessen e. V. (AGAR): Ein neuer Verein bemüht sich um die Belange die hessischen Herpetofaunaschutzes, in: Elaphe, 8 (3), 2000, 57–62.

83 Christian Beck, Zur Biologie der Kreuzotter (Vipera b. berus L. 1758) im hessischen Spessart. Examensarbeit an der Goethe-Universität Frankfurt 2000; Johannes Penner, Zum Verhalten von Vipera berus berus (Linnaeus 1758) im Frühjahr im hessischen Spessart. Bericht zum Praktikum. AGAR und Julius-Maximilians-Universität Würzburg 2001; Robert Madl, Populationsökologie der Kreuzotter Vipera b. berus (L. 1758) im hessischen Spessart. Bericht der Arbeitsgemeinschaft Amphibien- und Reptilienschutz in Hessen e. V. (AGAR) 2002; Robert Madl, Weiterführung der Untersuchungen zum Kreuzotterschutz im hessischen Spessart. Bericht der Arbeitsgemeinschaft Amphibien- und Reptilienschutz in Hessen e. V. (AGAR) 2003; Robert Madl, Ökologie und Thermoregulation der Kreuzotter Vipera b. berus (L. 1758) im hessischen Spessart. Diplomarbeit an der Goethe-Universität Frankfurt 2004; Karin Weinmann, Zur Ökologie und Raum-Zeit-Einbindung einer Kreuzotterpopulation (Vipera b. berus L. 1758) im hessischen Spessart. Diplomarbeit an der Julius-Maximilians-Universität Würzburg 2002.

84 Weinmann, Ökologie.

85 Madl, Weiterführung Kreuzotterschutz, 11.

86 Ralf Wollesen, Kreuzotterschutz im hessischen Spessart, Maßnahmenkatalog. Arbeitsgemeinschaft Amphibien- und Reptilienschutz in Hessen e. V. (AGAR) 2002.

87 Vor dem Hintergrund der organisatorischen Aufteilung und der Vielzahl der Geldgeber, konstatierte Nicolay, dass es bis heute »in Hessen kein abgestimmtes Artenhilfsprogramm Kreuzotter« gibt (Nicolay, Vorkommen). Damit äußerte er indirekt den Bedarf an einer besseren Gesamtkoordination zwischen den Aktivitäten von Naturschutzorganisationen, einzelnen Auftraggebern (z. B. den Naturschutzbehörden), der Hessen-Forst und von unabhängigen Gutachtern.

tigung basierte auf dem Argument, die Kreuzotter sei eine ausgezeichnete Leitart für bestimmte Waldlebensräume. Ihr Schutz würde demgemäß zum Erhalt bzw. der Optimierung ganzer Lebensraumkomplexe führen. Zudem – und dies ist der bedeutendere Aspekt, nahmen Naturschützer an, in Hessen habe es »dramatische Bestandseinbrüche«[88] gegeben. Sogar für den Hessischen Spessart, in dem die AGAR erst wenige Jahre zuvor »sensationelle« Bestandsdichten festgestellt hatte, rechnete man mit einem Bestandsrückgang.[89]

Die von der AGAR und der Hessen-Forst erstellte aktuelle Rote Liste der Amphibien und Reptilien Hessens konstatiert, dass »die Populationen [der Kreuzotter] in allen drei Vorkommen [...] in den letzten Jahren dramatisch abnehmen«. Ohne eine Freistellung bestimmter Habitate könne ihr Erhalt nicht gewährleistet werden. Ob diese Maßnahmen ausreichen, um Kreuzotterhabitate langfristig zu erhalten, muss offen bleiben.[90]

6.4 Die Kreuzotter im wissenschaftlichen Diskurs

Die wissenschaftlichen Diskurse verliefen in ähnlichen Bahnen wie die Diskussionen in den Handlungsfeldern des Naturschutzes. In vielen Fällen gab es auch personelle Überschneidungen. Für den Naturschutz engagierte Persönlichkeiten trugen auch maßgeblich zum wissenschaftlichen Diskurs bei. Paradigmatisch für den Überschneidungsbereich zwischen Naturschutz und Wissenschaft findet sich der erste wissenschaftliche Artikel, »Status und Schutzproblematik der Kreuzotter, *Vipera berus berus* (L.), unter besonderer Berücksichtigung der Situation in Hessen«[91], in dem Schwerpunktheft »Reptilienschutz« der Zeitschrift Natur und Landschaft. Herausgegeben von der Bundesanstalt für Naturschutz verfolgte die Zeitschrift seit den 1920er Jahren das Ziel, Naturschutzproblematiken auf wissenschaftlichem Niveau zu diskutieren.[92] Ulrich Joger, der Autor des Artikels und spätere Vorsitzende der AGAR, beobachtete einen spürbaren Rückgang der Kreuzotter in allen Teilen des Hessischen Verbreitungsareals. Die »Einstufung der Art als »bestandsbedroht« (Rote Liste Hessen)« [...] erscheint daher berechtigt«. Von einer »annähernd flächenhaften

88 Nicolay, Vorkommen.

89 Amann, Weiterführung Kreuzotterschutz, 7.

90 AGAR/FENA, Rote Liste der Amphibien und Reptilien Hessens (Reptilia et Amphibia), 6. Fassung, Stand 1.11.2010. Wiesbaden 2010, 43 f. Trotz der unternommenen Bemühungen scheint sich die Situation der Art nicht zu verbessern. In der aktuellen Roten Liste in Hessen wurde sie in die Kategorie 1 »Vom Aussterben bedroht« hochgestuft.

91 Joger, Status.

92 Dies geht unter anderem aus dem Selbstverständnis der Zeitung hervor. Jeder Artikel wird zudem – nach wissenschaftlichen Standards – von unabhängigen Experten begutachtet, bevor er zur Veröffentlichung gelangt (siehe natur-und-landschaft.de).

Verbreitung kann bei der Kreuzotter nur noch im Raum Fulda [...] gesprochen werden«.[93] Zu den Ursachen des angenommenen Rückgangs zählte Joger, dass »Kreuzottern entgegen geltendem Recht (Bundesartenschutzverordnung, Ländergesetze) von Menschen verfolgt bzw. bei Zufallsbegegnungen erschlagen« werden. Dies betreffe vor allem die trächtigen Weibchen. Für gewichtiger hielt Joger jedoch landschaftliche Veränderungen und hier insbesondere die »Zerstörung« von Überwinterungs- und Paarungsplätzen durch forstwirtschaftliche Maßnahmen. Zudem trugen nach Meinung des Zoologen die Trockenlegung von Feuchtgebieten, wie Mooren, Tümpeln und Nasswiesen zum Verlust wichtiger Amphibienlebensräume und damit zum Verlust der Nahrungsgrundlage für die Kreuzotter bei. Als Schutzmaßnahmen empfahl er entsprechend die Aufklärung der Bevölkerung »über Schutzpflicht und -würdigkeit wenig geachteter Reptilien«. Dazu wollte man lokale Pressekampagnen in Kreuzottergebieten durchgeführt. Außerdem müssten wichtige Kernlebensräume unter Schutz gestellt und durch verschiedene Biotoppflegemaßnahmen erhalten und aufgewertet werden. Pflegemaßnahmen sollten vor allem das Offenhalten von Waldlichtungen und Schneisen sowie die Anlage von Amphibiengewässern beinhalten.[94]

In Anschluss an Joger ging auch Heimes von einem deutlichen Rückgang der Art in Hessen aus.[95] Die Ergebnisse seiner Kartierungsarbeiten, die er in den Hessischen Faunistischen Briefen veröffentlichte, ordnete er deshalb in den normativen Rahmen des Kreuzotterschutzes ein.[96] Für die Kreuzotterpopulationen im Spessart zeichneten Heimes und Nowotne allerdings ein etwas differenzierteres Bild als Joger. In Bezug auf die letzten einhundert Jahre könne hier »von einer etwaigen Arealschrumpfung [...] keine Rede sein«.[97] Die Angaben von Stadler aus den 1950er Jahren zu den Arealgrenzen »haben auch nach heutigem Wissen weitgehend Gültigkeit«, konstatierten sie.[98]

Noch systematischer als Heimes und Nowotne dies versuchten, diskutierte Rudolf Malkmus, einer der produktivsten deutschen Feldherpetologen, alle bekannten Fundorte der Kreuzotter im Spessart. Er verwertete insbesondere

---

93 Joger, Status, 356. Inwieweit dieses »nur noch« tatsächlich berechtigt ist, müsste letztendlich ein historisch arbeitender Biogeograph entscheiden. Eine preußenweite Umfrage von 1927 ergab jedenfalls die Antwort, dass Kreuzottern nur in den Kreisen Fulda, Hünfeld und Gersfeld weiter verbreitet seien (GStAPK, I. HA, Rep. 76, VIII B, Nr. 3528, Tabellarische Zusammenstellung auf den Erlass vom 19. Mai 1927).

94 Joger, Status, 358 f.

95 Heimes, Verbreitung.

96 Heimes, Funde; Heimes, Nowotne, Verbreitung.

97 Heimes, Nowotne, Verbreitung, 54.

98 Peter Heimes, Die Kreuzotter (Vipera b. berus L. 1758) im Spessart, in: Michael Gruschwitz u. a. (Hg.), Verbreitung, Ökologie und Schutz der Schlangen Deutschlands und angrenzender Gebiete. Mertensiella, 3, 1993, 325–330; 325.

landschaftshistorische Erkenntnisse, um Rückschlüsse auf die Verbreitung der Kreuzotter zu ziehen. Seit der mittelalterlichen Rodungsperiode stehen zahlreiche Quellen über die regionale Waldentwicklung zur Verfügung. Die vorherrschenden Niederwälder mit ihrem dichten Heide-Heidelbeer-Unterwuchs boten gute Bedingungen für die Kreuzotter. Dadurch wurde der Kreuzotter eine Kolonisierung des Spessarts ermöglicht, wobei sie den Süden und Südwesten wahrscheinlich aufgrund klimaökologischer Limitationen nicht besiedelte. Seit im 19. Jahrhundert großflächig standortfremde Nadelhölzer das Waldbild bestimmen, reduzierte sich der Kreuzotterlebensraum auf die verbliebenen Freiflächen und Lichtungen. Neu entstandene Lichtungen, z. B. durch Windwurf, wurden schnell besiedelt, wohingegen andere bei zunehmender Beschattung aufgegeben wurden. Dynamische Lebensraumveränderungen und eine inselartige Verbreitung prägten also die Situation der Kreuzotter im Spessart.[99]

Durch konkrete Kenntnis lokaler waldwirtschaftlicher Veränderungen wird die Dynamik der Kreuzotterlebensräume plausibel. So erklärte Malkmus die »episodischen Massenvorkommen nördlich von Lohr« durch die Waldentwicklung in der Region. Zwischen 1877 und 1887 wurden dort zur Gewinnung von Lohrinde 250 Hektar Eichenwald gerodet. Es entstanden Heidegebiete, die mit Nadelwaldschonungen besetzt wurden, also ideale Lebensbedingungen für die Kreuzotter. Sogar den Einwanderungskorridor der Kreuzottern vermochte Malkmus zu rekonstruieren. Heute sei das Gebiet wie vor 1877 mit geschlossenem Hochwald bestanden, was zwangsläufig zur Abwanderung der Kreuzotter führte. Vor dem Hintergrund der historischen und der aktuellen Kenntnisse zur Verbreitung der Kreuzotter im Spessart zog Malkmus die Einschätzung in Zweifel, die Kreuzotter sei hier vom Aussterben bedroht. Es ließen sich keine wissenschaftlich haltbaren Aussagen über einen zahlenmäßigen Rückgang in der Region machen. Nicht einmal Indizien sprächen dafür. So schrieb Stadler 1956: »Die Kreuzotter wird fast immer nur einzeln und selten beobachtet.«[100] Laut Malkmus gibt es keine Belege dafür, dass eine zunehmende Verinselung oder Ausdünnung der Kreuzotterpopulationen stattgefunden habe.[101]

Nichtsdestotrotz versicherte er, er halte die Zielsetzungen und Bemühungen des Kreuzotterschutzes für »begrüßenswert«. Dies begründete Malkmus

99 Malkmus, Verbreitung, 102 ff. Im Vergleich zu prähistorischen Urwäldern hält Malkmus die Lebensbedingungen in den modernen Forsten durch die höhere Anzahl von Lichtungen und Wegen immer noch für vorteilhaft, wobei er zugibt, dass über die genaue Physiognomie dieser Urwälder nur spekuliert werden kann. Genauso ist es nicht zweifelsfrei möglich zu wissen, ob die Kreuzotter bereits postglazial im Spessart einwanderte und ob sie dort überdauerte oder erst im Mittelalter hierhin migrierte.

100 Ebd., 107 f.

101 Ebd. Damit zielt er auf den wichtigen Punkt ab, dass die Gefährdung von Arten häufig von Wissenschaftlern postuliert wird, ohne wissenschaftlich begründet zu sein.

durch ein erweitertes Vorsorgeprinzip; wenn die Kreuzotter zukünftig vom Aussterben bedroht sei, würden Schutzmaßnahmen wahrscheinlich zu spät kommen.[102]

Auf ganz ähnliche Weise argumentieren Weinmann et al. in ihrem Beitrag, der die populationsbiologischen und -ökologischen Untersuchungsergebnisse der AGAR im Kreuzotterprojektgebiet »Jossgrund« im hessischen Spessart unter besonderer Berücksichtigung ihrer Diplomarbeit zusammenfasst.[103] Einerseits wiesen die Autoren[104] eine vergleichsweise hohe bis sehr hohe Populationsdichte nach, andererseits befürchteten sie die Ausschattung der Lebensräume: »Trotz der derzeit stabilen Situation der Kreuzotter im Jossgrund sind Gefährdungen zu erkennen«.[105] Diese Gefährdungen beziehen sich auf eine unsichere Zukunft. Vor dem Hintergrund fortschreitender Lebensraumverluste und einem damit verbundenen allgemeinen Rückgang der Artenvielfalt ist eine solche Haltung sicherlich nachvollziehbar.[106] Außerdem funktioniert dieses Argument auch ohne historische Referenzdaten, die dramatische Bestandsrückgänge tatsächlich verifizieren würden.[107]

Als Hauptgefährdungsursache für die Bestände in ganz Hessen sahen Joger und Nicolay die veränderten Formen der Waldnutzung. Durch die Umstellung von Kahlschlagwirtschaft auf Einzelstammentnahme im Rahmen einer naturnahen Bewirtschaftung gingen den Kreuzottern mit den Fichtenschonungen wichtige Habitate verloren. Außerdem hätten die Flurbereinigungen der 1960er bis 1990er Jahre zu einer Strukturarmut vieler Lebensräume geführt. Mit dem Verschwinden von Lesesteinwällen, Trockenmauern, Hecken und Feuchtgebieten verlor die Kreuzotter funktionelle Teillebensräume. In Bezug auf getroffene

102 Ebd., 109. In diesem Sinne heißt es in der Zusammenfassung ausdrücklich: »Wenngleich eine akute Gefährdung der Kreuzotter im Spessart derzeit nicht vorliegt, ist eine Optimierung ihrer Präferenzhabitate wünschenswert« (Ebd., 91).

103 Karin Weinmann u. a., Zur Ökologie und Raum-Zeit-Einbindung einer Kreuzotterpopulation (Vipera berus [L.]) im hessischen Spessart, in: Ulrich Joger, Ralf Wollesen (Hg.), Verbreitung, Ökologie und Schutz der Kreuzotter (Vipera berus [Linnaeus, 1758]), Mertensiella, 15, 2004, 197–212.

104 Es handelt sich dabei weitgehend um die in der AGAR engagierten und oben erwähnten Naturschützer.

105 Weinmann u. a., Ökologie, 197. Die Autoren wiesen für diese über mehrere Jahre intensiv untersuchte Population im Jossgrund eine Populationsdichte am oberen Rand des in der Literatur genannten Spektrums auf.

106 Wenngleich die Frage nach der räumlichen Skalierung hier sicherlich von Bedeutung wäre.

107 Joger und Nicolay versuchen einen solchen Rückgang aufzuzeigen, bleiben aber handfeste Daten um eine »erhebliche Arealschrumpfung« nachzuweisen, schuldig (Joger, Nicolay, Verbreitung, 94). Insbesondere in Bezug auf die Situation im Spessart ist eine solche Annahme in Anbetracht der diesbezüglichen Ausführungen von Malkmus sowie Heimes und Nowotne schwer zu begründen.

Schutzmaßnahmen referierten die Autoren die Einrichtung der Kreuzotter-Sonderbiotope durch die AGAR, also die Organisation, die für den Kreuzotter-schutz in Hessen maßgeblich verantwortlich war.[108]

6.5 Die Verquickung von Wissenschaft und Naturschutzidealen

Eine klare Trennung zwischen Naturschützern und Wissenschaftlern ist bezüg-lich des Themas Kreuzotter in Hessen seit Mitte der 1980er Jahre nicht erkenn-bar.[109] Lediglich Robert Malkmus war nicht direkt in die Naturschutzarbeit in Hessen mit eingebunden. Gleichwohl unterstützte er die bis dahin eingeleite-ten und anvisierten Schutzbemühungen durch Kartierungen und Biotoppflege-maßnahmen.[110]

Heimes Arbeiten basierten auf einem Auftrag der Stiftung Hessischer Na-turschutz. Nicolay war ein zentrales Mitglied der Arbeitsgemeinschaft Kreuz-otterschutz in Hessen bzw. später der AGAR und führte für verschiedene Auftraggeber, u. a. die Naturschutzstelle der Hessen Forst und die Obere Natur-schutzbehörde Gießen, zahlreiche Untersuchungen durch. Die Ergebnisse der Naturschutzprojekte der Arbeitsgemeinschaft für Amphibien und Reptilien-schutz in Hessen (AGAR) im Jossatal fanden ihren wissenschaftlichen Nieder-schlag in einem Beitrag zur internationalen Tagung »Ökologie und Schutz der Kreuzotter«. An diesem Beitrag wirkten insgesamt sechs Mitarbeiter des AGAR-Projektes mit. Ulrich Joger, der diese Tagung organisiert hatte und Vorsitzen-der der AGAR war, rahmte den wissenschaftlichen Diskurs mit seinen Leitarti-keln gewissermaßen ein.[111] Schon sein erster Beitrag führte zu den Aktivitäten des AGK in Hessen, die, wie von Joger vorgeschlagen, Aufklärungsarbeit durch die Presse sowie Kartierungen und Pflegemaßnahmen initiierten. 1995 bearbei-tete Joger dann hauptverantwortlich die Rote Liste der Reptilien in Hessen.[112]

---

108 Joger, Nicolay, Verbreitung, 95 f. In der Danksagung dankten sie allen ehrenamtlichen und Projektmitarbeitern der AGAR, den hessischen Forstämtern, speziell Fulda-Nord und Jossgrund, für ihre verständnisvolle Kooperation und der Stiftung Hessischer Naturschutz sowie der Zoologischen Gesellschaft Frankfurt für die finanzielle Unterstützung von Kartie-rungen und Schutzprogrammen (Joger, Nicolay, Verbreitung, 97). Mittlerweile managed Ha-rald Nicolay die Kreuzotter-Sonderbiotope mit seiner Consulting-Firma »Agri-Herp«.

109 Dieses Ergebnis ist auch im Allgemeinen zutreffend. Siehe Ursula Heise, Nach der Na-tur. Das Artensterben und die moderne Kultur. Frankfurt 2010.

110 Es gab also im wissenschaftlichen Diskurs um die Bestandsituation der Kreuzotter nie-manden, der gegen Naturschutzziele argumentiert hätte.

111 Joger, Status; Joger, Nicolay, Verbreitung. Die Veröffentlichungen in den Zeitungen be-stimmte maßgeblich – wie oben gezeigt – Harald Nicolay.

112 Ulrich Joger, Reptilien, in: Hessisches Ministerium des Inneren und für Landwirt-schaft, Forsten und Naturschutz (Hg.), Rote Liste der Säugetiere, Reptilien und Amphibien Hessens, Teilwerk II, 1995, 23–38.

Eine solche Personalunion von Wissenschaftlern und Naturschützern war nichts Regionalspezifisches. In anderen Bundesländern gab es vergleichbare Entwicklungen. In Bayern etwa mündeten die zahlreichen wissenschaftlichen Arbeiten von Wolfgang Völkl seit den 1980er Jahren in einem Artenhilfsprogramm »Kreuzotter« im Fichtelgebirge.[113] Seit 2003 führte der ansässige Forstbetrieb in Zusammenarbeit mit dem Bayerischen Landesamt für Umwelt Schutzmaßnahmen durch, die aus dem hessischen Kontext bereits bekannt sind.[114] Im Jahr 2010 gab das Bayerische Landesamt für Umwelt dann eine Broschüre »Die Kreuzotter in Bayern. Erfolgreicher Artenschutz« heraus, die die wichtigsten Hintergründe und Ergebnisse des Artenhilfsprogramms in einer Auflage von 10.000 Exemplaren der Öffentlichkeit und den Behörden zugänglich machen sollte (Abb. 20). Neben Angaben zur Biologie der Kreuzotter beinhaltete diese insbesondere verschiedene Maßnahmen des Artenhilfsprogramms, die mitunter wohlklingende Titel wie »Licht in den Wald bringen« erhalten hatten.[115] Die fachliche Leitung des Programms wie auch die inhaltliche Konzeption dieser Informationsbroschüre lagen in den Händen von Völkl. Es war ein und dieselbe Person, die wissenschaftliche Untersuchungen durchführte, die Öffentlichkeit informierte und politische Maßnahmen bestimmte. Wie in Hessen vom Spessart gingen die Schutzbemühungen in Bayern von einer begrenzten Region aus. Das Fichtelgebirge beheimatete die von Völkl intensiv untersuchten Kreuzotterpopulationen, und hier setzte das Artenhilfsprogramm an.

In Baden-Württemberg, Nordrhein-Westfalen und Niedersachsen waren es ebenfalls einige wenige engagierte Personen, die sowohl Schutzbemühungen lancierten, als auch wissenschaftliche Beiträge zur Situation der Kreuzotter veröffentlichten.[116] In Kooperation zwischen diesen Wissenschaftlern entstanden

113 Wolfgang Völkl, Untersuchungen zum Bestand der Kreuzotter (Vipera b. berus L.) im Fichtelgebirge, in: Schriftenreihe Bayerisches Landesamt für Umweltschutz, 73, 1986, 125–133.

114 Wolfgang Völkl, Günter Hansbauer, Alois Liegl, Lichte Waldlebensräume und Reptilienschutz: Das »Artenhilfsprogramm Kreuzotter« in Bayern, in: Naturschutzreport, 24, 2007, 123–132; Wolfgang Völkl, Günter Hansbauer, Michael Grosch, Das Artenhilfsprogramm »Kreuzotter (Vipera berus) im Fichtelgebirge«: Umsetzung und Ergebnisse, in: Zeitschrift für Feldherpetologie, 18 (2), 2011, 137–148.

115 Wolfgang Völkl, Günter Hansbauer, Die Kreuzotter in Bayern. Erfolgreicher Artenschutz. Augsburg 2010.

116 Siehe z. B. für Baden-Württemberg: Lehnert, Fritz, Verbreitung; Lehnert, Fritz, Kreuzotter; für Nordrhein-Westfalen: Arno Geiger, Kreuzotter – Vipera berus berus (Linnaeus, 1758), in: Arno Geiger, Manfred Niekisch (Hg.), Die Lurche und Kriechtiere im nördlichen Rheinland. Bonn 1983, 152–155; Arno Geiger, Artenhilfsprogramm Kreuzotter (Viperidae: Vipera berus), in: Merkblätter zum Biotop- und Artenschutz, 59, 1984; Martin Schlüpmann, Arno Geiger, Rote Liste der gefährdeten Kriechtiere (Reptilia) und Lurche (Amphibia) in Nordrhein-Westfalen, 3. Fassung, in: LÖBF/LAfAO NRW(Hg.), Rote Liste der gefährdeten

Abb. 20: Das bayerische Artenschutzprogramm.

dann länderübergreifende Publikationen wie »Die Schlangen Deutschlands« (1993) oder »Ökologie und Schutz der Kreuzotter« (2004).[117] Auch überregionale »Bestandseinbrüche« infolge von klimatischen Extrembedingungen wurden im Zusammenschluss mehrerer Wissenschaftler diskutiert.[118] Aus den genann-

Pflanzen und Tiere in Nordrhein-Westfalen, 3. Fassung, 1999, 375–404; und für Niedersachsen: Podoucky, Verbreitung; Richard Podloucky, Christian Fischer, Rote Liste der gefährdeten Amphibien und Reptilien in Niedersachsen und Bremen.- Informationsdienst Naturschutz Niedersachsen, 14 (4), 1994, 119–120. Diese Aufzählung erhebt keinen Anspruch auf Vollständigkeit.

117 Gruschwitz u. a., Schlangen; Ulrich Joger, Ralf Wollesen (Hg.), Verbreitung, Ökologie und Schutz der Kreuzotter (Vipera berus [Linnaeus, 1758]), Mertensiella, 15, 2004.

118 Richard Podloucky, Hans-Joachim Clausnitzer, Hubert Laufer, Steffen Teufert, Wolfgang Völkl, Anzeichen für einen bundesweiten Bestandseinbruch der Kreuzotter (Vipera berus) infolge ungünstiger Witterungsabläufe im Herbst und Winter 2002/2003 – Versuch einer Analyse, in: Informationsdienst Naturschutz Niedersachsen, 2, Beiträge zur Kreuzotter in Niedersachsen. Hannover 2005, 32–41.

ten bundesweiten Sammelbänden und den einzelnen Roten Listen der Länder, darunter auch die von Joger für Hessen bearbeitete, speiste sich der Beitrag zur Kreuzotter in der neuen Roten Liste von Deutschland aus dem Jahr 2009.[119] Darin geben die Autoren einen Rückgang der Kreuzotter von über 60 Prozent an. Die Einschätzung des Gefährdungsgrades bleibt unverändert bei »stark gefährdet« (2).[120] Im Gegensatz zu vielen anderen Tierarten, die von den Natur- und Umweltschutzmaßnahmen seit den 1970er Jahren profitieren und in den Roten Listen herabgestuft werden konnten, hat sich die Situation der Kreuzotter offenbar nicht verbessert.

Grundsätzlich hatte sich eine Verknüpfung von Wissenschaft und Naturschutz bereits in den 1970er und 1980er Jahren auf Bundesebene herausgebildet. Personen wie Joseph Blab waren als wissenschaftliche Experten maßgeblich an der Erstellung Roter Listen und einschlägiger Publikationen beteiligt. Gleichzeitig war er beim Bundesamt für Naturschutz beschäftigt. War der Experte des 19. Jahrhunderts noch darauf angewiesen, über die Gefährlichkeit der Kreuzotter aufzuklären, um seine wissenschaftlichen Studien zu rechtfertigen, bestand nun eine feste normative Anbindung wissenschaftlicher Studien an die Gefährdung von Arten wie der Kreuzotter.

Die Problematik des weltweiten Artensterbens, die für Naturschützer eine unermessliche Tragödie darstellt(e), bildete dafür einen wichtigen Referenzpunkt. Die Grenzen zwischen deskriptiver Naturwissenschaft und normativer Ethik waren in diesem Punkt allerdings nicht mehr erkennbar. Dies spiegelt sich dann auch in der Person des Wissenschaftlers wider. So konstatiert Heise: »Viele Wissenschaftler, die in diesem Bereich [Populationsökologie] forschen, sind auch engagierte Umweltschützer, wobei sich »objektive« Forschung und das »subjektive« Engagement nicht immer so klar trennen lassen, wie das manche (aber durchaus nicht alle) Wissenschaftler behaupten.«[121] Deswegen kann bei vielen Kreuzotterforschern auch eine Sorge um die Kreuzotter und deren Zukunft festgestellt werden.[122] Um aber eine *Dramatik* in dem Rückgang der Kreuzotterpopulationen in Deutschland zu erkennen, bedarf es mehr als naturwissenschaftlicher Daten.[123] Erst durch eine bestimmte normative Vororientie-

119 Klaus-Detlef Kühnel, Arno Geiger, Hubert Laufer, Richard Podloucky, Martin Schlüpmann, Rote Liste und Gesamtartenliste der Kriechtiere (Reptilia) Deutschlands, in: Naturschutz und Biologische Vielfalt, 70 (1). Rote Liste gefährdeter Tiere, Pflanzen und Pilze Deutschlands. Bonn-Bad Godesberg 2009, 231–256; 234.

120 Ebd., 235. Inhaltliche Kommentare zur Situation der Kreuzotter fehlen im Gegensatz zu den anderen Reptilienarten.

121 Heise, Artensterben, 27.

122 Und dies ist keineswegs despektierlich gemeint. Im Gegenteil.

123 Vgl. Alan Holland, John O'Neill, Yew Trees, Butterflies, Rotting Boots and Washing Lines: the Importance of Narrative, in: Andrew Light, Avner de Shalit (Hg.), Moral and Political Reasoning in Environmental Practice. Cambridge 2003, 219–236.

rung der Forscher, die in der Schlange nicht mehr den biblischen Fluch oder das tödliche Ungeziefer sehen, sondern ein bewahrenswertes Lebewesen, kann ihre Situation als tragisch verstanden werden.[124]

Vor dem Hintergrund des weltweiten Artensterbens erkannten Forscher der Kreuzotter einen Eigenwert zu, der unabhängig von Nutzen oder Schaden für den Menschen Geltung hatte. Mit dem rücksichtsvollen Handeln der Naturschutzexperten der Kreuzotter gegenüber, ging ein Gefühl für deren tragische Situation einher. Um das zu verstehen, bedarf es narrativer Zugänge, die Beziehungsgefüge und Interaktionen auch auf Gefühlsebene mit einbeziehen.[125] Nur so ist hinreichend zu erklären, warum Experten Tragik empfinden, wenn sie ein erschlagenes trächtiges Kreuzotterweibchen finden: ein Weibchen, das für sie an sich wertvoll war, das aber aus einem völligen Unverständnis heraus erschlagen worden war.[126] Dass es sich bei den erschlagenen Tieren meistens um die verwundbarsten Individuen handelt, nämlich trächtige Weibchen, verleiht dem Akt des Tötens eine zusätzliche unmoralische Note. Letztlich kann die Geschichte der Kreuzotter daher auch moralisch begriffen werden. Was sich in der Beziehung zwischen Kreuzotterkenner und Kreuzotter in jüngster Zeit entwickelt hat, ist eine Verantwortung des *Menschen* für die Kreuzotter. Dies steht im Einklang mit den jüngeren Entwicklungen in Umweltethik und Animal-Studies.

In diesem Sinne haben sich die Beziehungen zur Kreuzotter seit der Ökologischen Revolution grundlegend gewandelt.[127] Dies verdankt sich aber weniger wissenschaftlichem Fortschritt als einem normativen Wandel – auch wenn in der Moderne die wissenschaftliche Auseinandersetzung eine *conditio sine qua non* für die Herstellung von solchen Beziehungen darstellt. Die Erforschung der Kreuzotter im 19. Jahrhundert macht dies deutlich. Hier ging der wissenschaftliche Erkenntnisgewinn mit einer Beziehung zur Kreuzotter einher, die sich auf Töten oder Getötetwerden beschränkte. Diese Darstellung soll nicht darüber hinwegtäuschen, dass es auch nach 1970 noch Menschen außerhalb der Wissenschaft und des Naturschutzes gab, die Kreuzottern verfolgten und töteten.[128]

---

124 Vgl. Patrick Masius, Naturkontrolle durch Expertenwissen: Ein Rückblick auf den Umgang mit Naturgefahren im 19. Jahrhundert, in: Martin Bemman u. a. (Hg.), Unberechenbare Umwelt. Zum Umgang mit Unsicherheit und Nicht-Wissen bei der Gestaltung und Bewirtschaftung natürlicher Ökosysteme. Wiesbaden 2012.

125 Holland, O'Neill, Narrative.

126 Zwar können Kreuzotterforscher auch biologische und ökologische Gründe dafür nennen, wieso Kreuzottern nicht erschlagen werden sollten. Diese vermitteln aber nicht das Gefühl der Tragik.

127 Erste Vorgriffe auf die neuen Beziehungen finden sich seit den 1930er Jahren.

128 Siehe z. B. U. Schindler, Über Kreuzottern im Emsland, in: Natur, Kultur und Jagd. Beiträge zur Naturkunde in Niedersachsen, 25 (3), 1972, 76.

7. Aus der Geschichte lernen

Auch wenn das antike Bild von der *historia magistra vitae* in der Moderne auf philosophische Widerstände gestoßen ist, hat es in jüngster Zeit seine Relevanz nicht verloren. Insbesondere im Bereich der Umweltgeschichte wird immer wieder versucht Anknüpfungspunkte an aktuelle Problemlagen zu finden.[1] Eine vorsichtige Antwort auf die Frage nach den Lehren, die aus der Geschichte gezogen werden können, ist das sogenannte »Orientierungswissen«. Es zielt nicht auf konkrete technische Problemlösungen, sondern will zu einem besseren Verständnis beitragen, auf welche Art und Weise Situationen einzuschätzen sind und in der Konsequenz auch wie gehandelt werden sollte.

In diesem Sinne ist auch das Wissen über einen Wahrnehmungswandel einzuordnen, wie er anhand der Geschichte der Kreuzotter nachweisbar ist. Im folgenden Kapitel wird dazu ausgeführt, welcher Wandel in der Wahrnehmung der Kreuzotter von einem gefährlichen Feind zu einem gefährdeten Naturschutzobjekt stattgefunden hat und wie dieser Wandel zu erklären ist. Im ersten Abschnitt werde ich betrachten, ob und wie sich die Gefährlichkeit und der Gefährdungsgrad der Kreuzotter in Rückgriff auf die gesammelten Quellen verändert haben. Im zweiten Abschnitt wird die Rolle der verschiedenen Akteure, die mit der Kreuzotter in Beziehung standen, also Ärzte, Forstleute, Landwirte, Politiker, Journalisten, Verwaltungsbeamte und vor allem zoologische Experten, im historischen Wandel untersucht. Zuletzt werden Erklärungen für den Wahrnehmungswandel diskutiert und die gesamtgesellschaftlichen Zusammenhänge beleuchtet, die zu ihm beigetragen haben.

7.1 Gefährlich oder ungefährlich: die Kreuzotter zwischen Bissstatistik und Naturschutzgesetz

Die Frage wie gefährlich die Kreuzotter nun eigentlich ist, liegt für jeden nahe, der in Kontakt mit der Thematik kommt. Die Wissenschaftler des 19. Jahrhunderts rechtfertigten ihre gesamte Forschungsarbeit zu der Giftschlange mit dem

---

1 Vgl. Gerrit Jasper Schenk, Katastrophen in Geschichte und Gegenwart. Eine Einführung, in: ders. (Hg.), Katastrophen. Vom Untergang Pompejis bis zum Klimawandel. Stuttgart 2009, 9–20. Patrick Masius, Ole Sparenberg, Jana Sprenger (Hg.), Umweltgeschichte und Umweltzukunft. Zur gesellschaftlichen Relevanz einer jungen Disziplin. Göttingen 2009.

Hinweis auf deren Gefährlichkeit (siehe Kap. 3). Die Beschreibung von Bissunfällen, wie auf über 50 Seiten in Lenz »Schlangenkunde«, spielte dabei eine
wichtige Rolle. Mit Müllers Erhebung zur Kreuzotter in Pommern stand die
erste systematisch erfasste Bissstatistik zur Verfügung.[2] Seine Vorgänger hatten sich weitgehend darauf beschränkt, Todesfälle oder besonders schwere Fälle
zu sammeln.[3] Eine Relation zu der Gesamtanzahl der Bissunfälle konnte nicht
angegeben werden. Durch die Schilderung von Lenz ergab sich der Eindruck
einer 23 prozentigen Mortalitätsrate und Blum und Banzer *schätzten,* ohne weitere Anhaltspunkte zu nennen, eine Gesamtzahl von Bissunfällen (siehe Tab.
5). Müllers systematische Befragung von Ärzten in Pommern ergab das erste
stichhaltige Ergebnis in Bezug auf die statistische Gefährlichkeit eines Kreuzotterbisses für den Menschen. Demnach lag die Mortalitätsrate bei 2,8 Prozent;
von 179 Gebissenen, die sich in ärztliche Behandlung begeben hatten, erlagen
fünf ihrer Verletzung. Müller selbst meinte, dass diese Rate noch höher liege,
als es der Wirklichkeit entspräche, da nur die schlimmsten Fälle überhaupt in
ärztliche Behandlung kämen. Verschiedene traditionelle Volksheilmittel waren
weit verbreitet, und wie er durch Befragung festgestellt hatte, meistens die erste
Wahl. Besonders die ländliche Bevölkerung, die zur größten Risikogruppe gehörte, hatte häufig kaum genügend Geld, um einen professionellen Arzt zu be-
zahlen. Er erklärte:

»Für Pommern wenigstens kann man ruhig annehmen, dass die Zahl eher noch etwas
zu hoch gegriffen ist, da mir von allen Seiten berichtet wurde, dass nur die schwersten
Fälle im allgemeinen in ärztliche Behandlung kämen, bei denen Volksmittel und das
sonst schier unfehlbare Besprechen erfolglos geblieben waren«[4].

Damit sprach die erste statistische Erfassung dafür, dass die Angaben von Lenz
ein Bild vermittelten, das die Gefährlichkeit eines Kreuzotterbisses für den
Menschen mindestens um den Faktor zehn überzeichnet hatte.[5] Die nächsten
beiden verfügbaren Statistiken zur Mortalität von Kreuzotterbissen zeugen von
einer fortschreitenden Abnahme der Gefahr für den Menschen. Die vollstän-
digen Angaben der preußischen Medizinalberichte umfassen eine Periode von
1929–1937 und ergeben eine Mortalitätsrate von 0,9 Prozent. Von 774 Gebissenen starben 7 Personen.[6] Sie beruhten auf der Angabe von Ärzten bei einer
Zentralstelle.

2 Müller, Verletzung.
3 Vgl. Wolf, Kreuzotter; Lenz, Schlangenkunde; Blum, Kreuzotter; Banzer, Kreuzotter.
4 Müller, Verletzung, 71 f.
5 Geht man wie Müller davon aus, dass nur ein Bruchteil der Gebissenen überhaupt in
der Statistik auftaucht, so mag sich der Faktor auf das 20 oder 30-fache erhöhen.
6 Klingelhöfer, Kreuzotter.

Eine dritte systematische Befragung führten Schiemenz und Biella in Ost-
deutschland durch. Dabei ging die Mortalitätsrate gegen Null. Bei 875 Bissunfällen verzeichneten sie zwischen 1955 und 1975 nur einen einzigen Todesfall, den sie jedoch nicht in die Statistik mit aufnahmen; bei dem Opfer handelte
es sich nämlich um eine Frau mit Kreislaufschwäche.[7]

Tab. 5: Die Entwicklung der Bissstatistiken in Deutschland

Autor	Jahr	Periode	Bezugsraum	Fälle	Todes-fälle	Mortalitäts-rate (%)
Lenz	1832	1790–1832	Deutschland/ Ukraine	61	14	23
Koch	1862	jährlich	?	(50)	3	6
Blum	1888	1878–1888	Deutschland	(600)	17	2,8
Banzer	1891	1800–1891	Bayern	(900–1350)	12	0,8–1,3
Müller	1895	1882–1895	Pommern	179	5	2,8
Klingelhoefer	1941	1929–1937	Deutschland	774	7	0,9
Wagner	1948	1929–1934	Preußen	426	6	1,4
Schiemenz	1987	1955–1975	DDR	875	0 (1)	0 (0,1)

Quelle: Zusammengestellt aus Lenz, Schlangenkunde; Koch, Schlangen; Blum, Kreuzotter;
Banzer, Kreuzotter; Müller, Verletzung; Klingelhöfer, Kreuzotter; Wagner, Kreuzotter und
Schiemenz, Kreuzotter.

Im Rückblick auf diese drei Statistiken zeigt sich in den letzten rund einhundert Jahren ein Rückgang der Mortalitätsrate von 2,8 auf 0,9 und 0,1 Prozent.
Diese Tendenz erklärt sich aus der abnehmenden Vulnerabilität der Bevölkerung, die sich hauptsächlich zwei Faktoren verdankt. Erstens war der Weg in
eine schnelle Behandlung für die Gebissenen wesentlich vereinfacht worden.
Das lag an einem Ausbau der Infrastruktur, einer erhöhten Mobilität der Bevölkerung durch die zunehmende Motorisierung, besseren Kommunikationsmög-
lichkeiten durch das Telefon sowie einer Sicherung medizinischer Versorgung
auch für die unteren sozialen Schichten. Zweitens stand den deutschen Ärzten
seit den 1930er Jahren mit einem speziellen Antiserum gegen Schlangenbisse

7 Schiemenz, Kreuzotter.

erstmals ein wirksames Mittel zur Verfügung, um das Gift im Körper des Patienten unschädlich zu machen, also kausal zu behandeln.

Darüber hinaus war auch die Gesamtzahl der Bissunfälle zurückgegangen. Bedingt durch den Wandel von der Agrar- zur Industriegesellschaft, kamen in einer urban geprägten Gesellschaft weniger Menschen mit der Kreuzotter in Kontakt. Gleichzeitig führten technische Neuerungen dazu, dass viele Tätigkeiten wie Heuen oder Reisig sammeln, die ehemals in Handarbeit verrichtet wurden, nun maschinell erledigt wurden oder ganz der Vergangenheit angehörten. Dazu kam ein Anstieg des Lebensstandards auch in den benachteiligten ländlichen Regionen, weshalb die Menschen kaum noch barfuß ihrer Arbeit nachgingen. Damit war die Gruppe der Hauptbetroffenen im 19. Jahrhundert, nämlich barfüßige Landarbeiter, Reisig-, Beeren- und Pilzsammler stark zurückgegangen.

Vor diesem Hintergrund wird verständlich, warum seit der zweiten Hälfte des 20. Jahrhunderts nur vereinzelte Todesfälle in Deutschland nachweisbar sind. Der letzte bekannte Fall datiert auf das Jahr 2004, in dem eine ältere Frau auf Rügen von einer Kreuzotter tödlich gebissen wurde.[8]

Wie die Statistiken aber auch zeigen, waren tödliche Bissunfälle schon im 19. Jahrhundert eine Seltenheit. Banzer gelang es zum Beispiel, für das gesamte 19. Jahrhundert in Bayern nur 12 tödliche Fälle nachzuweisen.[9] Und schon ihm war bewusst, wie selten der Verlauf eines Bisses tödlich endet: »Wir werden bei der Casuistik sehen, dass fast nur beim Zusammentreffen mehrerer ungünstiger Momente, besonders wenn Verwegenheit oder Unkenntnis die Schuld am Biss trägt und ärztliche Hilfe fern ist oder nicht beansprucht wird, der Ausgang in Tod erfolgt«.[10] Im Vergleich zu Bienen- oder Wespenstichen, Hunde- oder sogar Gänsebissen war die Gefahr, durch den Kreuzotterbiss zu sterben, seit es Aufzeichnungen gibt, kaum bemerkenswert.[11] Trotzdem hielt sich die Auffassung, die Kreuzotter sei außerordentlich gefährlich, bis 1930, also noch weitaus länger, als Banzer und Müller ihre Dissertationen veröffentlicht hatten.[12] Die bloße Existenz einer Bissstatistik konnte tief in die Gesellschaft eingewobenes Wissen, das die Lehrpläne und Tierlexika der Zeit bestimmte, nicht erschüt-

8 Giftnotruf Erfurt: http://www.ggiz-erfurt.de/aktuelles/akt_press_04_juli_kreuzotter _ostsee. htm [Zugang am 16. März 2012].

9 Banzer, Kreuzotter, 41.

10 Ebd., 17.

11 Vgl. Weber, Schoenichen, Schutz.

12 In aktuellen weitverbreiteten Naturführern wird die Gefährlichkeit der Kreuzotter wieder verhältnismäßig drastisch dargestellt: »Auf Menschen wirkt der Biß nicht unbedingt tödlich [...]« (Wilfried Stichmann, Ursula Stichmann-Marny, Erich Kretzschmar, Der große Kosmos-Naturführer Tiere und Pflanzen. Stuttgart 2012, 180).

tern. Sensationshungrige Zeitungsartikel und staatliche Verfolgungsaktionen taten ein Übriges.

7.2 Tragisches Opfer oder Überlebenskünstlerin

Die Hauptgefährdungsursachen für die Kreuzotter, die Wissenschaftler seit den 1970er Jahren ausgemacht haben, sind Habitatzerstörung und direkte Verfolgung.[13] Die Idee, direkte Verfolgung durch den Menschen sei für den Rückgang der Kreuzotter in Deutschland von Bedeutung, zieht sich durch die Standardwerke bis in die jüngste Zeit.[14] Dabei unterscheiden die Experten zwischen der systematischen Tötung der Kreuzotter durch Prämien und dem Erschlagen bei Zufallsbegegnungen. Dass die staatlichen Prämiensysteme zum Rückgang der Art geführt haben müssen, scheint allein die Höhe der Fangzahlen zu belegen. So habe der Reichsarbeitsdienst 1935 in Gifhorn über 300 Ottern getötet und im Landkreis Kiel seien im Jahr 1901 2812 Ottern prämiert worden, hatte Müller zur Veranschaulichung dieses Punktes erklärt.[15] Betrachtet man aber nicht nur erratisch herausgegriffene Einzelzahlen, sondern die Zahlen der prämierten Kreuzottern über längere Fangperioden, so zeigt sich deutlich, dass diese Art der Verfolgung keinen Rückgang der Populationen bewirken konnte. Beispielhaft hierfür seien die Ergebnisse der Kreuzotterverfolgung im Regierungsbezirk Aurich (1902–1914), dem Forstbezirk Obertal (1905–1913) und in Ostthüringen genannt.[16] Schon Klingelhöfers Auswertung von Archivmaterial hatte gezeigt, dass »durch das Prämierungssystem eine Ausrottung der Kreuzotter nicht herbeizuführen war, es war noch nicht einmal eine Verminderung zu erreichen, es ist im Gegenteil eine Vermehrung der Kreuzotter in den Revieren des Kreises Altenburg in den letzten hundert Jahren feststellbar«.[17] Nach dreißig Jahren Prämiensystem gab die preußische Regierung selbst zu, damit keinerlei Erfolge erzielt zu haben.[18] Sie folgte damit der Einschätzung von Moser, dass für die Individuenzahl der Kreuzotterpopulationen die ökologischen und klimatischen Bedingungen wesentlich bedeutsamer sind als die Verfolgung durch den

---

13 Blab, Nowak, Gefährdungscharakteristika; Joger, Status, 358; Müller, Arealveränderungen; Jörg Plötner, Zur Bestandssituation bei der Kreuzotter (Vipera b. berus L.) im Bezirk Rostock, in: Natur und Umwelt: Beiträge aus dem Bezirk Rostock, 5, 1983, 70–77; Schiemenz, Kreuzotter, 97.
14 Völkl, Thiesmeier: Kreuzotter, 120 ff.
15 Müller, Arealveränderungen, 288.
16 Klingelhöfer, Kreuzotter.
17 Ebd., 67.
18 BA Berlin-Lichterfelde RGA Abt. IV, R 86/3681, Brief vom preußischen Innenministerium an den Innenminister des Reiches am 7. November 1930.

Menschen.[19] Gleichwohl ist nicht auszuschließen, dass sehr kleine Populationen durch Fang endgültig ausgelöscht werden können.

Im Gegensatz zu den Daten aus den Verwaltungsakten in den Archiven waren und sind Klingelhöfers Ergebnisse auch für Biologen zugänglich. Dennoch berücksichtigte keiner der Fachautoren nach 1970 diesen Wissenspool. Um Naturschutzziele erfolgreich zu verfolgen, wäre es wenig hilfreich gewesen, zu erklären, wie unerheblich es für die Gesamtsituation der Giftschlange sei, ob man eine einzelne Kreuzotter erschlägt oder nicht. Gerade vor dem Hintergrund eines gesetzlichen Schutzes wäre eine solche Information wenig nachvollziehbar, obgleich vom biologischen Standpunkt aus wohl verständlich. So erklärt der Ökologe Josef Reichholf, die direkte Verfolgung von Arten habe keine Auswirkung auf deren Gefährdungsgrad, insofern es sich um Arten mit ausreichend hohen Umsatzraten handelt.[20] Im Gegensatz dazu hoben Kreuzotterexperten die Fragilität der Populationen hervor, für die schon der Verlust einiger Tiere durch Erschlagen von Spaziergängern zur Gefährdung wurde.[21] Dies fungierte als ein wichtiges Symbol für den aufklärerischen Duktus des Naturschutzes, wie er nach der Ökologischen Revolution, die Debatten prägte.[22] Schiemenz konstatierte in diesem Sinne mahnend, immer noch seien viele Menschen der Überzeugung »Gutes zu tun«, wenn sie Kreuzottern erschlagen.[23] Dies wird oft auf einen instinktiven Schlangenhass und mangelnde Kenntnisse zurückgeführt.[24] Waren Experten wie Lenz im 19. Jahrhundert darauf bedacht, den Menschen aufzuklären, damit er seine Furcht ablegen und Schlangen töten würde, um Gutes zu tun, erklärte der Experte des ausgehenden 20. Jahrhunderts das genaue Gegenteil. Er sorgt sich um die Schlangen, die für ihn einen Wert um ihrer selbst willen besitzen. Ein solcher Wert ist verknüpft mit der Tragik des weltweiten Artensterbens.

Vor diesem Hintergrund wird verständlich, warum die Lebensraumverluste der Kreuzotter in Deutschland mit »dramatischen Bestandseinbrüchen« verknüpft werden. Tatsächlich ist die Kreuzotter durch die großflächige Zerstörung geeigneter Lebensräume durch den Menschen in Deutschland seltener geworden. Dieses Argument gilt für die meisten heimischen Wildtierarten. Insbesondere die Intensivierung der Landwirtschaft hat zu einem großräumigen Strukturwandel in der Landschaft und zum Lebensraumverlust vieler Tier-

19 Ebd., Briefliches Gutachten von Prof. Moser an das Preußische Innenministerium am 19. Oktober 1930. Gleichwohl ist nicht auszuschließen, dass sehr kleine Populationen durch Fang endgültig ausgelöscht werden können.
20 Josef Reichholf, Die Zukunft der Arten. München 2009, 26 ff.
21 Joger, Status; Völkl, Bestand.
22 Siehe Radkau, Ära.
23 Schiemenz, Kreuzotter, 5.
24 Blab 2011 mdl. Mittl.

und Pflanzenarten geführt.[25] Die großflächige Kultivierung der Moore sowie bestimmte Formen der Waldwirtschaft haben zum Rückgang der Kreuzotter beigetragen.

Ein Vergleich mit historischen Verbreitungsdaten deutet aber darauf hin, dass die Kreuzotter sich trotz dieser Lebensraumverluste neuen Situationen relativ flexibel anpassen kann. Für Sachsen beispielsweise hat sich das Verbreitungsbild »gegenüber der Vergangenheit kaum geändert«.[26] Ähnliches gilt für Baden-Württemberg.[27] Selbst in Niedersachsen, wo die größten Lebensraumverluste durch die Umwandlung der ausgedehnten Moore stattgefunden haben, ist der heutige relativ niedrige Schutzstatus gekoppelt mit der weiten Verbreitung ein deutliches Indiz für die Flexibilität und Persistenz der Art. Die Kreuzotter hat hier den niedrigsten Gefährdungsstatus aller Roten Listen auf Länderebene erhalten (3: gefährdet).[28]

Auch auf Bundesebene deuten die Verbreitungsdaten darauf hin, dass es weniger dramatische Bestandseinbrüche gegeben hat, als von Naturschützern befürchtet. Vergleicht man das Verbreitungsbild von 1888 mit dem heutigen, so hat sich dies in der Makroperspektive kaum geändert (vgl. Abb. 5 und 16).[29] Regional und lokal ist die Kreuzotter allerdings seltener geworden.

Zu ergänzen wären die Verbreitungsdaten Blums um die umfangreichen Quellen zu den Kreuzotterprämierungen, insbesondere in Preußen zwischen 1900 und 1930. Detaillierte Ergebnisse zu Kopfgeldaktionen in den meisten Landesarchiven sind vorhanden. Die zentral geführte Korrespondenz zum preußischen

25 Reichholf, Zukunft.

26 Uwe Prokoph, Stffen Teufert, Verbreitung und Bestandssituation der Kreuzotter in Sachsen, in: Ulrich Joger, Ralf Wollesen, (Hg.), Verbreitung, Ökologie und Schutz der Kreuzotter (Vipera berus [Linnaeus, 1758]), Mertensiella, 15, 2004, 125–130; 125.

27 Klemens Fritz, Hubert Laufer, Peter Sowig, Verbreitung und Bestandssituation der Kreuzotter Vipera berus (Linnaeus, 1758) in Baden-Württemberg, in: Ulrich Joger, Ralf Wollesen (Hg.), Verbreitung, Ökologie und Schutz der Kreuzotter (Vipera berus [Linnaeus, 1758]), Mertensiella, 15, 2004, 108–116; 108.

28 Podloucky, Verbreitung, 24 f. Nach wie vor bildet das niedersächsische Tiefland einen Verbreitungsschwerpunkt der Art in Deutschland. Sie ist die häufigste Schlangenart und auf Basis eines Rasters von Topographischen Karten 1: 25000 nahezu flächendeckend verbreitet.

29 Blum, Kreuzotter, Anhang; Schiemenz u. a., Kreuzotter, 716. Tatsächlich sind die Darstellungsweisen der Karten im Detail nicht vergleichbar, weil es sich einmal um eine feinskalige lokale Darstellung und zum anderen um eine Rasterdarstellung handelt. Gleichwohl ist das Gesamtverbreitungsbild weitgehend kongruent. Dass eine solche Gegenüberstellung nicht völlig absurd ist, zeigt auch die Verwendung des betreffenden Ausschnitts aus Blums Verbreitungskarte in einem aktuellen Artikel zur Situation der Kreuzotter in Thüringen (Andreas Nöllert, Verbreitung, Lebensraum und Bestandsituation der Kreuzotter *Vipera berus berus* (Linnaeus, 1758) im Freistaat Thüringen, in: Ulrich Joger, Ralf Wollesen (Hg.), Verbreitung, Ökologie und Schutz der Kreuzotter (Vipera berus [Linnaeus, 1758]), Mertensiella 15, 2004, 52–89; 76 f.).

Prämiensystem, die seit etwa 1900 zwischen dem Innenministerium und den preußischen Provinzen geführt wurde, ist leider in den Beständen des Geheimen Preußischen Staatsarchivs nicht enthalten. Auch die Antworten auf einen 1934 in die Provinzen versandten Fragebogen der Staatlichen Stelle für Naturdenkmalpflege gingen soweit bekannt im Krieg verloren.[30] Die einzige erhaltene großräumige Befragung stammt aus dem Jahr 1927 und enthält eine tabellarische Zusammenstellung der Berichte der preußischen Regierungspräsidenten bezüglich der möglichen Einführung eines Kreuzotterserums sowie Angaben zur Häufigkeit der Kreuzotter und etwaigen Bissunfällen.[31] Weitere Verbreitungsangaben finden sich in bislang nicht in den wissenschaftlichen Diskurs integrierten Doktorarbeiten.[32] Hinzu kommen aufwendig zu recherchierende Angaben aus Chroniken, Zeitungen und Stadtarchiven. Ein systematischer Abgleich mit diesen historischen Daten steht noch aus.

Stichprobenartige Untersuchungen für bestimmte Regionen zeugen von einer anhaltenden Kontinuität der Kreuzottervorkommen auch auf lokaler Ebene. Auf der Insel Usedom (Mecklenburg-Vorpommern) und dort speziell in der Gegend von Peenemünde ist die Kreuzotter nachweislich seit über einem Jahrhundert häufig. Dies ergeben die Daten von Blum (1888) und Müller (1891) in Verbindung mit der oben genannten Befragung von 1927 und aktuellen Berichten.[33]

Auch einige der heutigen Verbreitungsschwerpunkte im hessischen Spessart lassen sich in der historischen Rückschau bestätigen; so bei Bad Orb und bei Bieber.[34] In einer Familienchronik aus Bad Orb ist zu erfahren, dass die Kreuzotter um 1900 am Münsterberg, direkt bei Bad Orb, häufig vorkam. Der Großvater des Autors hatte sie dort gefunden und der Autor selbst fand ein Weibchen mit Jungtieren einige Jahrzehnte später selbst.[35] Malkmus und Heimes bestätigten in neueren Kartierungen die Funde im Ortsbereich von Bad Orb.[36] Auch für Bieber liegen historisch verbürgte Funde der Kreuzotter vor.[37] So schrieb der örtliche evangelische Pfarrer 1905 an den Landrat von Gelnhausen über das vermehrte Auftreten von Kreuzottern: in »einer Stund [sind] 10 Stück ge-

---

30 Schriftl. Mittl. von Sabine Reinhardt im Geheimen Preußischen Staatsarchiv am 17. September 2010 und mdl. Mittl. am 24. September 2010.

31 GStAPK I. HA Rep.76 VIII B, Nr. 3528.

32 Müller, Verletzung. Mittlerweile ist Banzers Dissertation zur Kreuzotter in Bayern im Fachdiskurs bekannt geworden, siehe: Gruber u. a., Verbreitung.

33 Blum, Kreuzotter, 175; Müller, Verletzung; GStAPK I. HA Rep.76 VIII B, Nr. 3528; Schiemenz et al., Kreuzotter, 717.

34 Blum, Kreuzotter; Heimes, Verbreitung; Stadler, Kreuzotter.

35 Peter Georg Bremer, Die Geschichte der Stadt Bad Orb und unserer Familie 1888–1979. Zürich 2001, 233.

36 Heimes, Verbreitung.

37 Blum, Kreuzotter, 208.

Abb. 21a und b: Fundorte der Kreuzotter in der Umgebung von Bieber.

tötet worden«.[38] Auf Rückfrage des Landrates bestätigte Forstmeister Wittig aus dem Oberforstamt in Bieber den Sachverhalt.[39] Bis heute kommen Kreuzottern in der Umgebung von Bieber an Wegrändern, Lichtungen und auf einer Weihnachtsbaumplantage vor.[40]

Ein aktueller Fundort im Ortsbereich von Fulda, im Niesiger Forst, ist durch einen Zeitungsartikel aus dem Jahr 1903 auch als historischer Fundort verbürgt. Am Niesiger Berg habe ein junger Mann am Vortag eine 60 cm lange Kreuzotter »unschädlich« gemacht. Im Frühjahr würden dort »fast regelmäßig [...] einzelne Kreuzottern gefangen werden«, hieß es in dem kurzen Bericht.[41]

Noch länger ist der Lorenzer Wald bei Nürnberg als Kreuzotterfundort bekannt. Wolf nannte die Gegend zwischen den Orten Altenfurt und Fischbach.[42] Ende des 19. Jahrhunderts wurde dieser Verbreitungsschwerpunkt von Hagen, Blum und Banzer bestätigt.[43] Auch heute ist dieses Vorkommen noch stabil.[44]

Diese wenigen Beispiele zeigen, welche hohe Persistenz die Kreuzotter in bestimmten lokalen Kontexten aufweist. Alle vorgestellten Fundorte erlebten in den vergangenen Jahrzehnten tiefgreifende Lebensraumveränderungen. Dass die Kreuzotter trotzdem an diesen Stellen weiter vorkommt, zeugt von Anpassungsfähigkeit und Flexibilität. So stellen bei Bieber und Peenemünde heute eine Christbaumplantage respektive ein Flugplatz wichtige Habitate dar. Auch Gärten werden von der Kreuzotter in Bad Orb und Bieber genutzt.

Diese stichpunktartigen Fallstudien können jedoch nicht darüber hinwegtäuschen, dass die Kreuzotter in vielen Regionen seltener geworden oder ganz verschwunden ist. Sie belegen aber, wie überlebensfähig die Populationen in bestimmten räumlichen Kontexten trotz Lebensraumveränderungen sind. Sie ist eben nicht allein das tragische Opfer menschlichen Handelns, sondern auch anpassungsfähige Überlebenskünstlerin. Hatte sie zunächst die gezielten Ausrottungsprogramme überstanden, konnte sie auch die Zerstörung vieler ihrer Lebensräume verkraften. Dieser Aspekt ist durch eine soziale Perspektive, die in der Kreuzotter allein ein passives Opfer des Menschen sah, bisher vernachlässigt worden.

38 HStA Marburg, Acta 180 Gelnhausen, Nr. 4685, Brief vom 30.4.1905.
39 Ebd., Brief von Forstmeister Wittig an den Landrat in Gelnhausen am 6. Mai 1905.
40 Olaf Homeier mdl. Mitteilung, Mai 2011.
41 Fuldaer Zeitung, 11. April 1903, Nr. 32. »Kreuzotter«.
42 Wolf, Kreuzotter, 6.
43 Hagen, Kreuzotter; Blum, Kreuzotter; Banzer, Kreuzotter.
44 Vgl. Gruber u. a., Verbreitung, 120.

7.3 Ideologie und Instrumentalisierung:
die Rolle der verschiedenen Akteure

Wie gezeigt, ist die Mortalitätsrate von Kreuzotterbissen zu keiner Zeit sehr
hoch gewesen und hat vermutlich nie die Dreiprozentmarke überschritten.
Auch die Annahme einer akuten Gefährdung war eher eine Folge des Wahrneh-
mungswandels als seine Ursache. Auf welche Weise der nachgewiesene Wandel
der Perspektive auf die Kreuzotter aus einem größeren Wahrnehmungswandel
hervorgeht, wird in der Betrachtung der beteiligten Akteure in ihrer jeweiligen
historischen Konstellation deutlich.

Dabei blieb die Rolle von professionellen Ärzten relativ konstant. Mediziner waren seit jeher darauf bedacht, Kreuzotterbisse sachlich zu behandeln. Sogar in den Zeiten als ihre Behandlungsmöglichkeiten mangels Antiserum stark
eingeschränkt waren, versuchten sie die Gefährlichkeit des Giftes für den Menschen zu relativieren. Die Abgrenzung zu Wunderheilern und Volksmitteln beruhte genau auf dieser aufklärerischen Herangehensweise.[45] Es findet sich in
den Quellen kaum ein Arzt, der den Kreuzotterbiss im Normalfall für tödlich
hielt. Selbst in kreuzotterreichen Gebieten wie den Masuren war es in jahrzehn-
telanger Behandlungspraxis nie zu Todesfällen gekommen.[46]

Im Gegensatz zu diesen Akteursgruppen spielten die Förster in der Geschichte der Kreuzotter eine heterogene Rolle. Ihre Beziehung zu der Kreuzotter
war maßgeblich von der Durchsetzung spezifischer Interessen geprägt. Zu Zeiten der Ausrottungspolitik in Deutschland gab es Forstämter, die die Maßnahmen in Frage stellten und sich ihnen widersetzten, während andere selbstständig
und mit hohem Engagement zu ihnen beitrugen. Erstere waren vor allem darauf
bedacht, ihre Wälder vor Kreuzottersammlern zu bewahren, die unter anderem
in den Schonungen für einen wirtschaftlichen Schaden sorgten. Letztere führten den Kreuzotterfang zumeist selber aus oder sahen keine Probleme für ihre
Forstkulturen (z. B. Schwarzwald). Einerseits machte die Einrichtung eines Prämiensystems den Förstern zusätzliche Arbeit, andererseits wurden von Zeit zu
Zeit ihre Hunde von Kreuzottern gebissen, so dass auch persönliche Erfahrungen ihre Einstellung beeinflussten.

Nachdem die Prämiensysteme abgeschafft worden waren, erhielt sich diese
heterogene Position, nun aber unter anderen Prämissen. Um Spaziergänger
und Touristen aus den Wäldern fernzuhalten, griff der ein oder andere Förster

45 Siehe z. B. Banzer, Kreuzotter; Müller, Verletzung.
46 LHA Koblenz, Nest. 441, Nr. 28605. Brief des Kreisarztes Tillich an den Regierungspräsident der Rheinprovinz am 24. Juni 1927.

zu dem Mittel, Warnschilder über giftige Kreuzottern aufzustellen.[47] Auf diese
Weise instrumentalisierten sie die vermeintliche Gefährlichkeit der Giftschlangen. Auf der anderen Seite kooperieren zahlreiche Forstämter mit Naturschutzorganisationen und setzen sich für den Erhalt der Kreuzotter ein. Dabei führten
sie auch selbstständig Biotoppflegemaßnahmen durch. Im Namen des Naturschutzes einige Hektar zur Verfügung zu stellen, fällt wirtschaftlich nicht ins
Gewicht und sorgt zudem für eine positive Wahrnehmung in der Öffentlichkeit. Die Hoheit über den Wald bleibt dadurch unangetastet. Die Förster richte-
ten ihre Beziehung zur Kreuzotter hauptsächlich über ihr Interesse an der Kontrolle über ihre Wälder aus.

Im Verlauf der Moderne hat die Macht der Medien in der Öffentlichkeit stetig zugenommen. Die Orientierung der Massenmedien am Kriterium des Auf-
merksamkeitswerts hob jeweils den Gefahrenaspekt der Kreuzotter hervor. Im
19. und zu Beginn des 20. Jahrhunderts waren vor diesem Hintergrund Schre-
ckensmeldungen über tödlich verlaufene Kreuzotterbisse – im besten Fall noch
in Verbindung mit beim Beeren suchen verschwundenen Kindern – keine Seltenheit. Obgleich die meisten dieser Nachrichten nicht auf tatsächlichen Ge-
schehnissen beruhten, wurden sie erst viel später durch die systematische
Recherche von Experten als Zeitungsenten entlarvt. Unterstützt wurde ihre
Glaubwürdigkeit durch das anerkannte Wissen, das durch Brehms Tierleben,
Schmeils Naturwissenschaftliches Unterrichtswerk und durch Leunis Synopsis
der Naturreiche Verbreitung fand. Der Kreuzotterartikel in Brehms Tierleben
speiste sich in weiten Teilen aus der Schrift von Lenz, in der eine Mortalitätsrate von etwa 25 Prozent angenommen worden war und ein Vernichtungskrieg
gegen die Otter zum Programm gehörte. Vor diesem Hintergrund trugen Zeitungsmeldungen dazu bei, dass die preußische Regierung systematische Ausrottungsprogramme einführte.

Großen Einfluss hatte dreißig Jahre später auch der Artikel von Hecht zur
Kreuzotter bei Bad Orb, der unter anderem in der Frankfurter Zeitung erschien. Der Nachweis, die Prämiengelder zu großen Teilen für harmlose und
sogar nützliche Reptilien ausgegeben zu haben, veranlasste die preußische Regierung zum Handeln. Nachdem ein Gutachten die Angaben von Hecht bestätigt hatte, wurde das Prämiensystem umgehend eingestellt. Fast identisch verlief die lokale Auflösung des Prämienwesens im Regierungsbezirk Sigmaringen.
Auch hier gaben Medienberichte über geschützte Schlingnattern, die anstelle
von Kreuzottern prämiert wurden, den Anstoß zur Abschaffung der Kopfgelder.

Weiterhin zeigte sich die Funktionsweise der Medienberichterstattung, nachdem der Wahrnehmungswandel weitgehend vollzogen war, in Form neuer Sen-
sationsmeldungen wie der Entdeckung der seltenen Kreuzotter an unbekann-

---

47 Piechocki, Kreuzotterängste.

ten Fundorten. Im hessischen Burgwald führte beispielsweise die Nachricht von dem Fotonachweis einer einzigen Kreuzotter dazu, dass die Obere Naturschutzbehörde in Gießen eine Untersuchung bezüglich eines möglichen Vorkommens finanzierte.[48] Viele Zeitungsmeldungen seit den 1990er Jahren koppelten den Hinweis auf die große Seltenheit und Angaben zur lokalen Verbreitung mit einer Aufklärung der Bevölkerung. Waren die Menschen früher anhand eines Steckbriefes dazu aufgerufen worden, Kreuzottern zu töten und bei der Verwaltung abzuliefern, sollten sie nun Kreuzotternachweise bei den ansässigen Naturschutzorganisationen erbringen. Nur wenn das genaue Verbreitungsgebiet bekannt sei, könne ein effektiver Schutz erfolgen, so die Idee. Die veröffentlichten Kreuzottersteckbriefe hatten sich durch Wissenszuwachs weiterentwickelt, blieben aber in der Substanz gleich. Lediglich ihre Funktion hatte sich diametral gewandelt. Verfolgten sie Anfang des 20. Jahrhunderts den Zweck der Ausrottung, dienten sie Ende des 20. Jahrhunderts dem Kreuzotterschutz durch die Erfassung lokaler Vorkommen.

Für Obrigkeit und Verwaltung war Kreuzotterpolitik ein Mittel, um Kommunikation mit der Bevölkerung herzustellen und die Forderung nach dem Staat als Garant für die Sicherheit seiner Bürger zu erfüllen. Von 1900 bis 1930 gehörte in Preußen dazu eine Politik der Kreuzotterausrottung.[49] Jede getötete Kreuzotter war ein Symbol der Macht des Menschen über die Natur und jede Prämierung ein Zeichen dafür, dass der Staat für eine sichere und kultivierte Landschaft Sorge trägt. Darüber hinaus wirkte das zentrale Prämiensystem als eine Art Sozialhilfe für ländliche Regionen.[50] Es waren vornehmlich Landarbeiter, Jugendliche und Tagelöhner, die Kopfgelder erhielten. Da die Gemeindeverwaltungen und Provinzen die Aufwendungen vom Innenministerium ersetzt bekamen, waren neben den eigentlichen Empfängern auch diese unteren Behörden an einer Aufrechterhaltung des Systems interessiert. Dass weder eine Abnahme der Kreuzotterpopulationen spürbar war, noch gefährliche Verletzungen bei Menschen auftraten, änderte nichts an der großen Zustimmung für das Prämienwesen, wie das Beispiel Aurich eindrucksvoll belegt (Kap. 3). Erst vor diesem Hintergrund wird verstehbar, weshalb viele preußische Provinzen sich

48 Nicolay, Kartierung.
49 Dies geschah gerade in einer Zeit, in der ähnliche Programme zur Ausrottung von Wölfen verschwunden waren. In der Kreuzotter könnte also eine Art Kompensation für den nun ausgerotteten Wolf gesehen werden. Vgl. Patrick Masius, Jana Sprenger, Die Geschichte vom bösen Wolf. Verfolgung, Ausrottung und Wiederkehr, in: Natur & Landschaft, 87 (1), 2012, 11–16.
50 Vgl. NFG Osterland, Schädlichkeit, 49: »Der Preis von 2 Gr. Für jede erlegte Otter würde wohl genügen und manchen armen Leuten eine Gelegenheit darbieten, sich auf eine gute und leichte Weise etwas Geld zu erwerben.« Lehnert, Fritz: Kreuzotter, 155: »Die prämierten Verfolgungen von Kreuzottern waren z. B. im Bereich Baiersbronn sehr einträglich und wurden von vielen Einwohnern als ›Nebenerwerb‹ genutzt«.

1927 für den Erhalt des »erfolgreichen« Prämienwesens einsetzten und gleichzeitig keinen Bedarf für die Einführung eines Antiserums sahen.

Die Auflösung des Prämienwesens im Jahr 1930 führte zunächst zu einem Funktionsverlust der Art für Politik und Verwaltung. Erst mit der Aufnahme in die Rote Liste der Bundesrepublik 1976 und der verbindlichen Unterschutzstellung der Kreuzotter 1980 fungierte sie wieder als Symbol staatlicher Kontrolle. Anstelle eines Kopfgeldes veranschlagte der Staat nun auf gesetzlicher Basis ein Bußgeld und verhängte eine Ordnungsstrafe für die Tötung einer Kreuzotter. Die Schutzbemühungen sind im neuen Anspruch des Staates zu sehen, der Bevölkerung eine gesunde Umwelt zu erhalten, in der biologische Vielfalt eine bedeutende Rolle spielt. Die Gefahr geht nach der Ökologischen Revolution von der menschlichen Kultur aus, die sich durch die Zerstörung der Natur ihrer eigenen Lebensgrundlagen beraubt. Deshalb sind diese Schutzbemühungen auch im Kontext der Entwicklung der Sicherheitskultur zu verorten, die ab den 1970er Jahren tradierte Elemente eines neuen leistungsstaatlichen Interventionismus mit zivilgesellschaftlichen Initiativen verknüpfte.[51]

Die Kreuzotter selbst widersetzte sich den staatlichen Versuchen, sie zu kontrollieren auf unterschiedliche Weise. Ihre versteckte und vorsichtige Lebensweise machten nicht nur eine moderne Schädlingsbekämpfung der Art unmöglich, sie verhinderte auch, dass die Kopfgeldprämien zu ihrer Ausrottung führten. Ähnlich geht es Experten, die für die Kartierung der Kreuzotter zuständig sind. Unvermittelt taucht sie an unvermuteten Orten auf, an denen sie bei späterer Nachsuche doch nicht nachweisbar ist.[52] Besonders die Eifel außerhalb des Hohen Venn ist ein für diese Problematik beispielhaftes Gebiet.[53] Es gab hier immer wieder Einzelnachweise auf deutschem Boden, eine reproduzierende Population konnte jedoch nie definitiv nachgewiesen werden.[54]

Nicht nur der Staat nutzte die Kreuzotter, um seine Leistungsfähigkeit zu demonstrieren, sondern auch zoologische Experten. Die Kreuzotterforscher des 19. Jahrhunderts sahen es als ihre Aufgabe, die Grundlagen für eine erfolgreiche Ausrottung der gefährlichen Schlange zu schaffen. Jede getötete Schlange war in dieser Perspektive ein Beitrag zum Wohl der Menschheit. Mit dem Aufstieg des Naturschutzes seit 1900 änderte sich diese Haltung. In den 1930er Jah-

---

51 Masius, Natur.
52 Vgl. Nicolay, Kartierung.
53 Bammerlin, Bitz, Amphibien- und Reptilienarten, 454.
54 Insbesondere aus dem Dreieck Dedenborn-Antweiler-Billig liegen relativ zuverlässige Hinweise auf Kreuzottern aus verschiedenen Zeiten vor. »Kreuzottern in den Gemeindewaldungen«, in: Euskirchener Volksblatt vom 20. Juni und 3. Juli 1931. Naturfotograf Robert Gier schrieb am 11.3.2008: »In Punkto Vipera berus (Kreuzotter) kann ich hinzufügen, dass ich ein sonnendes Männchen im Rurtal zwischen Hammer und Dedenborn ohne Scheu länger beobachten konnte (allerdings ca 15 Jahre her) Verwechslung absolut ausgeschlossen!!« (http://www.ulrich-siewers.de/41011/53822.html).

ren wurden Kreuzottern erstmalig als ästhetische Naturobjekte betrachtet, die für den Naturfotografen oder Schlangenliebhaber besonders ansprechend sind. Einzelne Naturschützer idealisierten ihren geheimnisvollen Charakter und ihre abgeschiedene Lebensweise als Kontrapunkt zur zivilisierten Welt. Nach ihrer Unterschutzstellung waren Zoologen darauf bedacht, den hohen Grad der Bedrohung dieser Art hervorzuheben. Das Bild drehte sich um 180 Grad: Nicht mehr der Mensch war von der Kreuzotter bedroht, sondern die Kreuzotter durch den Menschen. Dabei spielten Lebensraumzerstörung und die direkte Verfolgung der Schlangen in den Augen dieser Wissenschaftler die entscheidende Rolle. Als Naturschützer tat man entsprechend Gutes, wenn man dafür sorgte, dass dieses seltene Reptil vor dem Aussterben infolge der Verantwortungslosigkeit des Menschen bewahrt würde. Seit den 1990er Jahren traten darüber hinaus ökologische Zusammenhänge, die den Menschen mit einbezogen, in den Vordergrund. Wie die Waldgeschichte zeigt, hatten menschliche Nutzungsformen über Jahrhunderte hinweg Kreuzotterlebensräume geprägt.[55] Umgekehrt signalisierte die Kreuzotter als Leitart offener Waldhabitate die Auswirkungen bestimmter Formen der Forstwirtschaft.[56]

Die gesamte Wissensgeschichte der Kreuzotter ist durch einen immer wiederkehrenden Modus der Aufklärung geprägt. Sie beginnt mit der Linné'schen Zoologie, der die Giftschlangen aus ihrem geisterhaften Schattendasein befreit, indem er einen Platz für sie in der systematischen Biologie findet.[57] Linné hatte mit »dem Marschallstab des Wortes« das Chaos in der Tier- und Pflanzenwelt bereinigt.[58] Ein erster wichtiger Schritt auf dem Weg zur Entzauberung der Welt war vollzogen.[59] Für die Kreuzotter hatte er allerdings noch drei verschiedene Arten geführt, das Chaos also noch nicht völlig beseitigt. In Deutschland klärten Naturforscher Anfang des 19. Jahrhunderts erstmalig Artstatus, Verbreitungsgebiet und Lebensweise der Kreuzotter.[60] Diese Informationen sollten dazu dienen, den »Feind zu kennen« und nach Möglichkeit zu bekämpfen. Nach diesen ersten umfangreichen Untersuchungen fanden andere Naturforscher Mitte des Jahrhunderts heraus, dass die von Linné beschriebenen drei Arten alle der gleichen biologischen Art, nämlich *Vipera berus,* zuzurechnen sind. Ein wichtiger Schritt in dieser Richtung war der Beweis, es handele sich bei den

---

55 Siehe für den hessischen Spessart z. B.: Helmut Puchert, Der hessische Spessart. Beiträge zur Forst- und Jagdgeschichte. Frankfurt 1991.

56 Nicolay, Kartierung.

57 Vgl. Jahn, Geschichte, 235 ff. Bis dahin hatte es neben magischen Praktiken auch religiöse Formen wie Prozessionen und Kapellen zur Schlangenabwehr gegeben (vgl. Lehnert, Fritz, Kreuzotter).

58 Jünger, Marmorklippen, 24. Für Ernst Jünger bedeutete dieser Schritt eine Verwirklichung menschlicher Herrschaft »über die Legionen des Gewürm«.

59 Weber, Wissenschaft; Schluchter, Entzauberung.

60 Wolf, Kreuzotter; Lenz, Schlangenkunde.

schwarzen »Höllenottern« lediglich um eine melanistische Färbungsvariante der Kreuzotter. Noch zentraler für den aufklärerischen Duktus der Mitte des 19. Jahrhunderts war allerdings die Einführung der Unterscheidung zwischen ungiftigen nützlichen und giftigen schädlichen Arten. Vor dem Hintergrund dieser Leitdifferenz sollte die Tyrannei der Menschen über die Schlangen durch einen von Vernunft geleiteten Umgang ersetzt werden. Dazu gehörte, die nützlichen und harmlosen Schlangen zu schonen. Die Gefährlichkeit der Kreuzotter blieb in den Standardwerken des gesamten 19. Jahrhunderts unbestritten.[61] Erst Anfang des 20. Jahrhunderts klärten Experten darüber auf, wie übertrieben die Gefahren, die von der Kreuzotter ausgingen, dargestellt wurden. Dazu gehörte insbesondere die Einsicht, dass die Kreuzotter niemals den Menschen von sich aus angreift, sondern höchstens aus Notwehr beißt. Außerdem zeigten Autoren wie Psenner, dass Geschichten über springende Schlangen, die Wanderer stundenlang verfolgen, ins Reich der Fantasie gehörten.[62] Auch hier war der aufklärerische Impetus deutlich spürbar, dessen Rhetorik sich gegen Mythos und Aberglauben wandte.

In den 1930er und 40er Jahren wurde diese Aufklärung über die tatsächliche Gefährlichkeit der Kreuzotter mit statistischem Material untermauert. Zudem präsentierten Naturliebhaber die Kreuzotter in einschlägigen Publikationen der 1930er Jahren nicht mehr als bösartiges Subjekt, sondern als Objekt ästhetischer und emotionaler Kontemplation.[63]

In den 1970er und 80er Jahren kam ein neues Motiv auf, um die Erforschung der Kreuzotter zu begründen. Es ging den Experten nun darum, Politik und Öffentlichkeit über den Seltenheitsgrad und die Schutzwürdigkeit der Kreuzotter aufzuklären. Mit Hilfe von detaillierten Kartierungen wurden Vorkommen dokumentiert, um wertvolle Kreuzotterbiotope zu identifizieren. Darüber hinaus führten Biologen Untersuchungen zur Ökologie und Populationsdynamik der Kreuzotter durch; auch hier mit der Begründung, eine Grundlage für erfolgreiche Schutzmaßnahmen zu schaffen. Durch den Hinweis auf die Eignung der Kreuzotter als Leitart offener Waldbiotope erklärten Experten, dass diese Schutzmaßnahmen nicht der Kreuzotter allein, sondern einem ganzen Artenspektrum dieses bedrohten Lebensraumtyps zugute kämen. Auf diese Weise hoben sie die ökologische Bedeutung der Kreuzotter hervor.

Im Rückblick zeigt sich, wie stark die Erforschung der Kreuzotter seit Linné vom Anspruch moderner Naturwissenschaften geleitet wurde. Insbesondere die Kenntnisse um Phänologie, Biologie und Verbreitung der Art wurden kontinu-

---

61 Blum, Kreuzotter; Dürigen, Amphibien. Vielen Ärzten war zu dieser Zeit allerdings schon bewusst, dass die Kreuzotter relativ ungefährlich ist.
62 Psenner, Vipern.
63 Reepel, Streifzug; Psenner, Vipern.

ierlich erweitert und verfeinert. Dazu spielte es keine Rolle, welchem normativen Leitbild die Forscher ihre Arbeiten unterordneten. Einzig die Verfügbarkeit solcher Leitbilder war essentiell. Nur so konnten diese Experten ihre Untersuchungen rechtfertigen und finanzieren, und im Sinne Hitzlers die Rolle des modernen Experten als Diener des Gemeinwohls erst adäquat ausfüllen.[64] Da ihnen gleichzeitig die Deutungshoheit oblag, wurde der normative Rahmen im Allgemeinen nicht in Frage gestellt und in speziellen Fällen erfolgreich verteidigt (siehe Kap. 2). Nichtsdestoweniger entwickelte das fortschreitende Wissen eine gewisse Eigendynamik, die die normativen Umbrüche erleichterte. Es wäre also verfehlt, eine völlige Entkopplung von Wissen und normativen Zielen festzustellen. So verhalfen systematische Statistiken zu Bissunfällen der Position, die Kreuzotter sei relativ ungefährlich, zu erhöhter Glaubwürdigkeit.

7.4 Im Strom des Wertewandels

Dass sich das Bild der Kreuzotter vom boshaften Feind des Menschengeschlechts zum gefährdeten Naturschutzobjekt gewandelt hat, ist gut nachweisbar. Am deutlichsten kommt die Inversion der Bewertung in den gesetzlichen Verordnungen zur Geltung. Wurde ein Bürger für eine getötete Kreuzotter um 1900 mit einer Prämie belohnt, musste er ein Jahrhundert später mit einer Bußgeldstrafe rechnen. Weniger offensichtlich ist die Erklärung für die Gründe des normativen Wandels.[65]

In der Betrachtung der Ursachen für die Abschaffung der Ausrottungskampagnen um 1930 und der Erfassung der Kreuzotter in den Roten Listen nebst der Verleihung eines gesetzlichen Schutzstatus um 1980 zeigt sich, dass ein Naturschutzargument ausschlaggebend für den Wandel war. In beiden Fällen lautete das entscheidende Argument, zum Schutze ihrer ungiftigen Verwandten sei auch die Kreuzotter zu schonen. Andernfalls würden durch Verwechslung

---

64 Ronald Hitzler, Wissen und Wesen des Experten. Ein Annäherungsversuch – zur Einleitung, in: Ronald Hitzler u. a. (Hg.), Expertenwissen. Die Institutionalisierte Kompetenz zur Konstruktion von Wirklichkeit. Opladen 1994, 13–31.

65 Erklärungen zum allgemeinen Phänomen des Wertewandels im 20. Jahrhundert liefern: Helmut Klages, Werte und Wandel. Ergebnisse und Methoden einer Forschungstradition. Frankfurt 1992; Ronald Inglehart, The Silent Revolution: Changing Values and Political Styles among Western Publics. Princeton 1977; Ronald Inglehart, Kultureller Umbruch: Wertwandel in der westlichen Welt. Frankfurt 1989; Karl-Heinz Hillmann, Wertwandel: Ursachen, Tendenzen, Folgen. Würzburg 2003. Es handelt sich dabei aber um soziologische Perspektiven auf wenige Jahrzehnte, weshalb der Erklärungsgehalt für die vorliegende Arbeit begrenzt ist. Vgl. Andreas Rödder, Werte und Wertewandel: Historisch-politische Perspektiven, in: Bernhard Bueb u. a. (Hg.), Alte Werte- Neue Werte. Schlaglichter des Wertewandels. Göttingen 2008, 9–28.

viele nützliche Tiere erschlagen und im Zusammenhang mit dem Prämienwesen auch noch durch öffentliche Mittel belohnt.

Dass die Gefährlichkeit der Kreuzotter geringer war, als im 19. Jahrhundert angenommen, wurde um 1930 zwar angeführt, war in Bezug auf den Wahrnehmungswandel aber von nachrangiger Bedeutung. Dies zeigt sich unter anderem anhand der Einführung eines Kreuzotterserums im Deutschen Reich. Auch wenn fast zeitgleich, im Jahr 1930, das Prämiensystem abgeschafft wurde und ein Zusammenhang zwischen wirksamer Behandlung und dem Ende der Gefahr deshalb naheliegt, zeigen die zeitgenössischen Dokumente, dass die Einführung dieses Serums für den Wahrnehmungswandel in Bezug auf die Kreuzotter überhaupt keine Rolle spielte. Es wurde in fast keiner Region ein Bedarf für ein Kreuzotterserum gesehen, das Ausrottungssystem hingegen wurde begrüßt.

Auch Fortschritte im Wissen um die Gefährlichkeit der Kreuzotter waren nicht entscheidend. Schon Mitte des 19. Jahrhunderts hatten Gutachter erklärt, der Kreuzotterbiss führe normalerweise nicht zum Tod.[66] Insbesondere Erfahrungswissen aus der ärztlichen Praxis spielte hierbei eine Rolle. Dieses Wissen konnte sich in den institutionellen und normativen Strukturen der Zeit allerdings nicht durchsetzen. Dies war erst möglich, als ein Forum für die Idee, die Kreuzotter sei ungefährlich, zur Verfügung stand.

Mit der Institutionalisierung einer staatlichen Naturschutzstelle in Preußen und der Gründung der Zeitschrift Naturschutz hatten Naturschutzbelange ein solches erhalten. Der Artikel von Hecht, der den Anstoß gab, das Kopfgeldsystem in Deutschland aufzulösen, erschien 1930 in der Zeitschrift Naturschutz und viele ähnliche Artikel, die zur Rehabilitierung der Kreuzotter beitrugen, folgten. Das entscheidende Argument von Hecht war gewesen, dass nur ein Bruchteil der erschlagenen und prämierten Reptilien tatsächlich Kreuzottern waren; in seiner Stichprobe fanden sich viele harmlose und nützliche Blindschleichen und geschützte Schlingnattern. Dieses Naturschutzargument war im Hinblick auf die politischen Verantwortlichen deshalb so überzeugend, weil es gleichzeitig beinhaltete, wie unökonomisch der Staat seine Geldmittel verausgabte. Auch wenn in vielen nachfolgenden Artikeln auf die relativ geringe Gefährlichkeit der Kreuzotter eingegangen wurde, war die aufstrebende Naturschutzideologie ausschlaggebend für den Wendepunkt in der gesellschaftlichen Wahrnehmung der Kreuzotter.

Bis in die 1960er Jahre blieb der Naturschutzgedanke allerdings anderen Prioritäten, insbesondere ökonomischen, untergeordnet. Es dauerte noch einige Jahrzehnte, bis in der Phase der Ökologischen Revolution die gesetzlichen Grundlagen für Naturschutzarbeit grundlegend reformiert wurden. Die zu-

66 NFG Osterland, Schädlichkeit.

ständigen Experten nahmen die Kreuzotter sowohl in die Roten Listen als auch in die Bundesartenschutzverordnung auf. Das Naturschutzargument von 1930, das auf der Verwechslungsgefahr basierte, spielte hier immer noch eine entscheidende Rolle.[67] Es ging wieder darum, andere Arten zu schützen. In einem Klima, in dem ein allgemeiner Artenschwund durch die fortschreitende Zerstörung und Übernutzung der Umwelt durch den Menschen von Experten konstatiert und von Politikern anerkannt worden war, wandelte sich auch der Blick auf die Kreuzotter. Zum ersten Mal in ihrer Geschichte hielten Experten die Kreuzotter für *selten und bewahrenswert*. In der allgemeinen Aufbruchsstimmung nach der Ökologischen Revolution bedurfte der drastische Rückgang der Kreuzotterpopulationen keiner näheren Begründung. Wie schon bei der Auflösung des Prämiensystems zeigte sich die Kreuzotter in einem neuen Licht. Im Zuge einer größeren Naturschutzperspektive wurde sie zunächst für ungefährlich erklärt und später für gefährdet. Es war also ein institutioneller Wandel nötig, der eine bestimmte Perspektive auf die Kreuzotter ermöglichte.[68] Erst in der Folge wurde sie für weniger gefährlich oder stärker gefährdet gehalten und nicht *vice versa*.

7.5 Spurensuche zwischen Mensch und Giftschlange

Die Kreuzotter hinterlässt keine sichtbaren Spuren in der Landschaft. Noch nicht einmal kurzlebige Zeugnisse wie Losungen und Fährten sind von ihr normalerweise zu finden. Das Landschaftsbild bleibt unbeeinträchtigt und lässt keine Rückschlüsse auf ihre Existenz zu. Umgekehrt erinnert ihre aktuelle Verbreitung an Lebensräume, die heute nur noch in inselartigen Relikten existieren, nämlich die großen zusammenhängenden Moorkomplexe der Norddeutschen Tiefebene, also ein Stück vom Menschen kaum beeinflusste Landschaft. Ihre Spur ist in diesem Sinne nur als Negativ zu verstehen: nämlich als Fährte des Rückgangs. Einzig durch ihr Verschwinden hinterlässt sie eine Spur in Richtung der verlorenen Wildnisse.

Die Geschichte der Kreuzotter vollzieht sich in Schlangenlinien. Ihre Bögen verlaufen in Bahnen, die James Scott in *Seeing like a state* beschreibt. Mit der Geburt der systematischen Zoologie durch Linné fand eine Entzauberung der Schlangen statt. Sie wurden seit Beginn des 19. Jahrhunderts mit naturwissenschaftlichen Mitteln als Naturgefahr konzeptualisiert. Dabei ließen sich weder Experten noch Verwaltungen davon beirren, dass der normative Hintergrund

---

67 Erz, Erfordernisse, 30.

68 Diese Perspektive bezieht sich auf Wissenschaft, Medien und Politik. Der einzelne Bürger mag immer noch andere Wahrnehmungen von der Kreuzotter haben.

dieser Einschätzung zu einem guten Teil biblischen Motiven zu verdanken war. Immerhin hatte Gott sie verflucht und der Teufel selbst war in ihrer Gestalt erschienen. Der hochmoderne Glauben an Wissenschaft und Technik verdrängte zwar diese theologischen Motive und entzauberte so die Kreuzotter ein zweites Mal, die Einschätzung aber blieb bestehen. Für die staatliche Administration gehörte das Thema Kreuzotter zur Risikokommunikation mit den Untertanen. Staatliches Sicherheitsversprechen und der Anspruch unbedingter Naturkontrolle griffen hier reibungslos ineinander. Die Konzeption der Schlange als Naturgefahr findet auch Niederschlag in Lehrbüchern und populären Tierlexika. Der Höhepunkt in der Entwicklung dieses Denkens wird mit der Einführung eines staatlichen Prämiensystems zur Bekämpfung der Kreuzotter um 1900 erreicht.

Das Scheitern von Scotts Kontrollapparat Staat liegt nicht zuletzt an den starken Vereinfachungen der Wirklichkeit, die hier vorgenommen werden müssen, und in diesem Zusammenhang an einer Missachtung von praktischem Wissen, das komplementär zu formalem Wissen genutzt werden müsste. Der Staat würde also besser beraten sein auch einmal die Dinge von unten zu betrachten, gewissermaßen *Seeing like a snake*. Denn die Schlangen bereiteten Probleme. Mit technischen Mitteln war ihnen nicht Herr zu werden. Das archaische Erschlagen bei Zufallsfunden war allerdings in ein gut funktionierendes Verwaltungswesen eingebettet und wurde deshalb immerhin drei Jahrzehnte lang fortgeführt. Das Prämiensystem kollabierte erst als seine interne Fehlerhaftigkeit ans Licht kam. Die Verwaltungen bezahlten offenbar einen Großteil der Kopfgelder für andere harmlose und teilweise sogar nützliche Reptilien. Das war mit dem Anspruch Natur zu kontrollieren ebenso wenig vereinbar wie mit administrativer Logik und ökonomischem Kalkül. Darüber hinaus zeigte sich im Rückblick, dass die Ausrottungskampagnen keine Erfolge im Sinne tatsächlicher Exstinktionen gezeitigt hatten. Der Staat war an dieser Aufgabe gescheitert, das Prämienwesen aufgelöst und die Kreuzotter als Naturgefahr dekonstruiert.[69]

Nach 1930 verlief der Bogen nun in eine andere Richtung. Die Giftschlange wurde langsam rehabilitiert, teilweise sogar ästhetisiert. Die Biologiebücher und Tierlexika bedurften allerdings noch einiger Jahrzehnte, um diese Dekonstruktion nachzuvollziehen. Bis 1970 war die Idee, dass die Kreuzotter nur in Selbstverteidigung beiße aber schon weit verbreitet. Mit der Ökologischen Revolution und dem Bewusstsein für ein weltweites Artensterben konstruierten Naturschützer, Wissenschaftler und Politiker die Kreuzotter als *gefährdete Art*. Anstelle von Einlieferungslisten sammelten zuständige Verwaltungen Verbreitungsdaten lebender Kreuzottern. Die Art der Betrachtung und die Aus-

---

69 Scott, State.

einandersetzung des Staates mit der Kreuzotter hatten sich dabei nicht geändert. Auch bei der Datenerhebung zum Schutz der Kreuzotter wurden Einzelfunde zusammengetragen und es gibt nach wie vor keine technische Lösung des Problems. Was sich allerdings änderte, ist die normative Orientierung staatlichen Handelns. Seitdem verläuft der Bogen wieder auf eine Dekonstruktion der gefährdeten Kreuzotter zu.

Die Akteure, die die Geschichte der Kreuzotter seit 1800 mitprägten, agierten im Zeichen der Moderne. Sie alle versuchten vor dem Hintergrund des Glaubens an eine grundsätzliche Beherrschbarkeit der Dinge durch Berechnung[70] den Anspruch der *Machbarkeit der Verhältnisse* (Luhmann) zu verwirklichen; angefangen bei den Naturforschern, die die Welt durch Ausrottungskampagnen von den Schlangen befreien wollten, bis hin zu jenen zeitgenössischen Experten, die Schutzmaßnahmen durchführen, um die Kreuzotter in Deutschland zu erhalten. Machbarkeit setzt aber noch keine normativen Ziele, sie erklärt nicht, was gemacht werden soll.

Der Umgang mit der Kreuzotter zeigt sich deshalb vielfach in spiegelbildlichen Motiven. Wurden um 1900 beispielsweise Prämien an die arme Landbevölkerung für getötete Kreuzottern ausgezahlt, erhalten heute Sozialhilfeempfänger einen Euro in der Stunde um Biotoppflegearbeiten zum Schutz der Giftschlange durchzuführen.[71] Waren früher Winterquartiere, in denen bei Moor- oder Waldarbeiten viele Kreuzottern gefunden wurden, Anlass zu gezielten Vernichtungsaktionen, werden heute solche Winterquartiere künstlich angelegt, um der Kreuzotter diesen wichtigen funktionalen Teillebensraum zur Verfügung zu stellen.

Neben der Betrachtung dieser Schlangenlinien sind zwei weitere Punkte bemerkenswert. Erstens, dass es parallel dazu im Verborgenen eine Geschichte von unten gibt, die einen ganz anderen Verlauf genommen hat. Anhand des Gedenksteins für das elfjährige Mädchen, das 1842 in Kaltennordheim in Thüringen an einem Kreuzotterbiss starb, kann eine solche Geschichte skizziert werden.[72] Er diente der ansässigen Bevölkerung über viele Jahrzehnte als Mahnung zur Vorsicht im Umgang mit der Schlange. Regelmäßig besuchten Lehrer mit ihren Schulklassen den Otterstein, erzählten die Geschichte von Anna Katharina Clas und verbanden diese mit Verhaltensinstruktionen für den Fall eines Bisses. Weder wurde der Gedenkstein in der Vergangenheit zum Anlass für Ausrottungskampagnen, noch wird er heute zu einem Stein des Anstoßes für Naturschützer. Er ist im Rahmen einer anderen, nämlich lokalen Logik verortet, wird von dem

---

70 Weber, Wissenschaft, 9.

71 Goslarsche Zeitung am 21. April 2010, »Ein-Euro-Kräfte arbeiten für bedrohte Kreuzottern«.

72 Vgl. Kap. 3.1.

ansässigen Heimat- und Geschichtsverein gepflegt und damit seine Geschichte bewahrt: Eine Geschichte von Aufklärung, die nie überregional bekannt wurde und jenseits von Politik, Verwaltung und Wissenschaft sich fortschreibt.

Zweitens zeigen sich Verzauberung und Entzauberung in einer Wissensgeschichte eng miteinander verschränkt. Mit der Produktion von Wissen entstehen auch immer Bereiche von Nicht-Wissen, von Noch-Nicht-Wissen und Nicht-Wissbarem. Von diesen analog produzierten Bereichen des Unbekannten geht dann ein Zauber aus, der wissenschaftliche Aufklärung wiederum herausfordert.[73] Auf noch grundlegenderer Ebene enthält Max Webers Entzauberungsthese selbst schon ein Bedürfnis nach Wiederverzauberung. Denn die rationale Auseinandersetzung mit der Welt und die Methoden der modernen Wissenschaft entheben den Menschen eines konsistenten Wertsystems und damit der Sinnhaftigkeit seines Tuns. Das Bedürfnis nach einer Sinnhaftigkeit des Lebens kommt deshalb einem Bedürfnis nach Wiederverzauberung gleich.[74] Daher ist das mythische Denken auch in modernen Gesellschaften nach wie vor verbreitet. In der Begegnung mit der Schlange kommt es zum Vorschein. Sie war das ganz Andere und doch Verwandte, das dem Mensch ein Stück Verständnis seiner selbst und seiner Geschichte ermöglichte.[75] Dieses Moment wird vielleicht am stärksten in der tatsächlichen Berührung verwirklicht.[76] Eine solche ist dem Fachmann durchaus erlaubt und er weiß wie er die Kreuzotter berühren kann, ohne dass sie ihn beißt. Um das Tier aber nicht zu stören und zu beunruhigen, wird der Forscher die Kreuzotter nur ausnahmsweise zu bestimmten praktischen Zwecken, wie der Vermessung oder Markierung anfassen. Die Berührung ist also nach wie vor mit gewissen Tabuisierungen versehen. Ob auch hier die Angst des Menschen vor seiner Selbsterkenntnis bei der Berührung des Tiers eine Rolle spielt, wie Walter Benjamin konstatiert hat, sei dahingestellt. Jedenfalls verkörpert sie etwas Ernsthaftes und Authentisches, was dann kulturell und sozial bestimmten Figurationen unterworfen werden kann. Dieses »Etwas« kann aber nie vollständig greifbar sein, was zu dem Zauber führt, den die Kreuzotter offenbar in sich trägt und der unter dem Machbarkeitsmaxim der Moderne zu ständigen Versuchen der Entzauberung führt. Ohne diesen Zauber wären keine Aufklärung und kein Wissenszuwachs zu erzielen gewesen.

Unabhängig von zwei Jahrhunderten Forschung bleibt das Wesen der Schlange mysteriös.[77] Die Geschichte zeigt, dass sie nicht als objektiviertes Sinnbild von Gefahr und Bedrohung verstanden werden kann, sondern ihre

---

73 Vgl. Lipphardt, Patel, Wiederverzauberung.
74 Schluchter, Entzauberung.
75 Hüppauf, Frosch.
76 Rothfels, Tiere.
77 Auch in biologischer Hinsicht gibt sie nach wie vor einige Rätsel auf.

Wahrnehmung sozio-historischen Figurationen unterliegt. Die historische Betrachtung der Repräsentationen der Kreuzotter liefert so ein Verständnis für gesellschaftliche Ideen und Handlungsmuster. Ihr Wesen enthält darüber hinaus etwas Substantielles. Dies ermöglicht es dem Menschen, in der Schlange das von ihm Unterschiedene zu sehen und dadurch einen Blick auf sein eigenes Wesen zu gewinnen.

Danksagung

Bei der Entstehung dieses Buches haben mich viele Freunde und Kollegen unterstützt. Zunächst möchte ich den Herausgebern der Reihe Umwelt und Gesellschaft meinen Dank für ihre uneingeschränkte Unterstützung aussprechen. Christof Mauch, Helmuth Trischler und Frank Uekötter haben dieses Projekt vertrauensvoll begleitet und ihre konstruktiven Anmerkungen waren von allergrößtem Wert.

Für die kritische Lektüre von Teilen des Manuskriptes und für viele Diskussionen möchte ich außerdem Jana Sprenger sehr danken. Ihre Kenntnisse zur historischen Semantik des Schädlings und des Raubtieres trugen maßgeblich zu meinem Verständnis der Mensch-Tier-Beziehungen in der Neuzeit bei. Wichtige thematische Hinweise gaben darüber hinaus Manfred Jakubowski-Tiessen, Christopher Daase, Thore Lassen, Valentin Rauer, Katharina Raupach und Peter Reinkemeier.

Erhellende Einblicke in die Human-Animal-Studies und die Akteur-Netzwerk-Theorie erhielt ich innerhalb des Nachwuchsforschernetzwerkes Cultural and Literary Animal Studies (CLAS), insbesondere durch Roland Borgards, Alexander Kling, Robert Suter und Markus Wild.

Fachkundige Einsichten in die aktuelle Situation der Schlangen in Deutschland und die entsprechende Naturschutzarbeit gewährten Harald Nicolay, Annette Zitzmann sowie Michael und Olaf Homeier. Harald Nicolay stellte darüber hinaus eine Auswahl seiner schönen Schlangenfotos für dieses Buch zur Verfügung.

Matthias Wegehaupt hat mir regionale naturkundliche Kenntnisse weitergegeben, die einen wichtigen Referenzpunkt für den historischen Vergleich bilden. Ausführliche Informationen und eine exklusive Führung zu dem einzigen (mir bekannten) Gedenkstein in Deutschland, der an einen Todesfall durch Kreuzotterbiss erinnert, gaben Carola und Klaus Schmidt. Andreas Schlüter vom Naturkundemuseum in Stuttgart war sehr entgegenkommend und verschaffte mir freien Zugang zu den Sammlungsexemplaren vor Ort. Jürgen Rosebrock von der Stiftung Naturschutzgeschichte in Bonn ließ mir nicht nur freie Hand in der hauseigenen Bibliothek, sondern erfüllte alle meine Sonderwünsche und versorgte mich mit schwer zugänglichen Texten. Bei der Erhebung von schriftlichen Quellen leisteten viele Archivare und Bibliothekare unbezahlbare Dienste. Besonders gerne erinnere ich mich an die schöne Arbeitsatmosphäre im Hauptstaatsarchiv Aurich.

Schließlich hat der Text erst durch das gewissenhafte Lektorat von Agnes Kneitz, Carsten Stühring und Helmuth Trischler sowie die sorgfältige Verlagsarbeit von Daniel Sander den nötigen Feinschliff erhalten. Ihnen allen sei hiermit herzlich gedankt. Widmen möchte ich dieses Buch meinem Großvater, Egon A. Klepsch, der die Fertigstellung leider nicht mehr erleben konnte.

Bildnachweis

Abbildung 1 a bis c: Alle Aufnahmen von Harald Nicolay, Hann. Münden.

Abbildung 2 a und b: Alle Aufnahmen von Harald Nicolay, Hann. Münden.

Abbildung 3: Lenz, Schlangenkunde, Anhang. Eduard Weber, Ueber die im Grossherzogthume Baden vorkommenden Schlangen. Ein Beitrag zur vaterländischen Fauna, in: Jahresberichte des Mannheimer Verein für Naturkunde, 21, 1855, 46–88; 88. Dürigen, Amphibien, 337.

Abbildung 4: Brehm, Thierleben, 289.

Abbildung 5: Blum, Kreuzotter, Anhang.

Abbildung 6 Banzer, Kreuzotter, Anhang.

Abbildung 7: Eigene Aufnahme, 9. September 2010.

Abbildung 8: HStA Aurich, Re. 16/1, 1393.

Abbildung 9: HStA Aurich, Rep. 244, Nr. 3292.

Abbildung 10: Klingelhöfer, Kreuzotter, 47.

Abbildung 11: Sammlungsstück aus dem Naturhistorischen Museum Stuttgart, Vipera berus, Inventarnr. 4304. Schussenried, 1920 [Eigene Aufnahme, 9.12.2010].

Abbildung 12: RGA, Kreuzotter-Merkblatt.

Abbildung 13: Reepel, Streifzug.

Abbildung 14 a und b: Psenner, Vipern, XIII.

Abbildung 15: Josef Blab, Eugeniusz Nowak, Gefährdungscharakteristika und Rückgangsursachen bei Reptilien, in: dies., Zehn Jahre Rote Liste gefährdeter Tierarten in der Bundesrepublik Deutschland. Schriftenreihe für Landschaftspflege und Naturschutz, 29. Greven 1989, 210–214; 211.

Abbildung 16: Schiemenz u. a., Kreuzotter, 716.

Abbildung 17: Fuldaer Zeitung, 11. April 1998, Nr. 85, S. 12.

Abbildung 18: Eigene Aufnahme, Schonung bei Lettgenbrunn, Mai 2011.

Abbildung 19 a bis c: Heimes, Verbreitung. Stand 1991. Für den Werra-Meißner Kreis differenziert Heimes zwischen neuen Nachweisen (große Punkte), Nachweisen, die länger als 10 Jahre zurückliegen (kleine Punkte) und ungesicherten Fundmeldungen (Doppelkreise). Für den Landkreis Fulda differenziert er zwischen gesicherten Nachweisen nach Jost u. Müller: Verbreitung (kleine Kreise) und neuen Nachweisen (Doppelkreise). Für den Main-Kinzig Kreis handelt es sich ausschließlich um neue Nachweise.

Abbildung 20: Wolfgang Völkl, Günter Hansbauer, Die Kreuzotter in Bayern. Erfolgreicher Artenschutz. Augsburg 2010.

Abbildung 21 a und b: Eigene Aufnahmen bei Bieber, Mai 2011.

Bibliographie

Verzeichnis der zitierten Archivalien

Bundesarchiv Berlin-Lichterfelde

Reichsgesundheitsamt, Abt. IV, R 86, 3681. Schlangen-Antiserum und Kreuzottermerkblatt.
DC 4, 1061. Sektor Außerunterrichtliche Tätigkeit, Feriengestaltung und Jugendherbergs-
wesen.

Geheimes Staatsarchiv Preußischer Kulturbesitz (GStAPK)

I. HA, rep. 76, Kultusministerium VIII B, Nr. 3528. Die bakteriellen Impfstoffe und Sera
Bd VI (August 1927-September 1929).

Hauptstaatsarchiv Aurich

Rep. 16/1, Nr. 1392. Die Ausrottung der Kreuzotter (1902–1910).
Rep. 16/1, Nr. 1393. Die Ausrottung der Kreuzotter (1912–1919).
Rep. 16/1, Nr. 1373. Die Ausrottung der Kreuzotter (1918–1928).
Rep. 277, Nr. 3292. Übersichtskarte von Ostfriesland (1900).

Hauptstaatsarchiv Hannover

Hann. 180 Lüneburg, Acc. 3/011, Nr. 55. Vertilgung der Feldmäuse, Kreuzottern, Ratten,
Sperlinge.
Hann. 180 Lüneburg, Acc. 4/06, Nr. 412. Bekämpfung schädlicher Tiere. Bd.1.

Landeshauptarchiv Koblenz

Best. 441, Nr. 28598. Kreuzotterbisse.
Best. 441, Nr. 28605. Kreuzotterbisse (spez.).

Hauptstaatsarchiv Marburg

Best. 180, LA Frankenberg, Nr. 3200. Bekämpfung tierischer Schädlinge mit Gift, besonders
Vertilgung der Kreuzottern.
Best. 180, LA Gelnhausen, Nr. 4685. Vertilgung der Kreuzottern im Kreise.
Best. 180, LA Hersfeld, Nr. 9462, Bekämpfung der Ratten, Mäuse, Bisamratten und Kreuz-
otterbisse.
Best. 150, Nr. 1168.

Best. 169, Nr. 1434. Die Vertilgung des Raubzeuges.
Rep. 100, Nr. 10691, betreffend Kreuzottern und deren Vertilgung.
Rep. 9a, Nr. 1742, betreffend Maßregeln zur Vertilgung schädlicher Thiere.

Hausarchiv Senckenberg-Museum

Robert Mertens 1966.

Hauptstaatsarchiv Sigmaringen

HO 235, T 19/22, Nr. 849 Regierung für die Hohenzoll. Lande, Abt. I–VIII.
HO 199, T 5, LRA Sigmaringen, Nr. 2292. Vertilgung der Feldmäuse, Maikäfer, Huflattichs, Kreuzottern, Maulwürfe.
Wü 65/28, T 3, Nr. 1190. Kreuzotterbekämpfung im Federseegebiet (1912).
Wü 161/32, T1, 43. Schädigung des Waldes im Revier Bodelshausen durch Tiere.
Wü 161/38, T1, Nr. 22. Meteorologische und phänologische Beobachtungen, 1905–1917. Unterakte: Berichte betr. Kreuzottern.

Hauptstaatsarchiv Wiesbaden

Abt. 660, Nr. 1963. Darlehen für Baumaßnahmen und Sanierungen der Stadt Salmünster.
Abt. 410, LA Dillenburg, Nr. 665–668. Bekämpfung schädlicher Tiere (Bisamratten, Kreuzottern, Ratten, Amseln, Eichelhäher, Eichhörnchen).

Literatur

Agamben, Giorgio, Das Offene: Der Mensch und das Tier. Frankfurt 2003.
AGAR/FENA, Rote Liste der Amphibien und Reptilien Hessens (Reptilia et Amphibia), 6. Fassung, Stand 01.11.2010. Wiesbaden 2010.
Anonymus a, Der Kreuzotterbiss, in: Der Naturforscher, 11 (3), 1934, 107.
Anonymus b, Der Kreuzotterbiss, in: Der Naturforscher, 12 (8), 1935, 283.
Anonymus c, Etwas von der Kreuzotter, in: Naturschutz, 10 (4), 1928, 18–19.
Anonymus d, Nachricht von den schlesischen Schlangen, in: Patriotische Gesellschaft in Schlesien, 5, 1777, 57–60.
Arnold, Ebert, Naturschutzrecht. Bundesnaturschutzgesetz, Washingtoner Artenschutzübereinkommen mit Zustimmungsgesetz und allgemeinen Verwaltungsvorschriften, Bundesartenschutzverordnung, Landesnaturschutzgesetze. München 1982.
Bammerlin, Ralf/Bitz, Andreas, Weitere Amphibien- und Reptilienarten, in: Andreas Bitz, Klaus Fischer, Ludwig Simon, Ralf Thiele, Michael Veith (Hg.), Die Amphibien und Reptilien in Rheinland-Pfalz. Landau 1996, 451–460.
Banzer, Anton, Die Kreuzotter. Ihre Lebensweise, ihr Biss und ihre Verbreitung mit besonderer Berücksichtigung ihres Vorkommens in Bayern. München 1891.
Barrow, Mark, Der Reiz des Alligators: Wechselnde Ansichten über einen charismatischen Fleischfresser, in: Dorothee Brantz, Christof Mauch (Hg.), Tierische Geschichte. Die Beziehung von Mensch und Tier in der Kultur der Moderne. Paderborn u. a. 2010, 176–201.
Belliger, Andréa/Krieger, David, Einführung in die Akteur-Netzwerk-Theorie, in: dies. (Hg.),

Anthologie. Ein einführendes Handbuch zur Akteur-Netzwerk-Theorie. Bielefeld 2006, 13–50.

Berger, John, Das Leben der Bilder oder die Kunst des Sehens. Berlin 1990.

Blab, Josef/Bless, Rüdiger/Nowak, Eugeniusz/Rheinwald, Götz, Veränderungen und neuere Entwicklungen im Gefährdungs- und Schutzstatus der Wirbeltiere in der Bundesrepublik Deutschland, in: Josef Blab, Eugeniusz Nowak, (Hg.), Zehn Jahre Rote Liste gefährdeter Tierarten in der Bundesrepublik Deutschland. Schriftenreihe für Landschaftspflege und Naturschutz, 29. Greven 1989, 9–37.

– /Nowak, Eugeniusz, Rote Liste der in der Bundesrepublik Deutschland gefährdeten Tierarten. Teil I. Erste Fassung, in: Natur & Landschaft, 51 (2), 1976, 34–41.

– /–, Gefährdungscharakteristika und Rückgangsursachen bei Reptilien, in: dies. (Hg.), Zehn Jahre Rote Liste gefährdeter Tierarten in der Bundesrepublik Deutschland. Schriftenreihe für Landschaftspflege und Naturschutz, 29. Greven 1989, 210–214.

– /–, Vorwort, in: dies. (Hg.) Zehn Jahre Rote Liste gefährdeter Tierarten in der Bundesrepublik Deutschland. Schriftenreihe für Landschaftspflege und Naturschutz, 29. Greven 1989, 7–8.

–, Rote Listen – Etappen und Meilensteine einer Erfolgsgeschichte, in: Naturschutz und Biologische Vielfalt, 18. Rote Listen – Barometer der Biodiversität. Bonn Bad-Godesberg 2005, 7–20.

– /Nowak, Eugeniusz/Trautmann, Werner, Einleitung, in: Naturschutz Aktuell, 1, Rote Liste der gefährdeten Tiere und Pflanzen in der Bundesrepublik Deutschland. Greven 1977, 7–10.

– /–/–, Kriechtiere (Reptilia), in: Naturschutz Aktuell, 1, Rote Liste der gefährdeten Tiere und Pflanzen in der Bundesrepublik Deutschland. Greven 1977, 16–17.

Blackbourn, David, The Conquest of Nature. Water, Landscape and the Making of Modern Germany. London 2006.

Blum, J., Die Kreuzotter und ihre Verbreitung in Deutschland, in: Abhandlungen der Senckenbergschen Naturforschenden Gesellschaft, 15 (3), 1888, 123–280.

Blumenberg, Hans, Arbeit am Mythos. Frankfurt 2006 [1979].

Böckler, Michael/Willi, Herbert/Hippler, Hans-Jürgen/Kluck, Michael (1991), Wertwandel und Werteforschung in den 80er Jahren: Forschungs- und Literaturdokumentation. Bonn 1991.

Brantz, Dorothee, Introduction, in: dies. (Hg.) Beastly Natures. Animals, Humans, and the Study of History. Charlottesville u. a. 2010, 1–13.

Brantz, Dorothee/Mauch, Christof, Einleitung: Das Tier in der Geschichte und die Geschichte der Tiere, in: dies. (Hg.): Tierische Geschichte. Die Beziehung von Mensch und Tier in der Kultur der Moderne. Paderborn u. a. 2010, 7–18.

Brehm, Alfred, Illustrirtes Thierleben: Eine allgemeine Kunde des Thierreichs, Bd. 3. Hildburghausen 1869.

Bremer, Peter Georg, Die Geschichte der Stadt Bad Orb und unserer Familie 1888–1979. Zürich 2001.

Brüggemeier, Franz-Josef, Natur und kulturelle Deutungsmuster. Die Kulturwissenschaft menschlicher Umwelten, in: Friedrich Jaeger, Jörn Rüsen (Hg.), Handbuch der Kulturwissenschaften. Themen und Tendenzen. Stuttgart 2004, 65–78.

– /Cioc, Mark/Zeller, Thomas (Hg.), How Green were the Nazis? Nature, Environment, and Nation in the Third Reich. Athens 2005.

Brünig, C., Die Kreuzotter in Ostfriesland, in: Ostfriesisches Schulblatt, 11, 1906, 82–84.

Buchner, Otto, Über besonders merkwürdige Färbungsvarietäten der Kreuzotter, in: Verein für vaterländische Naturkunde in Württemberg (Hg.), Jahreshefte, 73, 1917, 10–22.

Bueb, Bernhard u. a. (Hg.), Alte Werte – Neue Werte. Schlaglichter des Wertewandels. Göttingen 2008.

Chakrabarti, Ranjan, Local People and the Global Tiger: An Environmental History of the Sundarbans, in: Global Environment 3, 2009, 72–95.

Chimaira Arbeitskreis, Eine Einführung in Gesellschaftliche Mensch-Tier-Verhältnisse und Human-Animal Studies, in: dies. (Hg.), Human-Animal Studies. Über die gesellschaftliche Natur von Mensch-Tier-Verhältnissen. Bielefeld 2011, 7–42.

Cioc, Mark, The Rhine: An Eco-Biography 1815–2000. Seattle u. a. 2002.

Cirksena, Johann, 100 Jahre Marcardsmoor: 1890–1990. Wiesmoor 1990.

Coleman, William, Biology in the Nineteenth Century: Problems of Form, Function and Transformation. Cambridge 1977.

Cox, Neil/Temple, Helen, European Red List of Reptiles. Luxemburg 2009.

Daase, Christopher, Wandel der Sicherheitskultur, in: Aus Politik und Zeitgeschichte 50, 2010, 9–16.

Dürigen, Bruno, Deutschlands Amphibien und Reptilien. Magdeburg 1897.

Ecke, Herbert, Die geschützten Tierarten. Gießen 1958.

Eder, Klaus, Wertwandel: Ein Beitrag zur Diagnose der Moderne, in: Luthe, Heinz/Meulemann, Heiner (Hg.), Wertwandel – Fakt oder Fiktion? Bestandsaufnahmen und Diagnosen aus kultursoziologischer Sicht. Frankfurt 1988, 257–294.

Eitler, Pascal, In tierischer Gesellschaft. Ein Literaturbericht zum Mensch-Tier-Verhältnis im 19. und 20. Jahrhundert, in: Neue Politische Literatur, 54, 2009, 207–224.

Erz, Wolfgang, Erfordernisse für die Neufassung der Listen geschützter Tierarten in der Bundesrepublik Deutschland, in: Schriftenreihe für Landschaftspflege und Naturschutz, 7. Artenschutz. Bonn Bad-Godesberg 1972, 27–30.

–, Vorwort des Herausgebers, in: Naturschutz Aktuell, 1, Rote Liste der gefährdeten Tiere und Pflanzen in der Bundesrepublik Deutschland. Greven 1977, 2.

Fischer, Ludwig, Die »Urlandschaft« und ihr Schutz, in: Joachim Radkau, Frank Uekötter (Hg.), Naturschutz und Nationalsozialismus. Frankfurt 2005, 183–205.

Fritz, Klemens/Laufer, Hubert/Sowig, Peter, Verbreitung und Bestandssituation der Kreuzotter Vipera berus (Linnaeus, 1758) in Baden-Württemberg, in: Ulrich Joger, Ralf Wollesen (Hg.), Verbreitung, Ökologie und Schutz der Kreuzotter (Vipera berus [Linnaeus, 1758]), Mertensiella, 15, 2004, 108–116.

Frommhold, Erhard, Die Kreuzotter. Wittenberg 1969.

Geiger, Arno, Kreuzotter – Vipera berus berus (Linnaeus, 1758), in: Arno Geiger, Manfred Niekisch (Hg.), Die Lurche und Kriechtiere im nördlichen Rheinland. Bonn 1983, 152–155.

–, Artenhilfsprogramm Kreuzotter (Viperidae: Vipera berus), in: Merkblätter zum Biotop- und Artenschutz, 59, 1984.

–, Verbreitung und Bestandssituation der Kreuzotter – Vipera b. berus (Linnaeus, 1758) in Nordrhein-Westfalen, in: Ulrich Joger, Ralf Wollesen (Hg.), Verbreitung, Ökologie und Schutz der Kreuzotter (Vipera berus [Linnaeus, 1758]), Mertensiella, 15, 2004, 99–108.

Gesellschaft zur Förderung des Buddhismus (GFB), Die Lehre Buddhas. Tokyo 1996.

Gloy, Karen, Grundlagen der Gegenwartsphilosophie. Stuttgart 2006.

Gruber, Hans-Jürgen/Hansbauer, Günter/Heckes, Ullrich/Völkl, Wolfgang, Verbreitung und Bestandssituation der Kreuzotter (Vipera berus berus [Linnaeus, 1758]) in Bayern, in: Ulrich Joger, Ralf Wollesen (Hg.), Verbreitung, Ökologie und Schutz der Kreuzotter (Vipera berus [Linnaeus, 1758]), Mertensiella, 15, 2004, 117–124.

Gruschwitz, Michael/Völkl, Wolfgang/Kornacker, Paul/Waitzmann, Michael/Podloucky, Richard/Fritz, Klemens/Günther, Rainer, Die Schlangen Deutschlands – Verbreitung und Bestandssituation in den einzelnen Bundesländern, in: Michael Gruschwitz, Wolfgang Völkl, Paul Kornacker, Michael Waitzmann, Richard Podloucky (Hg.), Verbreitung, Ökologie und Schutz der Schlangen Deutschlands und angrenzender Gebiete. Mertensiella, 3, 1993, 7–38.

Hagen, X., Die Kreuzotter, in: Abhandlungen der Naturhistorischen Gesellschaft zu Nürnberg, 8, 1886, 51–64.

Hasenöhrl, Ute, Zivilgesellschaft und Protest. Eine Geschichte der Naturschutz- und Umweltbewegung in Bayern 1945–1980. Göttingen 2011.

Hecht, G., Die Kreuzotternplage bei Bad Orb – eine Angstpsychose, in: Naturschutz, 12 (2), 1930, 41.

Heimes, Peter, Neue Funde der Kreuzotter (Vipera berus) nördlich von Fulda, in: Hessische Faunistische Briefe, 11 (4), 1991, 76–78.

–, Die Kreuzotter (Vipera b. berus L. 1758) im Spessart, in: Michael Gruschwitz, Wolfgang Völkl, Paul Kornacker, Michael Waitzmann, Richard Podloucky (Hg.), Verbreitung, Ökologie und Schutz der Schlangen Deutschlands und angrenzender Gebiete. Mertensiella, 3, 1993, 325–330.

– /Nowotne, Frank, Zur Verbreitung der Reptilien im hessischen Spessart unter besonderer Berücksichtigung der Kreuzotter (Vipera berus), in: Hessische Faunistische Briefe 12 (4), 1992, 49–60.

Heise, Ursula, Nach der Natur. Das Artensterben und die moderne Kultur. Frankfurt 2010.

Herrmann, Bernd, Ein Beitrag zur Kenntnis von Schädlingsbekämpfungen und ihren Konzepten im 18. und frühen 19. Jahrhundert an Beispielen aus Brandenburg-Preußen, in: Katharina Engelken, Dominik Hünniger, Steffi Windelen (Hg.), Beten, Impfen, Sammeln. Zur Viehseuchen- und Schädlingsbekämpfung in der Frühen Neuzeit. Göttingen 2007, 135–189.

–, Empirische Zugänge zu historischen Biodiversitätsverdrängungen und Biodiversitätslenkungen: Die Beispiele Melioration und Schädlingsbekämpfung, in: Thomas Knopf (Hg.), Umweltverhalten in Geschichte und Gegenwart. Tübingen 2008, 174–194.

– /Woods, William, Neither biblical plague nor pristine myth: A lesson from Central European Sparrows. Geographical Review, 100 (2), 2010, 176–187.

Hillmann, Karl-Heinz, Wertwandel: Ursachen, Tendenzen, Folgen. Würzburg 2003.

Hitzler, Ronald, Wissen und Wesen des Experten. Ein Annäherungsversuch – zur Einleitung, in: Ronald Hitzler, Anna Honer, Christoph Maeder (Hg.), Expertenwissen. Die Institutionalisierte Kompetenz zur Konstruktion von Wirklichkeit. Opladen 1994, 13–31.

Holland, Alan/O'Neill, John, Yew Trees, Butterflies, Rotting Boots and Washing Lines: the Importance of Narrative, in: Andrew Light, Avner de Shalit (Hg.), Moral and Political Reasoning in Environmental Practice. Cambridge 2003, 219–236.

Hübner, Kurt, Die Wahrheit des Mythos. München 1985.

Hüppauf, Bernd, Vom Frosch. Eine Kulturgeschichte zwischen Tierphilosophie und Ökologie. Bielefeld 2011.

Inglehart, Ronald, The Silent Revolution: Changing Values and Political Styles among Western Publics. Princeton 1977.

–, Kultureller Umbruch: Wertwandel in der westlichen Welt. Frankfurt 1989.

Isailovic, Jelka et al., Vipera berus, in: IUCN Red List of Threatened Species. 2009, Version 2012.2.

Jahn, Ilse (Hg.), Geschichte der Biologie. Theorien, Methoden, Institutionen, Kurzbiographien. Hamburg 2004.

Jansen, Sarah, »Schädlinge« – Geschichte eines wissenschaftlichen und politischen Konstrukts 1840–1920. Frankfurt 2003.

Joger, Ulrich, Status und Schutzproblematik der Kreuzotter, Vipera berus berus (L.) unter Berücksichtigung der Situation in Hessen, in: Natur & Landschaft, 60 (9), 1985, 356–359.

–, Reptilien, in: Hessisches Ministerium des Inneren und für Landwirtschaft, Forsten und Naturschutz (Hg.), Rote Liste der Säugetiere, Reptilien und Amphibien Hessens, Teilwerk II, 1995, 23–38.

– /Nicolay, Harald, Verbreitung und Bestandssituation der Kreuzotter Vipera berus (Linnaeus, 1758) in Hessen, in: Ulrich Joger, Ralf Wollesen (Hg.), Verbreitung, Ökologie und Schutz der Kreuzotter (Vipera berus [Linnaeus, 1758]), Mertensiella, 15, 2004, 90–98.

– /Wollesen, Ralf (Hg.), Verbreitung, Ökologie und Schutz der Kreuzotter (Vipera berus [Linnaeus, 1758]), Mertensiella, 15, 2004.

Jost, O./Müller, F., Die Verbreitung der Schlangen im Fuldaer Land, in: Beträge zur Naturkunde in Osthessen, 12, 1977, 77–95.

Jünger, Ernst, Gläserne Bienen. Stuttgart 1990 [1957].

–, Reisetagebücher. Sämtliche Werke, Bd. 6. Stuttgart 1998.

–, Auf den Marmorklippen. Berlin 2010 [1939].

–, Kriegstagebuch 1914–1918. Stuttgart 2010.

Kalyabina-Hauf, Svetlana/Schweiger, Silke/Joger, Ulrich/Mayer, Werner/Orlov, Nikolai/Wink, Michael, Phylogeny and Systematics of Adders (*Vipera berus* complex), in: Ulrich Joger, Ralf Wollesen (Hg.), Verbreitung, Ökologie und Schutz der Kreuzotter (Vipera berus [Linnaeus, 1758]), Mertensiella, 15, 2004, 7–16.

Kemper, Heinrich, Kurzgefasste Geschichte tierischer Schädlinge, der Schädlinge und der Schädlingsbekämpfung. Berlin 1968.

Kieling, Andreas, Durch Deutschland wandern. Auf der Suche nach wilden Tieren. National Geographic Deutschland 2013.

Klages, Helmut, Werte und Wandel. Ergebnisse und Methoden einer Forschungstradition. Frankfurt 1992.

Klinge, Andreas/Winkler, Christian, Verbreitung und Bestandssituation der Kreuzotter Vipera berus (Linnaeus, 1758) in Schleswig-Holstein und im nördlichen Hamburg, in: Ulrich Joger, Ralf Wollesen (Hg.), Verbreitung, Ökologie und Schutz der Kreuzotter (Vipera berus [Linnaeus, 1758]), Mertensiella, 15, 2004, 29–35.

Klingelhöfer, Georg, Die Kreuzotter in Ostthüringen, ihre Verbreitung, Häufigkeit und Bedeutung. Borna-Leipzig 1941.

Klinz, Eduard (Hg.), Gesetze für den Handgebrauch im Naturschutz, Bd. 1. Halle 1958.

Klose, Johannes, Aspekte der Wertschätzung von Vögeln in Brandenburg: Zur Bedeutung von Artenvielfalt vom 16. bis zum 20. Jahrhundert. Göttingen 2005.

Koch, Friedrich, Die Schlangen Deutschlands: Für landwirtschaftliche Fortbildungs- und Abendschulen, Realanstalten, lateinische und Volksschulen. Stuttgart 1862.

Köcher, Renate/Schild, Joachim, Wertewandel in Deutschland und Frankreich. Nationale Unterschiede und europäische Gemeinsamkeiten. Opladen 1998.

Koppelmann, Heinrich, Die Angst vor der Kreuzotter, in: Naturschutz, 10 (8), 1928, 237–239.

Krebs, Angelika, Naturethik im Überblick, in: dies. (Hg.), Naturethik. Grundtexte der gegenwärtigen tier- und ökoethischen Diskussion. Frankfurt 1997, 337–380.

–, Das teleologische Argument in der Naturethik, in: Ott, Konrad/Gorke, Martin (Hg.): Spektrum der Umweltethik. Marburg 2000, 67–80.

Kresst, T., Die Heimstätte einer Verrufenen, in: Naturschutz, 15 (4), 1934, 85–87.

Kühnel, Klaus-Detlef/Geiger, Arno/Laufer, Hubert/Podloucky, Richard/Schlüpmann, Martin, Rote Liste und Gesamtartenliste der Kriechtiere (Reptilia) Deutschlands, in: Naturschutz und Biologische Vielfalt, 70 (1). Rote Liste gefährdeter Tiere, Pflanzen und Pilze Deutschlands. Bonn-Bad Godesberg 2009, 231–256.

Leege, Otto, Die Lurche und Kriechtiere Ostfrieslands, in: Naturforschende Gesellschaft in Emden (Hg.), Jahresberichte, 96, 1912, 42–100.

Lehnert, Manfred/Fritz, Klemens, Verbreitung und Status der Kreuzotter (Vipera berus) im nördlichen Schwarzwald, in: Jahresberichte der Gesellschaft für Naturkunde Württemberg, 144, 1989, 273–290.

–, Die Kreuzotter (Vipera berus L. 1758) im nördlichen Schwarzwald – Ergänzungsbeitrag, in: Jahresberichte der Gesellschaft für Naturkunde Württemberg, 148, 1993, 135–157.

Lenz, Harald Othmar, Schlangenkunde. Gotha 1832.

–, Schlangen und Schlangenfeinde. Der Schlangenkunde zweite sehr veränderte Auflage. Gotha 1870.

Lepenies, Wolf, Das Ende der Naturgeschichte: Wandel kultureller Selbstverständlichkeiten in den Wissenschaften des 18. und 19. Jahrhunderts. Frankfurt 1978.

Leunis, Johannes, Synopsis der drei Naturreiche: Handbuch für höhere Lehranstalten. Hannover 1844.

Leydig, Franz, Über die einheimischen Schlangen. Zoologische und anatomische Bemerkungen. Frankfurt 1883.

Light, Andrew/Rolston III, Holmes, Environmental Ethics: An Anthology. Oxford u.a. 2002.

Linck, H. E., Die Schlangen Deutschlands. Stuttgart 1855.

Lindner, H., Junge Kreuzottern, in: Aus der Heimat. Naturwissenschaftl. Monatsschrift 40, 1927, 47–50.

Lipphardt, Veronika/Patel, Kiran, Neuverzauberung im Gestus der Wissenschaftlichkeit. Wissenspraktiken im 20. Jahrhundert am Beispiel menschlicher Diversität, in: Geschichte und Gesellschaft, 34, 2008, 425–454.

Löns, Hermann, Was da kreucht und fleugt. Ein Tierbuch. Berlin 1918.

–, Land und Leute. Über Natur- und Heimatschutz [orig. Für Sippe und Sitte]. Dresden 2001 [1924].

Malamud, Randy (Hg.), A Cultural History of Animals in the Modern Age. Oxford/New York 2007.

Malkmus, Rudolf, Die Verbreitung der Kreuzotter (Vipera berus L.) im Spessart, in: Abhandlungen des Naturwissenschaftlichen Verein Würzburg, 37/38, 1996/1997, 91–113.

Marvin, Garry, An Anthropological Examination of Hunting: Ethnography and Sensation, in: Randy Malamud (Hg.), A Cultural History of Animals in the Modern Age. Oxford/New York 2007, 49–66.

–, Wolf. London 2012.

Masius, Patrick, Risiko und Chance: Naturkatastrophen im Deutschen Kaiserreich (1871–1918). Eine umweltgeschichtliche Betrachtung. Göttingen 2011.

–, Naturkontrolle durch Expertenwissen: Ein Rückblick auf den Umgang mit Naturgefahren im 19. Jahrhundert, in: Martin Bemman, Fenn Faber, Roderich von Detten (Hg.), Unberechenbare Umwelt. Zum Umgang mit Unsicherheit und Nicht-Wissen bei der Gestaltung und Bewirtschaftung natürlicher Ökosysteme. Wiesbaden 2012.

–, Natur und Kultur als Quellen von Gefahr. Zum historischen Wandel der Sicherheitskultur, in: Christopher Daase, Philipp Offermann, Valentin Rauer (Hg.), Sicherheitskultur: Soziale und politische Praktiken der Gefahrenabwehr. Frankfurt 2012, 183–204.

– /Sparenberg, Ole/Sprenger, Jana (Hg.), Umweltgeschichte und Umweltzukunft. Zur gesellschaftlichen Relevanz einer jungen Disziplin. Göttingen 2009.

– /Sprenger, Jana, Die Geschichte vom bösen Wolf. Verfolgung, Ausrottung und Wiederkehr, in: Natur & Landschaft, 87 (1), 2012, 11–16.

Mertens, Robert, Die Lurche und Kriechtiere des Rhein-Main-Gebietes. Frankfurt a. Main 1947.

Meyer, Heinz, 19./20. Jahrhundert, in: Peter Dinzelbacher (Hg.), Mensch und Tier in der Geschichte Europas. Stuttgart 2000, 404–568.

Meyer, Torsten, Natur, Technik und Wirtschaftswachstum im 18. Jahrhundert. Risikoperzeptionen und Sicherheitsversprechen. Münster 1999.

–, Von der begrenzten zur unbegrenzten Ausrottung. ›Schädlinge‹ als ›natürlichen Risiko‹ im 18. Jahrhundert, in: Günter Bayerl, Torsten Meyer (Hg.), Die Veränderungen der Kulturlandschaft. Nutzungen – Planungen – Sichtweisen. Münster 2003, 61–73.

Meyer, Wilhelm, Allerlei über die nützliche Kreuzotter, in: Beiträge zur Naturkunde Niedersachsens, 2, 1948, 20–27.

Müller, Albert Wilhelm, Statistik der Verletzungen durch Schlangenbiss in Pommern nebst einem Anhange über die Verbreitung der Kreuzotter in Pommern. Greifswald 1895.

Müller, Paul, Arealveränderungen von Amphibien und Reptilien in der Bundesrepublik Deutschland, in: Herbert Sukopp, Werner (Hg.), Veränderungen der Flora und Fauna in der Bundesrepublik Deutschland. Schriftenreihe für Vegetationskunde, 10. Bonn Bad-Godesberg 1976, 269–294.

Natural England, Habitats and species of principal importance in England. www.natural england.org 2010 [Zugriff: 20.05.2013].

–, Adder. www.naturalengland.org 2010 [Zugriff: 20.05.2013].

Naturforschende Gesellschaft des Osterlandes (NFG Osterland), Ueber die Schädlichkeit der Kreuzotter, in: Mittheilungen aus dem Osterlande, 4, 1840, 40–64.

Nicolay, Harald, Die Arbeitsgemeinschaft Amphibien- und Reptilienschutz in Hessen e. V. (AGAR): Ein neuer Verein bemüht sich um die Belange die hessischen Herpetofaunaschutzes, in: Elaphe, 8 (3), 2000, 57–62.

Nöllert, Andreas, Verbreitung, Lebensraum und Bestandsituation der Kreuzotter Vipera berus berus (Linnaeus, 1758) im Freistaat Thüringen, in: Ulrich Joger, Ralf Wollesen (Hg.), Verbreitung, Ökologie und Schutz der Kreuzotter (Vipera berus [Linnaeus, 1758]), Mertensiella 15, 2004, 52–89.

Notthaft, J., Die Verbreitung der Kreuzotter in Deutschland, in: Kosmos. Zeitschrift für die gesamte Entwicklungslehre, 2, 1886, 219–221.

Nowosadtko, Jutta, Milzbrand, Tollwut, Wölfe, Spatzen und Maikäfer. Die gesellschaftliche Verteilung von Zuständigkeiten bei der Bekämpfung von Viehseuchen und schädlichen Tieren in der Frühen Neuzeit, in: Katharina Engelken, Dominik Hünniger, Steffi Windelen (Hg.), Beten, Impfen, Sammeln. Zur Viehseuchen- und Schädlingsbekämpfung in der Frühen Neuzeit. Göttingen 2007, 79–98.

Nowotne, Frank, Die Verbreitung der Kreuzotter (Vipera berus L.) im Nordspessart, in: Mitteilungen der Naturkundestelle Main-Kinzig, 1993, 1–10.

Olschowy, Gerhard, Natur- und Umweltschutz in der Bundesrepublik Deutschland. Hamburg/Berlin 1978.

Ott, Konrad, Umweltethik zur Einführung. Hamburg 2010.

Ott, Wilfried, Die besiegte Wildnis. Wie Bär, Wolf, Luchs und Steinadler verschwanden. Leinfelden-Echterdingen 2004.

Pearson, Susan/Weismantel, Mary, Gibt es das Tier? Sozialtheoretische Reflexionen, in: Dorothee Brantz, Christof Mauch (Hg.), Tierische Geschichte. Die Beziehung von Mensch und Tier in der Kultur der Moderne. Paderborn u. a. 2010, 379–399.

Pfauch, Wolfgang, Der Pädagoge und Naturforscher Harald Othmar Lenz, ein Leben für die Naturwissenschaften, in: Veröffentlichungen des Naturkundemuseums Erfurt, 1992, 4–10.

Philo, Chris/Wilbert, Chris (2000), Animal Spaces, Beastly Places: An Introduction, in: dies. (Hg.), Animal Spaces, Beastly Places. New Geographies of Human-Animal Relations. London/New York 2000, 1–34.

Piechocki, Reinhard, In »Natur und Landschaft« zurückgeblättert -17. Vor 75 Jahren: Kreuzotterängste, in: Natur und Landschaft, 79 (5), 2004, 240.

Plötner, Jörg, Zur Bestandssituation bei der Kreuzotter (Vipera b. berus L.) im Bezirk Rostock, in: Natur und Umwelt: Beiträge aus dem Bezirk Rostock, 5, 1983, 70–77.

Podloucky, Richard, Verbreitung und Bestandssituation der Kreuzotter (Vipera berus) in Niedersachsen unter Berücksichtigung von Bremen und dem südlichen Hamburg, in: Informationsdienst Naturschutz Niedersachsen, 2, Beiträge zur Kreuzotter in Niedersachsen. Hannover 2005, 24–31.

– /Fischer, Christian, Rote Liste der gefährdeten Amphibien und Reptilien in Niedersachsen und Bremen.- Informationsdienst Naturschutz Niedersachsen, 14 (4), 1994, 119–120.

- /Clausnitzer, Hans-Joachim/Laufer, Hubert/Teufert, Steffen/Völkl, Wolfgang, Anzeichen für einen bundesweiten Bestandseinbruch der Kreuzotter (Vipera berus) infolge ungünstiger Witterungsabläufe im Herbst und Winter 2002/2003 – Versuch einer Analyse, in: Informationsdienst Naturschutz Niedersachsen, 2, Beiträge zur Kreuzotter in Niedersachsen. Hannover 2005, 32–41.

Prokoph, Uwe/Teufert, Steffen, Verbreitung und Bestandssituation der Kreuzotter in Sachsen, in: Ulrich Joger, Ralf Wollesen (Hg.), Verbreitung, Ökologie und Schutz der Kreuzotter (Vipera berus [Linnaeus, 1758]), Mertensiella, 15, 2004, 125–130.

Psenner, Hans, Die Vipern Großdeutschlands. Ein Buch vom Leben und Treiben unserer heimischen Giftschlangen. Braunschweig 1939.

Puchert, Helmut, Der hessische Spessart. Beiträge zur Forst- und Jagdgeschichte. Frankfurt 1991.

Radkau, Joachim, Natur und Macht. Eine Weltgeschichte der Umwelt. München 2002.

–, Naturschutz und Nationalsozialismus – wo ist das Problem?, in: Joachim Radkau, Frank Uekötter (Hg.), Naturschutz und Nationalsozialismus. Frankfurt 2003, 41–54.

–, Die Ära der Ökologie. München 2011.

Reepel, Carl, Achtung! Kreuzottern! Ein photographischer und zoologischer Streifzug, in: Naturschutz, 16 (12), 1935, 274–279.

Reichholf, Josef, Die Zukunft der Arten. München 2009.

Reichsgesundheitsamt (RGA) (Hg.), Kreuzotter-Merkblatt. Gefahren, Verhütung und Behandlung des Kreuzotter-Bisses. Berlin 1930.

Rettig, Klaus, Prämien für getötete Kreuzottern, in: Unser Ostfriesland, 15, 1996, 60.

Rödder, Andreas, Werte und Wertewandel: Historisch-politische Perspektiven, in: Bernhard Bueb u. a. (Hg.), Alte Werte – Neue Werte. Schlaglichter des Wertewandels. Göttingen 2008, 9–28.

Rohr, Christian, Zum Umgang mit Tierplagen im Alpenraum in der Frühen Neuzeit, in: Katharina Engelken, Dominik Hünniger, Steffi Windelen (Hg.), Beten, Impfen, Sammeln. Zur Viehseuchen- und Schädlingsbekämpfung in der Frühen Neuzeit. Göttingen 2007, 99–133.

Rothfels, Nigel, Tiere berühren: Vierbeinige Darsteller und ihr Publikum, in: Dorothee Brantz, Dorothee, Christof Mauch (Hg.), Tierische Geschichte. Die Beziehung von Mensch und Tier in der Kultur der Moderne. Paderborn u. a. 2010, 19–38.

Rudorff, Ernst, Das Verhältnis des modernen Menschen zur Natur, in: Preußische Jahrbücher, 45, 1880, 261–277.

Scheerer, Hans, Geschützte Pflanzen und Tiere, in: Landesanstalt für Erziehung und Unterricht & Landesstelle für Naturschutz und Landschaftspflege (Hg.), Naturschutz und Bildung. Stuttgart 1968, 46–68.

Schenk, Gerrit Jasper, Katastrophen in Geschichte und Gegenwart. Eine Einführung, in: ders. (Hg.), Katastrophen. Vom Untergang Popmpejis bis zum Klimawandel. Stuttgart 2009, 9–20.

Schiemenz, Hans, Die Kreuzotter. Wittenberg Lutherstadt 1985.

– /Biella, Hans-Jürgen/Günther, Rainer/Völkl, Wolfgang, Kreuzotter – Vipera berus (Linnaeus, 1758), in: Günther, Rainer (Hg.), Die Amphibien und Reptilien Deutschlands. Jena u. a. 1996, 710–728.

Schindler, U., Über Kreuzottern im Emsland, in: Natur, Kultur und Jagd. Beiträge zur Naturkunde in Niedersachsen, 25 (3), 1972, 76.

Schlüpmann, Martin/Geiger, Arno, Rote Liste der gefährdeten Kriechtiere (Reptilia) und Lurche (Amphibia) in Nordrhein-Westfalen, 3. Fassung, in: LÖBF/LAfAO NRW(Hg.), Rote Liste der gefährdeten Pflanzen und Tiere in Nordrhein-Westfalen, 3. Fassung, 1999, 375–404.

Schmeil, Otto, Leitfaden der Zoologie. Ein Hilfsbuch für den Unterricht in der Tier- und Menschenkunde an höheren Lehranstalten. Leipzig 1909 [1899].

Schmoll, Friedemann, Erinnerung an die Natur: Die Geschichte des Naturschutzes im deutschen Kaiserreich. Frankfurt 2004.

Schneider, Walter, Tiere in unserer Umwelt. Ein Führer durch die Tierwelt Mitteleuropas. Stuttgart 1968.

Schoenichen, Walther, Natur als Volksgut und Menschheitsgut. Stuttgart 1950.

Schluchter, Wolfgang, Die Entzauberung der Welt. Sechs Studien zu Max Weber. Tübingen 2009.

Schreiber, Rudolf/Stern, Horst/Schröder, Wolfgang/Vester, Frederic/Dietzen,Wolfgang (Hg.), Rettet die Wildtiere. Wolfegg 1980.

Scott, James, Seeing like a state. How certain schemes to improve the human condition have failed. New Haven/London 1998.

Seeger, F., Schutz der Kriechtierwelt, in: Naturschutz, 12 (10), 1929, 257.

Singer, Peter, Animal Liberation: a New Ethics for our Treatment of Animals. New York 1975.

Soper, Kate, What is Nature? Culture, Politics and the Non-Human. Oxford u. a. 1995.

Sprenger, Jana, »Die Landplage des Raupenfraßes«. Wahrnehmung, Schaden und Bekämpfung von Insekten in der Forst- und Agrarwirtschaft des preußischen Brandenburgs (1700–1850). Quedlinburg 2011.

Stadler, H., Die Kreuzotter und ihr Vorkommen in unserer Heimat, in: Monatszeitschrift Spessart, 2, 1956, 7–8.

Stagl, Justin, Sammelnde Wissenschaft, in: Kreye, Lars/Stühring, Carsten/Zwingelberg, Tanja (Hg.), Natur als Grenzerfahrung. Göttingen 2009.

Stichmann, Wilfried/Stichmann-Marny, Ursula/Kretzschmar, Erich, Der große Kosmos-Naturführer Tiere und Pflanzen. Stuttgart 2012.

Stolz, Rüdiger, Naturforscher in Mitteldeutschland. Bd. 1. Thüringen. Jena 2002.

Strauch, Alexander, Synopsis der Viperiden, nebst Bemerkungen über die geographische Verbreitung dieser Giftschlangenfamilie. Mémoires de l'Akadémie impériale des Sciences de St.-Pétersbourg, VII (16), 1869.

Straumann, Lukas, Nützliche Schädlinge. Angewandte Entomologie, chemische Industrie und Landwirtschaftspolitik in der Schweiz 1874–1952. Zürich 2005.

Stutesman, Drake, Snake. London 2005.

Suhling, Frank/Müller, Ole, Die Flußjungfern Europas. Berlin u.a.1996.

Sukopp, Herbert, Rote Listen – Ein Rückblick, in: Naturschutz und Biologische Vielfalt, 18. Rote Listen – Barometer der Biodiversität. Bonn Bad-Godesberg 2005, 273–281.

– /Trautmann, Werner (Hg.), Veränderungen der Flora und Fauna in der Bundesrepublik Deutschland. Schriftenreihe für Vegetationskunde, 10. Bonn Bad-Godesberg 1976.

–, Vorwort, in: Herbert Sukopp, Werner Trautmann (Hg.), Veränderungen der Flora und Fauna in der Bundesrepublik Deutschland. Schriftenreihe für Vegetationskunde, 10. Bonn Bad-Godesberg 1976, 7–8.

Twigger, Robert, Schlangenfieber. Die Suche nach dem längsten Python der Welt. Berlin 1999.

Uekötter, Frank, The Green and the Brown. A History of Conservation in Nazi Germany. Cambridge 2006.

UICN France/MNHN/SHF, La Liste Rouge de Especes Menacées en France. Chapitre Reptiles et Amphibiens de France metropolitaire. Paris 2009.

Völkl, Wolfgang, Untersuchungen zum Bestand der Kreuzotter (Vipera b. berus L.) im Fichtelgebirge, in: Schriftenreihe Bayerisches Landesamt für Umweltschutz, 73, 1986, 125–133.

–, Die Kreuzotter im Fichtelgebirge. http://www.bayern-fichtelgebirge.de/heimatkunde/054.htm 2003 [Zugriff am 21.2.2012].

– /Hansbauer, Günter/Liegl, Alois, Lichte Waldlebensräume und Reptilienschutz: Das »Artenhilfsprogramm Kreuzotter« in Bayern, in: Naturschutzreport, 24, 2007, 123–132.

– /Hansbauer, Günter, Die Kreuzotter in Bayern. Erfolgreicher Artenschutz. Augsburg 2010.

- /Hansbauer, Günter/Grosch, Michael, Das Artenhilfsprogramm »Kreuzotter (Vipera berus) im Fichtelgebirge«: Umsetzung und Ergebnisse, in: Zeitschrift für Feldherpetologie, 18 (2), 2011, 137–148.
- /Thiesmeier, Burkhard, Die Kreuzotter. Ein Leben in festen Bahnen? Beiheft der Zeitschrift für Feldherpetologie, 5. Bielefeld 2002.

Völksen, Gerd, Niedersachsen. Aspekte der Landschaftsentwicklung. Göttingen 1979.

Wagner, Hans, Die Kreuzotter. Braunschweig 1948.

Walter, Francois, Katastrophen. Eine Kulturgeschichte vom 16. bis ins 21. Jahrhundert. Stuttgart 2010.

Weber, Eduard, Ueber die im Grossherzogthume Baden vorkommenden Schlangen. Ein Beitrag zur vaterländischen Fauna, in: Jahresberichte des Mannheimer Verein für Naturkunde, 21, 1855, 46–87.

Weber, Max, Wissenschaft als Beruf 1917/1919. Politik als Beruf 1919. Studienausgabe. Tübingen 1994.

Weber, Werner/Schoenichen, Walther, Der Schutz von Pflanzen und Tieren nach der Naturschutzverordnung vom 18. März 1936. Berlin-Lichterfelde 1936.

Weichselgartner, Jürgen, Naturgefahren als soziale Konstruktion: Eine geographische Beobachtung der gesellschaftlichen Auseinandersetzung mit Naturrisiken. Aachen 2001.

Weinmann, Karin/Beck, Christian/Madl, Robert/Penner, Johannes/Sound, Peter/Wollesen, Ralf/Joger, Ulrich, Zur Ökologie und Raum-Zeit-Einbindung einer Kreuzotterpopulation (Vipera berus [L.]) im hessischen Spessart, in: Ulrich Joger, Ralf Wollesen (Hg.), Verbreitung, Ökologie und Schutz der Kreuzotter (Vipera berus [Linnaeus, 1758]), Mertensiella, 15, 2004, 197–212.

Wezel, C., Das Vorkommen der Kreuzotter Vipera berus im Herzogtum Sachsen-Altenburg, in: Mittheilungen aus dem Osterlande, 4, 1888, 81–87.

Wilson, Edward O. (Hg.), Ende der Biologischen Vielfalt? Der Verlust an Arten, Genen und Lebensräumen und die Chancen für eine Umkehr. Heidelberg u. a. 1992.

–, Der gegenwärtige Stand der biologischen Vielfalt, in: ders. (Hg.), Ende der Biologischen Vielfalt? Der Verlust an Arten, Genen und Lebensräumen und die Chancen für eine Umkehr. Heidelberg u. a. 1992, 19–36.

Windelen, Steffi, Mäuse, Maden, Maulwürfe. Zur Thematisierung von Ungeziefer im 18. Jahrhundert. Göttingen 2010.

Winter, Erhard, Belohnungen für Kreuzotterfang, in: Naturschutz, 9 (1), 1927, 30.

Wolf, Benno, Das Recht der Naturdenkmalpflege in Preussen. Berlin 1920.

Wolf, Johann, Abbildung und Beschreibung der Kreuzotter. Nürnberg 1815.

Wollesen, Ralf/Schwarze, Michael, Vergleichende Betrachtungen zweier linearer Kreuzotter-Habitate (Vipera berus [Linnaeus, 1758]) in der norddeutschen Tiefebene, in: Ulrich Joger, Ralf Wollesen (Hg.), Verbreitung, Ökologie und Schutz der Kreuzotter (Vipera berus [Linnaeus, 1758]), Mertensiella, 15, 2004, 164–174.

Zedler, Johann (Hg.), Grosses vollständiges Universal-Lexicon aller Wissenschafften und Künste, Bd. 34. Leipzig 1742.

Zimmermann, Rudolph, Der deutschen Heimat Kriechtiere und Lurche. Stuttgart 1908.

–, Einiges von der Kreuzotter, in: Mitteilungen des Landesvereins Sächsischer Heimatschutz, 19, 1930, 30–35.

Graue Literatur

Amann, Toni, Weiterführung der Untersuchungen zum Kreuzotterschutz im hessischen Spessart. Bericht der Arbeitsgemeinschaft Amphibien- und Reptilienschutz in Hessen e. V. (AGAR) 1999.

Beck, Christian, Zur Biologie der Kreuzotter (Vipera b. berus L. 1758) im hessischen Spessart. Examensarbeit an der Goethe-Universität Frankfurt 2000.

Heimes, Peter, Verbreitung, Bestandssituation und Schutz der Kreuzotter in Hessen. Abschlussbericht im Auftrag der Stiftung Hessischer Naturschutz 1991.

Madl, Robert, Populationsökologie der Kreuzotter Vipera b. berus (L. 1758) im hessischen Spessart. Bericht der Arbeitsgemeinschaft Amphibien- und Reptilienschutz in Hessen e. V. (AGAR) 2002.

–, Weiterführung der Untersuchungen zum Kreuzotterschutz im hessischen Spessart. Bericht der Arbeitsgemeinschaft Amphibien- und Reptilienschutz in Hessen e. V. (AGAR) 2003.

–, Ökologie und Thermoregulation der Kreuzotter Vipera b. berus (L. 1758) im hessischen Spessart. Diplomarbeit an der Goethe-Universität Frankfurt 2004.

Manzke, Uwe, Weiterführung der Untersuchungen zum Kreuzotterschutz im hessischen Spessart. Bericht der Arbeitsgemeinschaft Amphibien- und Reptilienschutz in Hessen e. V. (AGAR) 2000.

Nicolay, Harald, Weiterführung der Untersuchungen zum Kreuzotterschutz in ausgesuchten Gebieten Hessens. Ergebnisbericht im Auftrag der Oberen Naturschutzbehörde in Kassel 1997.

–, Kartierung von Kreuzottervorkommen im Bereich des hessischen Burgwaldes im Regierungsbezirk Gießen. Untersuchung im Auftrag der Oberen Naturschutzbehörde in Gießen 1999.

–, Herpetofaunistische Sonderuntersuchung mit Schwerpunkt Kreuzotter am Meißner Westhang, Werra-Meißner-Kreis, Regierungsbezirk Kassel. Untersuchung im Auftrag des Amts für Regionale Entwicklung (ARLL) in Eschwege 2000.

–, Weiterführung der Untersuchungen zum Kreuzotterschutz in ausgesuchten Gebieten Hessens. Ergebnisbericht im Auftrag der Oberen Naturschutzbehörde in Kassel 2000.

–, Bestandserfassung der Kreuzotter und anderer Schlangen im thüringischen, bayerischen und hessischen Bereich des Biosphärenreservats Rhön zwecks Planung und Umsetzungsvorbereitung nachhaltiger Schutzmaßnamen. Gutachten im Auftrag der Zoologischen Gesellschaft Frankfurt (ZFG) 2000.

–, Fortführung der Untersuchung der Herpetofauna im Rahmen des Projektes »Zoologischer Artenschutz im Biosphärenreservat Rhön«. Gutachten im Auftrag der Hessischen Gesellschaft für Ornithologie (HGON) und der Zoologischen Gesellschaft Frankfurt (ZGF) 2002.

–, Anschub von Maßnahmen und Monitoring von Biotopen zum Schutz hochgradig bestandsbedrohter Amphibien und der Kreuzotter im Vogelsbergkreis, Regierungsbezirk Hessen. Gutachten im Auftrag der Oberen Naturschutzbehörde in Gießen 2006.

–, Planung von Artenhilfsmaßnahmen für die Kreuzotter im Biosphärenreservat Rhön. Gutachten im Auftrag der Bayerischen Landesanstalt für Umwelt (LfU) in Augsburg 2006.

–, Untersuchungen zum Vorkommen der Kreuzotter (Vipera berus) in ausgewählten Untersuchungsgebieten in Hessen sowie Erstellung eines Artenhilfskonzeptes. Gutachten im Auftrag des Landesbetrieb Hessen-Forst, Forsteinrichtung und Naturschutz (FENA) in Gießen 2008.

Penner, Johannes, Zum Verhalten von Vipera berus berus (Linnaeus 1758) im Frühjahr im hessischen Spessart. Bericht zum Praktikum. AGAR und Julius-Maximilians-Universität Würzburg 2001.

Völkl, Wolfgang, Die Kreuzotter im östlichen Landkreis Regensburg. Gutachten im Auftrag des Landschaftspflegverbandes Regensburg e. V. 2010.

Weinmann, Karin, Zur Ökologie und Raum-Zeit-Einbindung einer Kreuzotterpopulation (Vipera b. berus L. 1758) im hessischen Spessart. Diplomarbeit an der Julius-Maximilians-Universität Würzburg 2002.

Wollesen, Ralf, Kreuzotterschutz im hessischen Spessart, Maßnahmenkatalog. Arbeitsgemeinschaft Amphibien- und Reptilienschutz in Hessen e. V. (AGAR) 2002.

ℓ

Register